# 企业人力资源开发与管理研究

孙宝连 著

北京工业大学出版社

**图书在版编目（CIP）数据**

企业人力资源开发与管理研究 / 孙宝连著 . —北京：
北京工业大学出版社，2018.12（2021.5 重印）

ISBN 978-7-5639-6757-5

Ⅰ . ①企… Ⅱ . ①孙… Ⅲ . ①人力资源开发－研究
②人力资源管理－研究 Ⅳ . ① F241

中国版本图书馆 CIP 数据核字（2019）第 023376 号

## 企业人力资源开发与管理研究

著　　者：孙宝连

责任编辑：张　贤

封面设计：点墨轩阁

出版发行：北京工业大学出版社

　　　　　（北京市朝阳区平乐园 100 号　邮编：100124）

　　　　　010-67391722（传真）　bgdcbs@sina.com

经销单位：全国各地新华书店

承印单位：三河市明华印务有限公司

开　　本：787 毫米 ×1092 毫米　1/16

印　　张：14.75

字　　数：295 千字

版　　次：2018 年 12 月第 1 版

印　　次：2021 年 5 月第 2 次印刷

标准书号：ISBN 978-7-5639-6757-5

定　　价：68.00 元

# 前　言

随着全球化的到来，我国全面融入世界经济体系中，国际竞争进一步加剧，这种竞争不仅表现在产品市场上，更多地表现在要素市场上，特别是表现在人力资源的竞争上。因此，我们必须冷静地分析加入世界贸易组织对我国企业人力资源开发与管理的影响。人力资源开发与管理在现代企业中的作用越来越重要，它是企业的根本和命脉，是提高企业竞争力的关键所在。强化人力资源开发与管理是当前现代企业发展的重要课题，人力资源开发与管理的最终目标是使企业增值、为企业创造更多的经济效益。随着现代企业改革的不断深入，我国企业中人力资源开发与管理也有了显著的进展。人力资源开发与管理在现代企业中发挥的作用逐步加大，以人为本的决定性作用日渐明显。但就目前的情况来看，我国的人力资源开发与管理还远未科学化，人力资源开发与管理中还存在着许多与企业发展不相适应的地方。现代企业的发展要求我们必须不失时机地搞好人力资源开发与管理。

本书对企业人力资源的开发与管理进行了研究。首先，本书对企业战略管理与人力资源战略管理进行了探讨；然后，从胜任素质模型、工作分析与工作设计、招聘、培训与开发、绩效管理、薪酬管理、劳动关系等各个角度对人力资源开发与管理进行了详细的分析研究。

本书共九章约 20 万字，由山东理工大学管理学院教师孙宝连撰写。由于笔者水平有限，书中难免会有不足之处，恳切希望本书的读者及相关人员提出批评和建议，以使本书能不断充实和完善。

孙宝连

2018 年 10 月

# 目　录

# 第一章　人力资源战略管理概述

　　战略性人力资源管理（Strategic Human Resource Management，SHRM）是指将人力资源管理职能与组织的战略目标联系起来以提高组织竞争优势的过程。其实质是在人力资源管理与企业战略管理之间建立起内在联系，明确人力资源管理在企业战略管理过程中所扮演的角色、所承担的职责及所发挥的作用，从战略的高度来规划和开展人力资源管理活动。

　　战略性人力资源管理的争论，主要关注以下几个重要问题：什么因素决定了一个组织对人力资源管理采用战略方法？人力资源战略是怎样制定的？哪种组织最有可能采用一种人力资源战略而不是另一种？关于这些问题的争论主要围绕着几个常见的"最适合"模型展开，也就是将人力资源战略与组织背景联系和匹配起来。有影响力的"最适合"模型主张人力资源政策与实践应该与组织的竞争战略匹配。那么，有可能识别出人力资源活动与战略竞争模式之间的最恰当匹配系列吗？最近几年，一些关于生产率的研究对检验不同的最佳人力资源实践与组织绩效之间的匹配关系做出了贡献。人力资源战略真的重要吗？对于寻找赢得竞争力方法的组织实践者来说，人力资源战略选择对公司绩效的影响确实是一个关键因素。

　　然而，在研究与战略人力资源管理的有关问题之前首先需要回顾战略管理的过程。要制定有效的人力资源战略，必须明确企业竞争战略，以及人力资源战略在其中的位置与作用。

　　企业人力资源战略也必须与企业文化相匹配，没有相应的企业文化作为软环境，特定的人力资源战略也难以实现。

　　本章将分别从"企业战略管理的过程与层次""人力资源管理与企业竞争优势的获取""人力资源战略模型"和"人力资源战略管理"四个方面进行具体阐述。

# 第一节　企业战略管理的过程与层次

企业战略是企业在分析环境的基础上对企业未来发展的总体的、系统的、长远的规划，是企业为自己确定的长远发展目标和任务，以及为实现这一目标而制定的行动路线和方针政策。企业制定战略的目的是提高企业适应环境的能力，培养和提高核心竞争能力。

## 一、企业战略管理的一般过程

企业战略管理的一般过程包括：企业使命与目标确定、环境分析、战略制定、战略实施与战略评价五个步骤。

在战略管理中，高层管理者首先要对组织的使命和目标进行评估。使命描述的是一个组织的价值观和远大抱负，它指明了高层管理者为之努力的方向。目标是组织通过实际运营想要获得的结果，一般可以描述为可测量的产出。

环境分析主要是对组织外部环境的机会与威胁，以及内部的优势和劣势进行分析。对组织未来最重要的影响因素可以定义为战略因素（Strategic Factors）。对这些战略因素进行的分析可以归结为"SWOT"分析，也就是对组织内部的优势（Strengths）与劣势（Weaknesses）、外部环境的机会（Opportunities）和威胁（Threats）进行分析。

战略制定是高层管理者在评估各战略因素的相互作用后，为了使组织能够达成目标而做出战略选择的过程。一些企业的战略制定包括了公司层面的战略、事业部层面的战略和职能层面的战略。战略制定通常涉及对多个战略方案进行比较和选择，因此"谁"来进行战略选择和"为什么"进行这样的选择就显得很重要了。蔡尔德（Child）指出，战略管理过程也是一个"政治过程"，决策和行动都是由企业经理中的"权力主导"团队做出的。因此，战略管理有必要考虑组织内的权力分配问题。有的学者也认为，必须考虑"权力存在于哪里""它是怎么到那里的""竞争性的权力对产出和高层管理者与雇员的关系有什么影响"。可见，是否有员工利益的代表参与到高层战略决策中，对人力资源管理，尤其对劳动关系管理，有重要影响。

战略实施主要集中在管理者执行战略的具体战术活动领域，即如何执行已经制定的企业战略，尤其是指那些涉及领导风格、组织结构设计、组织资源配置、信息与控制系统建立与运行等方面的活动。其中的人力资源管理活动，其目的就是确保组织获得与企业战略需求相匹配的员工，并保证员工的行为与组织战略目标相一致。

战略评价是指企业经常对战略本身、战略执行过程及战略执行结果进行监控和评价，以确定实际的变化和绩效在多大程度上达到了希望的变化和绩效。这个过程可以使企业找出存在的问题，并对现有战略及其实现条件进行反馈、调整和修正。

## 二、企业战略管理的层次

对于从事多元业务的企业来说，企业战略分为三个层次，即公司层战略、业务单位层次的战略和职能战略。

### （一）公司层战略

公司层战略（Corporate-level Strategy）描述公司经营管理和成长发展的总体方向和方针政策，决定公司想要从事的业务类型及哪些业务单元应该收购、哪些业务单元应该调整或出售。这个层次的战略主要强调"我们进入哪些业务领域"，多元化公司层的战略，至少涉及以下四个问题：

1）建立公司投资的优先顺序，将公司资源集中于最有吸引力的那些业务单元；

2）采取行动提高公司优先从事的那些业务单元的综合绩效；

3）为了提高绩效，找到相关业务单元之间的协同作用；

4）做出有关多元化的决策。

### （二）业务单位层次的战略

业务单位层次战略（Business-level Strategy）是有关每一个业务单元的决策和行动，主要目的是使各业务单元在各自的市场上更具竞争力。这个层次的战略强调的问题是"我们怎样去竞争？"

20世纪80年代，波特（Porter）构建了竞争战略框架，对理解业务单元战略做出了贡献。波特的竞争战略分为三种：成本领先、差异化和集中战略。成本领先战略是在竞争对手中以最低单位成本和价格为手段来提高自己的市场份额；差异化战略是指在同一产业中，经理提供特定层次的服务和产品或者更高的质量，使他们的服务和产品与竞争对手的区别开来，使消费者愿意以更高的价格来购买；集中战略是指经理将服务和产品集中于特定购买群体或区域性市场。其中，差异化战略可以通过高品质和创新来实现，因此差异化战略又可以分为高品质战略和创新战略。此战略追求以独特的产品来占领市场。独特性的产品可以两种形式进行：一是创新性产品，生产和销售竞争者所不能生产的商品；二是高品质产品，即销售竞争者同时出售的商品，但以优质取胜。因此，独特性产品并非以廉价取胜，而是以物美取胜。

迈尔斯和斯诺（Miles and Snow）提出四种战略导向模式（Modes of Strategic Orientation）：防御者战略、探索者战略、分析者战略和反应者战略。防御者（Defender）是那些产品线有限的公司，其管理主要聚焦于在现存的运营中如何提高效率，这种成本导向使高层管理者不愿意探索新领域。探索者（Prospector）是那些拥有相当多的产品线，将目光聚焦于产品创新和市场机会的企业，这种销售导向使高级管理人员强调"创造高于效率"。分析者（Analyzer）是那些至少在两个不同产品市场上经营的企业，其中一个是稳定的市场，一个是多变的市场，在这种情况下高级管理者在稳定的市场上强调效率，在变化的市场上强调创新。反应者（Reactors）是那些在"战略、结构、文化"之间缺乏内在一致联系的企业，在这种反应导向下高级管理者对环境变化和压力的反应倾向于零散的战略判断。

## （三）职能战略

职能战略（Functional-level Strategy）则是关于在业务单元内主要职能运行的战略，包括产品研发战略、市场营销战略、生产制造战略、财务战略和人力资源战略等。这个层面的战略，主要关心各种资源的生产率最大化，强调的问题是"我们怎样支持业务单元的竞争战略"。相应地，作为职能层面的战略，人力资源政策和活动必须支持业务单元的战略目标。

战略的三个层次——公司战略、业务单元战略和职能战略，构成了多单位公司的战略等级。在不同公司内，战略等级的具体运行可能有差别，有的公司是自上而下运行的，有的则是自下而上运行的。自上而下的方法像一个"小瀑布"，"下游"的战略决策依赖于"上游"的战略决策。自下而上的战略制定方法认为，组织内多层次的个人可能对战略计划的制定做出贡献。明茨伯格（Mintzberg）吸收了这种思想，并将其归纳为"新出现的战略"，也就是组织内的非高级管理人员对没有预测的环境做出的非计划反应。

公司层和业务单元层次战略的最终执行，都要依靠研发、市场、财务、生产运营、人力资源等各项职能战略来支持。这些职能战略都是在公司总体战略框架的要求下制定的，并从各自的角度保证公司和业务单元战略的实现。

# 第二节　人力资源管理与企业竞争优势的获取

人力资源管理理论和实践发展经历了两次升级，即从人事管理到人力资源管理，再到战略性人力资源管理。在人事管理阶段，关注"事"的处理，主要工作是与人员管理有关的事务性操作；在人力资源管理阶段，主要关注"人"的实现，主要工作是人力资源管理系统性技术的构建与应用；在战略性人力资源管理阶段，主要关注"组织"战略和员工个人目标的共同实现，工作重点是从战略层面支持企业竞争优势的获得和企业能力的持续提升。

在日益激烈的竞争中，企业越来越把人力资源作为核心竞争优势的来源。企业通过人力资源战略管理，可以培养并获得核心能力和竞争优势。

卢因和米切尔（Lewin and Mitchel）指出人力资源战略与企业战略的协调，可以帮助企业利用市场机会，提升企业的内部组织优势，帮助企业达成战略目标。

斯内尔（Snell）在前人研究的基础上，设计的以核心能力为导向的战略人力资源管理理论模型，非常形象地展示了人力资源管理与企业核心能力之间的关系。斯内尔主要吸收了哈梅尔（Hamel）的研究成果，将企业核心能力定义为一系列技能（指人所具有的）和技术（是社会或组织所拥有的、已经物化或资本化了的，如信息技术等）的集合，它使企业能为客户带来特别的、与众不同的特殊利益。例如：摩托罗拉的无线技术，可以让消费者享受到"无线沟通"的方便；索尼公司的微型化技术，可以让消费者享受到"方便携带"的好处。

斯内尔的这个战略性人力资源管理模型，强调静态资源与动态管理过程的结合。以人力资源管理支持企业核心能力的模型，认为企业核心能力的培育需要通过招聘、培训、工作分析、绩效管理和报酬等人力资源管理实践来整合内部知识和能力，来提高企业为客户创造价值的能力，其中蕴含着以下四个相互联系的培育企业核心能力的系统。

## 一、人力资源管理系统

人力资源管理系统以人力资源管理为核心，贯穿在企业核心能力培育的全过程。该模型认为企业核心能力的培育，需要通过招聘、培训、工作分析、绩效管理和报酬等人力资源管理的有效活动。这些人力资源管理实践作用于智力资本存量系统，知识创造、转化和整合系统，以及战略能力变革系统，来培育企业核心竞争力，提高为客户创造价值的能力。

## 二、智力资本存量系统

智力资本存量系统包括人力资本、组织资本和社会资本。

人力资本是指员工拥有的知识、技能、能力等。企业员工是人力资本的载体，员工与人力资本是不可分离的。人力资本需要寻找组织资本提供的平台，其会根据自己的判断标准识别什么样的组织资本是自己需要的。

组织资本包括商业模式、企业文化、企业形象、企业制度、组织结构、工作流程、企业商标、企业标准、企业供应链、信息平台、产品平台、技术平台、市场份额等。形象地说，组织资本是员工晚上离开企业后留下的东西，是8小时上班时间之外还存在于公司内的资产，是支撑企业人力资本创造财富的基础设施，被比尔·盖茨（Bill Gates）称为"公司智商"，是企业真正竞争力之所在。组织资本要延续、扩展和提升，需要人力资本的推动。组织也会根据自己的标准，寻找和识别与组织相匹配的人力资本。

人力资本和组织资本，就像太极中的阴阳，相互作用，相互影响。而社会资本则为人力资本和组织资本的相互作用提供了"场效应"。

社会资本在企业中的作用，受到了理论工作者的极大关注。詹姆斯·科尔曼（James Coleman）将社会资本与财务资本、人力资本并列为组织拥有的三种资本，认为社会资本代表了与其他组织和个人的关系，它寓于人际关系之中，反映了一个组织或个人的社会关系。社会资本的表现形式有以下几种：义务与期望；信息网络；规范与有效惩罚；权威关系。罗纳德·伯特（Ronald Burt）把社会资本由个人层次延伸至企业层次，他认为社会资本是社会行为者从社会关系网络中所获得的一种资源，企业作为有目的的社会行为者，社会资本的逻辑不可避免地会扩展到企业层次。企业内部和企业之间的关系就是社会资本，它是竞争成功的最终决定者。罗纳德·伯特提出了著名的结构洞理论，强调企业家在开发关系稠密地带之间的结构洞方面的重要性，企业家通过联结不同的、一定程度上相互隔断的关系网络为企业提供新的资源。罗伯特·帕特南（Robert Putnam）把社会资本解释为"能够通过推动协调的行动来提高社会效率的信任、规范及网络"。帕特南将社会资本作为一种集体行为和长期选择，用它来解释潜在经济能力与行为差异，解释经济发展所须依赖的结构与制度安排。按照帕特南的定义，可以从三个方面来理解社会资本：首先，社会资本是由公民的信任、互惠和与合作有关的一系列态度和价值观所构成的，其关键是使人们倾向于相互合作，鼓励人们相互理解、信任和同情；其次，社会资本的主要特征体现在那些将朋友、家庭、社区、工作及公私生活联系起来的人格网络中；最后，社会资本是社会结构和社会关系的一种特性，它有助于推动社会行动和完成特定的事情。肯尼思·纽顿（Kenneth Newton）认为，通过互惠和信任，社会资本把个人从缺乏社会良心和社会责任感的、自利的和自我中心主义的算计者，转变成为具有共同利益的、对社会关系有共同假设和共同利益感的共同体的一员，从而构成了将社会捆绑在一起的黏合剂。厄普霍夫（Uphoff）将集体社会资本分解为结构性社会资本和认知性社会资本两个方面。结构性社会资本通过依靠规则、程序和先例建立起来的角色与社会网络来促进共同受益的集体行动，它是相对客观的，表现为一种可见的形式，并可以通过群体的有意识行动来进行设计与改进。由于它是一种外在的表现，故可以直接观察到，而且容易改变或修正。而认知性社会资本则在共同的规范、价值观、态度与信仰的基础上引导人们走向共同受益的集体行动，它反映的是人们的想法与感觉，因而更为主观。它驻留于人们的头脑中，故较难改变。

根据以上理论，可以将企业的社会资本分为内部和外部两部分。内部社会资本主要是指预期、态度和价值观及员工之间、员工与企业之间的关系和氛围。预期包括对员工的预期、对企业的预期、对工作单元的预期、对自己能力的预期、对自己前景的预期等；态度在这里主要指企业中人与人之间的态度，如相互欣赏、取长补短，相互支持、和衷共济，相互鼓励、共同进步等；价值观是员工评价事物重要性和优先次序的一套标准，是企业员工的价值取向，它决定员工如何待人处事，在工作中决定员工如何确定工作标准，而工作标准又决定工作成效。

预期、态度、价值观之间，如果是积极的正向关系，例如，一个员工对同事关系具有积极预期，他可能用积极的态度对待同事，当同事也用积极的态度对待他的时候，他头脑中"积极同事关系"很重要的价值观就得到了强化；反之，则会得到弱化。员工对组织的预期、态度和价值观之间的关系，也具有同样的道理。外部社会资本，如企业与客户的关系、企业与政府的关系、企业与社区的关系等，也对企业具有重要影响。无论是内部社会资本还是外部社会资本，如果是一种积极的关系，社会资本就会为人力资本之间、人力资本与组织资本之间的互动提供积极的"场效应"，促进人力资本与组织资本在互动中共同成长；如果是消极的关系，则会加速人力资本与组织资本在互动中共同萎缩。

通过人力资源管理实践，企业可以获得员工与系统的有机整合，促进企业核心人力资本的形成，提升企业的社会资本和组织资本，并通过人力资本、社会资本和组织资本的相互作用，整合出有价值的、稀缺的、难以模仿的和组织化的企业核心能力。

## 三、知识创造、转化和整合系统

人力资源管理实践系统作用于知识创造、转化和整合系统，可以促进企业内部知识管理机制的有效运行，帮助组织提高核心能力。

知识管理是指运用信息技术、组织行为和人力资源管理技术，对组织中知识的获取、存储、传播、分享、应用和创造的过程进行管理。知识管理的基本要素包括知识获取、知识显示与存储、知识传播与共享、知识应用与创造等。这个过程的有效运行，需要组织的自我学习机制发挥积极作用。组织自我学习机制是指通过建立激励和领导机制，培植组织学习机能，以实现知识的获取、使用、共享和增值。

知识获取是指从公司外部或内部获得所需要的知识（招聘、购买、购并、培训、搜索引擎）。知识的显示与存储是指以报告、图表和演讲等形式呈现知识，使之易于传播、接受、使用，并能够存储于各种"知识库"和"知识地图"中。知识的传播与共享是指通过正式培训或非正式沟通活动，在知识被使用前、使用过程中和使用后实现转移和共享。知识的应用是指当知识被确认正确后，能被应用于过程、体系和控制。知识的创造是指通过内部管理活动或研究开发活动，可以创造知识。

我国学者范徵借助于"冰山模型"和弗洛伊德（Freud）的"超我""自我""本我"概念，将知识区分为"超我知识""自我知识"和"本我知识"。"超我知识"相当于显性知识，可以独立于知识主体而存在，是组织中最容易转换和共享的部分，容易编码和文本化，也便于学习和模仿。"自我知识"相当于隐性知识的"技术层面"或"若隐若现"的部分，是在学习和工作中不断积累的经验和技能，不能独立于知识主体而存在，需要选择恰当的渠道和方式转换。而"本我知识"是认知层面的内容，是知识主体在长期学习和工作中逐渐积累的潜在知识，如心智模式，是不可言传只可意会的知识，也可能是与生俱来的才能，不易模仿和转移，只能通过长期潜移默化的形式实现在知识主体之间的转移。

## 四、战略能力变革系统

通过人力资源管理实践，企业可以提升适应市场变革和创造市场变革的运作能力，进而提升把握市场、为客户创造价值的能力。这四个系统的关系是人力资源管理系统通过智力资本存量系统、学习和创新（知识管理）系统和战略能力变革系统，获取、培育、更新企业的核心能力。人力资源管理系统是其他系统有效发挥作用的前提和基础。因此，企业竞争优势的分析，应当从人力资源战略开始，在某种人力资源战略指导下，企业会展开一系列的人力资源实践。这一系列的人力资源实践，直接地或间接地提升了企业的竞争优势。所谓直接地提升企业竞争优势，主要是指贯彻某种人力资源管理实践的方法本身能够对竞争优势产生一种直接影响。例如，在招聘中对渠道和方法的正确选择，可以控制招聘成本，从而获得成本优势。如果企业拥有比竞争对手更低的人力资源管理成本，就可以保持一定的竞争优势。特别是在有些服务性行业中，许多公司的预算大约 70% 花在工资发放这项成本上。

人力资源战略间接地提升企业竞争优势的逻辑是人力资源战略指导人力资源实践，人力资源实践引发以员工为中心的结果，以员工为中心的结果引发以组织为中心的结果，以组织为中心的结果提升了企业竞争优势。

人力资源实践引发以员工为中心的结果，主要是指人力资源实践能够使企业员工的能力、动机及工作态度得到积极的改善。例如，企业的薪酬制度是通过提供比竞争者更有吸引力的薪酬和津贴计划，常常能够使企业吸引和留住最优秀的人才。这些最优秀的人才可以产生很高的劳动生产率和更高的工作绩效。高效的工作过程和优秀的工作结果可以提升企业的竞争优势。

# 第三节　人力资源战略模型

人力资源战略模型主要解决的问题是组织 / 业务单位战略与人力资源战略之间的联系问题。在这里人力资源战略的含义是管理层用来设计工作、甄选、培训、开发、评估、激励和控制员工的人力资源政策和活动的决策模式。

从 20 世纪 90 年代早期开始，学术界至少已经提出了三种不同的人力资源战略模型。第一种模型是基于控制的模型，是一个以管理层单方面试图监督和控制雇员的角色表现为基础的模型；第二种模型是基于资源的模型，是一个以雇主和雇员交换的本质为基础的模型，尤其关注雇员的态度、行为和经理与下属关系质量等一系列的相互影响；第三种模型是将基于资源和基于控制的两个模型整合后创造出来的。

# 一、基于控制的模型

基于控制的模型建立在工作场所控制本质的基础上，尤其是以对雇员的角色表现进行监督和指导的管理行为为基础而设计的。从这个角度出发，管理结构和人力资源战略都只是进行全面工作控制的工具和技术，其目的是提高劳动生产率和利润水平。这种模型将焦点集中于监督和控制雇员的行为。不同的人力资源战略在产业社会学家的"劳动过程"研究中，都能找到各自的起源。

这个模型的起点是马克思的资本主义劳动过程分析，他将这个过程作为"劳动力向劳动转化"的过程。简单地说，当组织雇用员工时，他们只具有劳动的潜力或能力。为了确保每个工人充分使用他们的能力，经理必须给工人分配任务、空间、活动和时间，让工人在规定的范围内操作。但是工人对工作节奏、报酬和工作保障有不同的偏好，并用正式（工会）的和非正式（减少投入或故意破坏）的行为来应对管理层对工作的控制。工人对付管理层的行为又导致了经理的控制和惩罚。汤普森和麦克休（Thompson and McHugh）认为，"控制本身是没有终结的，只是一种通过工资关系将能力转化为工作进而转化为利润的手段"。经理人员使用什么样的人力资源战略来使雇员和他们的行为可以预测和测量呢？爱德华兹（Edwards）提出了几个连续性的控制主导方式，这些方式反映了变化着的竞争条件和工人的对抗。雇主实施直接权威的早期个人控制制度，逐渐被更加复杂的控制结构形式取代，即官僚控制和技术控制。官僚控制包括了覆盖所有工作的书面规章制度和程序。技术控制包括了机器或机器系统——流水线、监视工作现场。爱德华兹认为，管理者同时也使用"分化和支配战"，利用性别和种族等来加强管理控制。弗里德曼（Friedman）将他的人力资源战略归结为直接控制和责任自主，这两种战略是围绕着不同的控制逻辑观念，依赖于不同产品和劳动力市场性质而提出的。布洛维（Burawoy）将人力资源战略的发展概括为从暴君统治向盟主制度转变。前者由强制性的经理与下属关系主导着；后者通过抱怨和谈判程序来规范雇佣关系，为工人提供一个"产业公民身份"。

人力资源战略选择一直被组织形成（如规模、结构和年限）的差异变化、管理层的竞争压力和劳动力市场的稳定性制约着，被经理与下属关系的相互作用和工人的抵抗调节着。而且，人力资源战略差异不是随机的，而是反映了两个管理逻辑。第一个是直接的逻辑，基于过程的控制。在这种控制下，关注的焦点是效率和成本控制（经理需要以此为中心来认真监督和控制工人的表现）。第二个是间接的逻辑，是基于结果的控制。在这种控制下，关注的焦点是实际的产出和结果（在这种逻辑主导下，经理需要关注工人的智力资本、承诺和合作）。因此，当管理着工作中的工人时，控制与合作是并存的，至于采用哪种控制方式及采用的程度和方向，则依赖于管理程序的"多元要素"。

这种方法对管理控制的启发是，隐藏在人力资源战略下的管理逻辑将倾向于与组织的竞争战略保持一致。所以，采用了波特的成本领先战略的组织，在人力资源战略上一般不会采用基于产出和成果的管理逻辑。当工具结果关系确定的时候，经理将倾向于采用"基于过程的控制"（典型的情况就是一些公司采用的成本领先战略）。这些管理逻辑导致了不同的组织设计和人力资源战略差异，而这些差异又是管理层与雇员之间不可避免的结构紧张的来源。所以，这种人力资源战略注定了包含着内在的矛盾。

## 二、基于资源的模型

基于资源的模型建立在报酬努力交换的本质基础上，更确切地说，在某种程度上，管理者将他们的人力资源看成资产，而不是成本。对竞争性公司来说，在高技术和其他非人力资源都可以获得的时候，通过工人取得组织的高绩效就显得特别重要。人的知识、专长和社会关系整合起来，都有向企业提供不可替代能力的潜力，而这种能力是企业竞争优势的一个重要来源。基于资源的人力资源战略模型，都毫无例外地提出了一个问题，即通过学习战略和竞争优势，在"工作相关学习"与"雇员满意动员"之间建立起联系的问题。在人们对以资源为基础的人力资源战略模型，特别是对新兴的工作场所学习理论越来越有兴趣的前提下，我们需要更详细地讨论这个模型。

基于资源的人力资源战略模型的起源，可以追溯到塞尔兹尼克和彭罗斯（Selznick and Penrose）。塞尔兹尼克认为每一个工作组织都拥有独特的能力，这些能力把他们从竞争者中突显出来；彭罗斯将公司概念化，称其为"生产性资源的集合"。他区分了物质资源和人力资源的差别，并且将注意力投向了学习问题，包括管理团队的经验和知识。

彭罗斯还进一步强调，许多组织理论家都理所当然地认为，组织是不同质的。巴尼（Barney）认为，"可持续性竞争优势"不是通过公司的外部市场地位分析获得的，而是通过仔细分析竞争者不能模仿的公司技能、能力和特征而获得的。如果把这些分析放进简单的 SWOT 分析框架中，基于资源的视角主要强调利用公司内部优势和抵消内部劣势。在过去的十年里，基于资源的视角在人力资源战略管理的论述中占据了主导地位。

基于资源的人力资源战略将关注焦点集中到组织的独特素质上——资源和能力，目的是解释组织绩效之间的差异。一个组织的资源可以分为有形的（财务、技术、物质、人力）和无形的（品牌名称、声誉、知道如何做）。为了提高独特的素质，组织的资源必须是独特的和有价值的。通过"能力"，我们想表达的意思是组织拥有的集体技能，能够有效地协调资源。根据战略管理理论家的观点，不同组织中的资源和能力的差别是理解什么造就了独特素质的关键。认识到这一点很重要：只要自己的公司拥有管理能力而竞争者没有，公司可能就并不需要具有特别天赋的劳动力来建立公司的独特素质。这一观点可以解释为什么有的公司采用以控制为基础的人力资源战略。

巴尼认为，资源和能力具有四个特征——有价值、稀缺、不可模仿和不可替代，这在可持续竞争优势中是很重要的。从这个角度看，无论是管理人员还是非管理人员，工作场所的集体学习，特别是关于如何协调工人多样的知识和技能、如何整合多样的信息技术等是竞争对手难以复制的公司战略资产。换句话说，领导具备充分利用公司人力资产的能力是非常关键的。休梅克（Shoemaker）也提出了类似的观点。他强调，管理人员在鉴别和引领一系列互相补充和特有的资源与能力方面的作用具有战略意义。这些资源和能力是稀缺的、可持续的，不容易买卖，也难以模仿，但却能够使拥有它们的公司获得经济租（利润）。雅各比（Jacoby）对基于资源的人力资源战略观点的阐述是比较新的，他主张不同雇主的投资差异取决于高级管理人员是否独立于股东价值的短期成长压力，高级经理越远离股东的压力，公司在人力资源管理上的投资越可能采用基于资源的战略。

## 三、人力资源战略整合模型

班伯格（Bamberger）整合了以上两个主要人力资源战略模型（一个集中于管理控制逻辑，另一个集中于回报与努力的交换）。他们认为，这两种模型都没有提供一个能够考虑人力资源战略强度和方向变化的框架，因此他们构建了一个新模型，这个模型的主要特征是涉及了人力资源战略的两个主要维度："获取与开发"和"控制轨迹"。

"获取与开发"维度主要考虑人力资源战略强调"开发内部人力资本相对于招募外部人力资本的程度"。换句话说，组织是更倾向于"制造"自己的工人（在培训上高投资）还是更倾向于从外部劳动力市场上"买入"工人。班伯格把这个维度称为人力资源战略的"制造或买入"方面。

"控制轨迹"维度主要考虑人力资源战略关注于"监督雇员遵守程序标准相对于发展心理契约的程度"。心理契约更重视培育社会关系、鼓励相互信任和尊重、控制产出（结果）而不是控制过程。这一人力资源战略流派的思想，可以追溯到沃尔顿（Walton）的观念，他对承诺和控制战略做了区分。

承诺式人力资源战略的特征是关注在企业内部开发员工的能力和进行结果控制。与之相反的传统式人力资源战略，则聚焦于从外部劳动力市场获取企业所需要的员工能力和行为，主要进行的是过程控制。合作式人力资源战略涉及组织将工作转包给一些外部的独立专家（如咨询师或承包人），给他们高度的自主权，并主要以最终结果来评估他们的工作绩效。

家长式人力资源战略则为那些遵从程序控制式机械主义的员工提供学习机会和内部晋升。每一种人力资源战略都代表着一种特定的人力资源范式，也就是一个指导着管理人员的信仰、价值观和假设的体系。基于实证研究的证据，班伯格认为，承诺战略和传统战略在北美的工作组织中可能最为普遍。

这表明组织的人力资源战略与组织的竞争战略是密切相关的。例如，那些对"投入怎样转化为产出"有确切了解的管理者，或者能够密切监督或评价雇员绩效的管理者，最有可能采用传统式人力资源战略。这种战略在生产转化过程高度常规化、将低成本放在首要位置且竞争环境稳定的公司里采用得比较普遍。在这种条件下，管理人员使用技术控制劳动过程中的内在不确定性，只要求工人达到设备不中断生产所要求的核心行为标准。在这样的组织中，管理行为可以概括为一个管理训令："你就在这里干，不用思考"。这种战略隐含着"基于过程的控制"，通过管理者的密切监督和效率工资，来确保足够的工作努力程度。"传统"这个词在人力资源战略分类上的使用和"稳定"的技术在控制工人上的使用，不应该只被看成一个"工业"工作场所战略。呼叫中心（有些组织理论家将这种工作场所称为"后工业"工作场所）的案例研究表明，密切监督和评估工作人员操作的技术系统和官僚控制系统在呼叫中心这种"后工业"工作场所中也是存在的。

承诺式人力资源战略，在管理人员缺乏劳动过程各方面的充分知识或不能密切监督或难以有效评估工人完成工作的行为（如单件生产、高质量生产、研究开发、专业健康护理等）组织中采用得比较普遍。这里的工作是比较典型的"知识工作"。在这样的工作场所，管理人员必须依靠雇员来处理劳动过程中的内生不确定性，因而也只能监督和评价工作结果。这种人力资源战略与将目标定位于发展高承诺和有弹性的员工的一系列人力资源活动是联系在一起的，与内部劳动力市场联系在一起，用晋升和一定程度的工作保障承诺来回报员工，也与参与式的领导风格联系在一起，动员员工与组织目标保持一致。此外，也有研究者发现，在这种情况下，工人并不总是需要被控制，因为他们可以有效地控制自己。为了促进合作和维护共同利益，一种投资于学习、内部晋升和内部平等的"努力—报酬交换"战略就得到了典型的应用。此外，这种工作场所也通过文化战略来动员雇员与组织保持一致，包括"学习型组织"这个概念。布拉顿（Braton）主张，对于一个组织的控制者来说，"工作场所学习"为 21 世纪提供了一个强有力的观念，其中隐含着动员工人承诺和可持续竞争优势的吸引力。学习型组织的梦想，可以被理解为塑造工人信仰、价值观和行为的更明智方法。

## 四、美国康奈尔大学人力资源战略模型

美国康奈尔大学的研究显示，人力资源管理战略可分为三大类：诱导战略、投资战略、参与战略。

### （一）诱导战略

使用诱导战略的企业，主要依靠具有竞争力的经济报酬去吸引人才。这种企业特别强调成本控制，努力控制人工成本，控制员工数量，吸收技能高度专业化的员工，管理人员较少，通过采取一定措施确保连续投入产出过程的延续性。这类企业强调目标承诺，同时工作职责明确，以降低生产过程中的不确定性，工作报酬主要参照市场薪酬水平和个人业绩。管理上，是以单纯利益交换为基础的严密科学管理模式。一般而言，处于激烈竞争环境、采用成本领先战略的企业，常常采用诱导战略。

### （二）投资战略

人力资源投资战略，常常被采用创新式竞争战略的企业采用。这种竞争战略需要企业有一定的灵活性和开放性。这种企业的员工多数是高技术水准的专业人员，企业提供的是具有挑战性的工作；为了鼓励创新，需要员工拥有多方面的技能，需要聘用数量较多、多种专业的员工，形成现实和备用人才库；工作职责广泛，报酬形式多样，注重良好的劳资关系；重视员工的发展，注重员工的开发和培训，鼓励员工具有开阔的眼界、探索前沿的知识和形成新技能。因而，这种企业需要与员工建立长期的工作关系，把员工当作投资对象，使员工感到有良好的工作保障。

### （三）参与战略

采取参与战略的企业大都采用扁平化和分权的组织结构，能够对竞争者和市场需求做出快速反应；更重视团队建设、自我管理和授权管理；强调谋求员工有较多的决策参与机会，使员工在工作中有自主权，管理人员更像教练；在培训中，重视沟通技巧、解决问题的方法、团队工作等。

# 第四节　人力资源战略管理

## 一、人力资源战略管理的流程

每个企业都是一个有机系统，其战略管理实际上都是竞争战略、文化战略和职能战略相互作用的过程。从人力资源战略的角度看，人力资源战略与竞争战略、企业文化和人力资源管理各项职能战略是协调配套运行的，它们之间是互补和共生的。

企业战略需要相应的人力资源去实施，因而会提出相应的人力资源战略需求，如：在总体上，员工应具有怎样的动机、态度、知识、技能和行为；企业人力资源战略需求能否得到满足，取决于企业的人力资源总体战略是否与这种需求恰当匹配；企业文化与人力资源战略需求、企业文化与人力资源总体战略是互相影响和制约的；人力资源总体战略影响和制约着人力资源管理的各个职能战略，人力资源职能战略又制约着人力资源管理操作层面的各项具体作业；这些具体人力资源管理作业影响了员工实际的动机、态度、知识、技能、行为和绩效；员工的绩效影响和制约着企业战略目标的达成。

从反馈的角度看，企业绩效和战略目标的实现程度如何，可以作为评价人力资源战略及其执行是否有效的一个指标。通过人力资源战略对企业绩效目标达成有效性的评价，可以检验人力资源战略的有效性，也可以检验人力资源战略对企业战略的支持程度。

## 二、企业战略对人力资源的需求

不同的企业战略，对人力资源的战略性需求是不同的。以成本领先战略、创新战略和高品质战略为例，它们各自对员工动机、态度、技能和行为的需求是不同的。

## 三、企业竞争战略与人力资源战略的匹配

不同的企业战略，因为对人力资源的战略性需求不同，因而各自匹配的人力资源战略也是不同的。戈麦斯（Gomez）等人分析了与波特的三种竞争战略相对应的一般组织特点及人力资源战略。

当企业采用成本领先战略时，企业主要通过低成本来争取竞争优势，因此要严格控制成本和加强预算。为了配合低成本的企业战略，此时的人力资源战略强调的是利用有效率的低成本生产、高结构化的程序来减少不确定性，并且不鼓励创新性。

当企业采用差异化战略时，企业强调通过创造产品或者服务的独特性来获得竞争优势。因此，这种战略的一般特点是具有较强的营销能力，强调产品的设计和研究开发，企业以产品的高质量或新颖著称。此时的人力资源战略则是强调创新性和弹性及以团队为基础的培训和考评、差别化的薪酬策略等。

当企业采用集中化的战略时，因为这种战略是低成本战略和差异化战略的综合，相应地人力资源战略也将是上述人力资源战略的结合。

迈克尔·阿姆斯特朗（Michael Armstrong）比较详细地分析了创新战略、高品质战略、低成本战略各自所匹配的人力资源战略，他还特别分析了那些以优秀人才为竞争战略的企业，其人力资源战略是如何与之相匹配的。

比奇勒（Beechler）认为，对应于迈尔斯和斯诺提出的三种战略导向模式，即防御者战略、探索者战略和分析者战略，组织要求和企业应采取的人力资源战略也是有差别的。

当企业采用防御者战略时，与其相互协调的人力资源战略是累积者战略。累积者战略基于建立最大化员工投入和员工技能培养，充分发挥员工的最大潜能。

当企业采用分析者战略时，与其对应的人力资源战略是协助者战略。协助者战略基于新知识和新技能的创造，鼓励及支持能力、技能和知识的自我开发。

而当企业采用探索者战略时，企业最优的人力资源战略选择是效用者战略。效用者战略基于极少的员工承诺和高技能的利用，企业将雇用具有目前所需要的技能且可以马上使用的员工，使员工的能力、技能与知识能够配合特定的工作。

# 四、企业战略、企业文化与人力资源总体战略的匹配

企业文化主要是指一个企业长期形成的并为全体员工认同的价值信念和行为规范。每一个企业都会有意或无意地形成自己特有的文化，它来源于企业经营管理者的思想观念、企业的历史传统、工作习惯、社会环境和组织结构等。同时，企业文化与企业战略、企业文化与人力资源战略之间也有着内在历史的联系和逻辑联系。

根据内向与外向、控制与灵活性两个维度，企业文化可以分成四大类，即发展式企业文化、理性企业文化、团队式企业文化、等级式企业文化。每一种类型的企业文化，都有自己的特点。发展式企业文化更强调外向性和灵活性，以更广阔的视野对广泛领域的信息进行扫描和跟踪；强调在工作中的创新和成长，组织结构比较松散，运作上非结构化、非条规化。理性企业文化强调稳定性与外向性结合，强调工作导向和目标的实现，重视按时完成各项生产经营目标。团队式企业文化的特点是内向性和灵活性密切结合，强调企业内部员工之间、管理者与员工之间的信任与合作关系。企业像一个大家庭，员工像一个大家庭里的成员，彼此间相互帮助和相互关照，最受重视的价值观是忠诚与合作；为了保证产品和服务的高质量，需要在彼此信任与合作的前提下保持必要的灵活性，激发出更多的组织公民行为，以便发挥团队成员的互补作用，随时对客户的需求给予回应。等级式文化的特点是控制和内向结合，强调企业内部的规章制度，凡事皆有章可循，重视企业的结构、层次和职权，注重企业的稳定性和等级关系。由于企业文化直接影响着员工的信念和行为，企业文化必须与企业竞争战略相适应，彼此支持。

采用成本领先战略的企业，为了配合低成本的企业战略，多采用集权式管理和较稳定的生产技术。企业对员工的主要需求是可靠性和稳定性，工作通常按照高度结构化的程序进行，有严密的分工和严格的控制系统，不鼓励员工的创新性。企业追求的是员工在指定的工作范围内有稳定一致的表现，如果员工经常缺勤或表现参差不齐，必将对生产过程和成本构成严重影响。因此，采用这种竞争战略的企业必然要求"等级式企业文化"和"诱引式人力资源战略"与之匹配。在低成本的劳动密集型企业，一般采用这个系列的战略组合。

采用创新性战略的企业，依靠不断成长和创新来获得持续竞争优势。这种企业，其生产技术一般较复杂，企业成败主要取决于员工的创造性。因此，企业注重培养员工独立思考和创新的能力。员工的工作内容较模糊，无常规做法，工作是非重复性的，并具有一定的风险。为了能够进行创新，员工必

须具有广阔的视野，能够追踪与企业产品和服务相关的前沿动态，时刻关注外部环境的变化。企业的任务就是为员工创造一个有利的环境，鼓励员工发挥其独创性。因此，采用这种企业竞争战略的企业，必然要求"发展式企业文化"和将员工作为人力资本投资对象的"投资式人力资源战略"与之匹配。在成功的高新技术企业，一般采用这个系列的战略组合。

采取高品质战略的企业，依赖杰出的产品和服务赢得竞争优势，而广大员工的高度敬业和责任心及主动参与管理等是保证其高品质战略实现的前提条件。这样的企业，很重视培养员工的归属感和合作精神，通过授权，鼓励员工参与决策或通过团队建设让员工自主决策。因此，采用这种战略的企业，必然要求"团队式企业文化"和"参与式人力资源战略"与之匹配。日本成功的大型制造企业，如丰田、本田等汽车公司，都广泛采取了这种战略组合。

## 五、人力资源总体战略与人力资源职能战略的匹配

人力资源战略可以分为两个层次：人力资源总体战略和人力资源职能战略。人力资源总体战略是为了适应企业总体战略或业务单位竞争战略对人力资源的战略性需求而制定的企业职能战略；人力资源职能战略是人力资源总体战略的分战略，是为了实现人力资源总体战略而制定的人力资源管理各项职能战略，如工作分析与设计战略、招聘战略、培训与开发战略、绩效管理战略、薪酬管理战略、劳动关系管理战略等。

人力资源总体战略影响和制约着人力资源管理的各个职能战略，人力资源职能战略又支持人力资源总体战略的实施和落实。因此，各项人力资源职能战略的选择，应该最适合人力资源总体战略的执行，每项职能战略的选择都要与企业战略和人力资源总体战略的要求相匹配。

为了满足不同人力资源总体战略对人力资源的需求，各项人力资源管理职能也必然要做出自己的选择。

有学者提出了战略性人力资源管理维度，实际上这是从另一角度对人力资源总体战略与人力资源职能战略之间匹配关系进行的分析。他们的分析如下。

### （一）战略人力资源管理与绩效

尽管大多数人力资源管理模型没有提供清晰的人力资源管理——绩效关系的清晰测试结果，但这些模型都假设企业战略与人力资源战略的联盟和匹配，将提高组织绩效和竞争力。在过去的十年里，特定的人力资源管理实践与企业绩效之间确实具有积极联系成为主导性的研究问题。关于这个话题的主导性实证问题是，"什么类型的绩效数据可以用来测量人力资源管理与绩

效之间的联系？""'高承诺型'的人力资源管理系统确实能产生高于'控制型'人力资源管理系统平均结果的绩效吗？"。一系列研究已经发现，尽管面临着研究方法论的挑战，但人力资源管理活动的组合与组织的高绩效确实有积极的联系。

## （二）战略人力资源管理与组织结构

所有标准的人力资源管理模型都强调组织设计的重要性。"软"的人力资源管理模型更关注那些鼓励纵向和横向的任务压缩、更多的雇员自主与合作和跨边界工作的组织结构。横向或跨边界工作需要考虑雇员关系质量和程度。工作组织再设计已经被清晰地贴上了"高绩效工作系统""企业流程再造"和"高承诺管理"的标签。文献强调，这种组织结构和管理的核心特征，包括使官僚结构"扁平化"并将决策权力分散给一线经理或工作团队、发挥信息技术的作用、重构和调整组织结构。这些文献主张，人力资源职能在设计组织结构、激励和塑造与组织文化和目标一致的工人横向合作行为的活动中，扮演着关键角色。

## （三）战略人力资源管理与领导

管理中的领导概念渗透和塑造着工作组织的理论和实践，进而也影响着我们怎样理解战略人力资源管理。大多数管理中的领导定义反映了这样一个假设：这个概念涉及个人对组织中的其他人施加了影响。在文献中，对管理者与领导人之间武断的差异一直存在争议。根据科特（Koter）的观点，他们二者之间确实存在差别：管理者制订计划，而领导者创造愿景。

而对于明茨伯格来说，两者最好在一个过程中不要分离：没有领导的管理是不能发展的，没有管理的领导是不连贯不系统的。一些领导研究文献倾向于以男性为中心，少数民族和妇女在高级领导位置上的表现受到了限制。现在研究兴趣，轮到了正在被贴着各种"变革型领导"和"有魅力的领导"标签的领导偶像，用于理解基于资源的战略人力资源管理模型的各种先决条件，这可以用来解释这些领导。在新经济和以资源为基础的论述中，领导者的主要任务是开发、组织个人和集体知识，并将它们转化为利润，也就是一种开发公司的人力资源，进而培养领导风格。

一些学者认为领导和组织变革之间有明显的关系，采用基于资源的人力资源战略模型的关键约束条件是领导能力。显然，大多数组织再造失败的根源在于领导能力障碍，而创造员工对组织变革的开放态度的"引擎"是"有魅力的领导行为"。本质上，新经济的领导观念鼓励追随者超越经济契约而为"公共"物品工作。用当代的管理用语来说,"变革型领导"正在授权给工人。然而,为了超越这些辞藻,这种流行的领导模式正在从关注管理控制程序和与生俱来的权利关系,转向心理契约和雇佣关系的个人化。

### (四)战略人力资源管理与工作场所学习

在大多数战略人力资源管理框架内,正式和非正式的"与工作相关的学习"已经开始展示出自己的作用,它能帮助管理人员获取达成利润、生产率、弹性、质量、承诺和可持续的人力资源。这种正处于成长中的研究领域,占据了基于资源的战略人力资源管理模型的舞台中心。从管理角度看,正式和非正式的学习都能增强一个组织的核心竞争力,因而,也是成功的先决条件——有比竞争者更快学习的能力是非常必要的。更广泛地,在工作场所学习上的投资,作为一项雇主的选择,可以巩固组织声誉的质量,这是社会合理性的一个方面。一些正在成长中的工作组织对工作场所学习投去了更为犀利的目光。一些学者强调,工作场所学习是怎样强化文化控制的,加强了高层经理的权力,当把生产率或弹性谈判与工作控制联系起来时,它也是冲突的一个来源。

### (五)战略人力资源管理与工会

镶嵌在人力资源管理模型中的工人承诺观念,已经引导一些学者走出政治光谱的两端,在人力资源管理模型和工会之间的抵触和矛盾中,寻求共同利益和双赢的解决方案。在权威的管理文献中,提倡的是集体主义文化,将"我们和他们"对立起来的态度,与雇员承诺的人力资源管理目标和雇佣关系个人化是不匹配的。有批评者认为,高承诺人力资源战略的设计,只向工人提供了工作保障的错觉,掩盖了资本主义雇佣关系内在冲突的根源。其他学者,采用了一个正统多元主义者的角度,认为工会和高绩效高承诺人力资源管理模式不仅共存,而且如果要想使高绩效工作系统成功,工会存在是必要的。明显的是,在过去二十年里,战略人力资源管理争论受到了美国、英国经济、政治和法律发展的强烈影响,也受到了全球化的影响。

## 六、企业战略、企业文化与人力资源总体战略、职能战略的匹配

企业的人力资源战略派生于和从属于企业的总战略,要制定有效的人力资源战略,就必须明确企业的总战略,以及人力资源战略在其中的位置与作用。

# 第二章　胜任素质模型

## 第一节　胜任素质

有关胜任素质的研究成果，在 20 世纪 90 年代开始引入中国。本节将主要从胜任素质概述、胜任素质的测量方式及胜任素质模型与人力资源管理几个方面展开介绍。

## 一、胜任素质概述

### （一）胜任素质及其相关概念

#### 1. 胜任素质的定义

斯潘塞（Spencer）认为："简单地说，胜任素质就是个人所具备的某种或某些潜在特质，这些特质与高绩效员工的工作表现具有高度的因果关系。"

国际人力资源管理研究院对胜任素质的定义是：个体所具备的，能够以之在某个领域或某些具体职位上取得优秀绩效表现的特征或特点，包括技能、知识和态度；思考方式和思维定式；内驱力、社会动机和自我意识等具体组合。从这个综合定义可以清楚地看出，这些组合中的要素已经被归纳为四个层级。第一层级为"绩效行为"，也就是个体所在具体职位上的工作绩效表现。另外三个层级存在着递进关系，是"自我意识—内驱力—社会动机"因素决定了个人的思考方式和思维定式等个体特质，然后才是个体所具备的态度、知识和技能等因素发挥具体的作用，最后由这些因素共同决定了个体在实际工作和生活上的行为表现。

**2. 胜任力的定义**

美国大辞典对胜任力的定义是：具备或完全具备某种资质的状态或者品质。麦克拉根（McLagan）认为胜任力是指对优秀成果的产生具有重要影响的能力。前者是对个体知识和技能的描述，后者是对工作角色岗位结果的描述。伍德拉夫（Woodruff）根据胜任力的可变化情况把胜任力分为硬性胜任力和软性胜任力，前者指人们完成预期达到的工作的标准，后者指个人的行为和属性。

**3. 胜任素质模型**

胜任素质模型是指担任某一特定的任务角色需要具备的胜任素质的总和，它是针对特定职位表现要求组合起来的一组胜任素质。胜任素质模型为某一特定组织、水平、工作或角色提供了一个成功模型，反映了某一既定工作岗位中影响个体成功的所有重要的行为、技能和知识，因而经常被当作工作场所使用的工具。个体使用胜任力模型，能够帮助自己分辨工作需求的胜任力、工作中的优势、需要提升改进的领域、继续学习和职业成长与发展等。

## （二）胜任素质的特征

根据上面的定义，胜任素质是一个人的潜在特质，隐含着表现力或思考力，这种力量可以类推到个人工作或生活上，是跨情境、跨时间的行为或思维风格，是人格中深层次和持久的部分。

**1. 五种形态的胜任素质特质**

胜任素质具有以下五种形态。

**（1）动机**

动机是指一个人对某种事物持续渴望，进而付诸行动的念头。因此，动机"驱使并引导我们做抉择"，于是人们就会在众多目标或行动中，心有所属而且坚定不移。这就好比一个具有强烈成就动机的人，会不断地为自己一次又一次设定具有挑战性的目标，而且持之以恒地去加以完成，同时透过回馈机制不断寻找改善的空间。动机是主导个人驱动力的主要特质，可以客观预测个人长期在工作上的表现，而不需要监督。

**（2）特质**

特质是指身体的特性及拥有对情景或信息的持续反应。例如，对时间的即时反应和绝佳的视力是战斗飞行员所必须具备的必要特质。情绪的自我控制和主动积极的精神则显得较为复杂。例如"不动如山"，有些人即使面对压力，处理问题也不会失控而大发雷霆，而是游刃有余、自得其乐。这些才能都是成功经理人所必须具备的特质。

（3）自我概念

自我概念关于一个人的态度、价值观及自我印象。就如同自信，个人深信自己不论在任何状况下都可以有效率地工作，这可以说是个人对自己自我概念的认定。一个人的价值观，是指对现象的回应或反应式的动机，可以预测个人在一段时间由别人操控的情况下所呈现出的意向。举例来说，一个人企图想成为领导者，当他获知将有一项任务要测试领导能力时，他就会自然而然地展现出领导者的行为来。若一个人习惯成为"被管理者"时，他在行为的本质上就不会存有自动想去影响其他人的动机，通常这种人即使能够到达管理阶层，最后也不会成功。

（4）知识

这里的知识是指一个人在特定领域的专业知识，如外科医生对于人体神经及肌肉的专业知识。知识是一项复杂的胜任素质。判断知识的测验，常常无法连带测出实际的工作绩效，因为表面知识和技巧的测量，无法真正与实际运用在工作上的知识及技巧相提并论。知识只能探知一个人现在能力所及的范围，而无法预知未来可能涉入的状况。

（5）技巧

技巧是指执行有形或无形任务的能力。例如：一位牙科医生能够以熟练的技巧，填补病人的牙齿而不伤到他的神经；计算机程序设计师拥有50000行逻辑性的序列编码的能力。心理或任职技巧的才能，包括分析性思考（处理知识和资料、判断因果关系、组合资料及计划）和概念性思考（将复杂资料重新组合）。

目前，根据胜任素质的五种形态，提出的胜任素质模型主要有冰山模型和洋葱模型两种。冰山模型，"知识和技能"是处于水面以上看得见的冰山，最容易改变；"动机和特质"潜藏于水面以下，不易触及，也最难改变或发展；"自我概念"特征介于二者之间。洋葱模型是从另一个角度对冰山模型的解释。它在描述胜任素质时由外层及内层，由表层向里层，层层深入，最表层的是基本的技巧和知识，里层的核心内容是个体潜在的特征。

2. 因果关系

所谓因果关系，就是指这些胜任素质能够在实际工作中带来高绩效或者可以用来预测任职者未来的水平和行为表现。动机、特质和自我概念的胜任素质，可以用来预测行为，这些行为则引导出工作的结果，整个程序是动机/特质→行为→结果。

胜任素质包含意图，意图是动机或特质的原动力，这种力量可以产生充沛的行动力而导致结果。例如，知识和技巧的胜任素质，潜藏动机、特质或自我概念的能力，而这些能力驱使人们追求知识和技巧。行为中若没有隐藏着意图，就不能定义是胜任素质。例如"走动式管理"，若不知一位经理人走动的意图，就不会察觉他因此事所展现的才能是什么；或许这位经理人只是感到厌烦，想起身活动筋骨，或是警惕部属，主管随时在他身边，所以不能偷懒。行动包含思考，而思考通常是在行动之前。例如，动机（思考如何把事情做好）、规划或问题解决的想法，都是在付诸行动之前就产生的。

因果关系的流程模型，可以被用来作为"风险评估"分析。如果企业不甄选、发展或引发员工的成就动机，则可以预测员工在财务、生产力、品质、新产品和服务上不会有较大的成长与进步。

3. 效标参照

效标参照在胜任素质的定义上是相当重要的一个概念。一项特性能被称为胜任素质，是指这项胜任素质可以预测真实世界中有意义的事情。心理学家威廉·詹姆士（William James）说过，科学家的第一项准则是，一项差异如果没有造成差异，就不算是差异。因此如果个人的一项特性或资历在工作表现上无法造成与其他人在产出上的明显差异，严格来说就不算是一项胜任素质，也不应该用该特性或资历来评估一个人工作表现的好坏。经常被用在胜任素质研究方面的效标有以下两种。

1）优异的表现。这项的含义是指统计上平均数一个标准差以上的表现，在实际工作中差不多每十个人就有一个人。

2）有效率的表现。这项的含义是指"最低可接受"的工作表现，如果一位员工的工作表现在分界点之下，即表示他无法胜任此项工作。

为了改善绩效，企业在甄选和发展上应当使用优秀员工的胜任素质当作"标杆"或是"蓝图"，而不是把资源浪费在表现平庸人才的甄选及培训上。

## （三）胜任素质的分类

胜任素质的分类方式有很多种，根据不同的分类标准，可以对胜任素质进行不同的分类。下面笔者主要介绍两种常见的分类方式。

将胜任素质分为表面胜任素质和中心胜任素质两大类。所谓表面胜任素质，顾名思义，就是最上层的、能看得见的，也就是梯形图中的"绩效行为""知识""技能"乃至"态度"（某些情况下，态度这个因素不容易看出来）。

表面胜任素质的特征除了易于观察之外，还比较容易培养。诸如专业知识或专业技能等，通过正规的学校教育或专业培训是可以掌握的。即使是看起来难以捕捉的"态度"问题，也可以通过持续的矫正和引导来加以改善或培养。中心胜任素质中所包括的因素往往都是个体内隐的核心特征或特点，一方面难以确定，另一方面也难以测量。此类素质也是非常难以或者不可能在短期内培养或开发出来的。

另一种方式是将胜任素质分为三类：门槛类胜任素质、区辨类胜任素质和转化类胜任素质。需要强调的是，这种分类法是针对每个具体的职位或工作任务而言的，因而对于具体的胜任素质的属性不能一概而论，必须结合到具体的岗位上或模型中去。

门槛类胜任素质仅指为保证工作取得成功而界定出的一些最低标准要求。一般来说，提高门槛类胜任素质与取得更高的绩效之间并没有太大的相关性。例如，一般都将"质量意识"归为门槛类胜任素质。在对胜任素质体系的实际运用中，以英国为代表的派别就是以门槛类胜任素质为基础进行实际运用的；也就是说，他们在进行基于胜任素质的招聘与甄选等实际应用时，往往以那些门槛类胜任素质为基础。

区辨类胜任素质是指那些最有可能将同一职位上的优秀绩效者与一般绩效者区别开来的胜任素质。这种类型的胜任素质也是整个胜任素质体系研究和运用的基础。常见的这类胜任素质有"主动性""影响力"和"结果导向"等。

转化类胜任素质是指管理人员和员工普遍缺乏的那些胜任素质，一旦他们在这种胜任素质上得到提高和改善，那么将会大大提高他们的工作绩效。例如，"开发他人"等胜任素质就为大多数人所缺乏。这类胜任素质在当前大多数的素质模型中往往都没有得到太多的重视。作为一个比较新颖的研究方向，我们在以后的研究工作和实际应用中应对此给予一定的关注。由于目前在这个范围内的研究尚处于开展阶段，其实际操作方面还有待进一步研究和分析，故不在此做深入介绍。

## 二、胜任素质的测量方式

目前广泛使用的胜任素质测量方法有学校型评分系统、胜任素质矩阵法和行为锚等级量表法。

## （一）学校型评分系统

这里所说的学校型评分系统是指经常在学校见到的那种类型的评分方式，也就是将每一项胜任素质粗略地分为 A、B、C、D、E 五个等级，不过这里采用具体数字来代替字母，从 1 到 5，数字越大，表明具备的胜任素质程度越高。

A=5，表示在某项胜任素质之上表现出的水平是非常优秀的；

B=4，表示在某项胜任素质之上表现出的水平是超过基本预期的；

C=3，表示在某项胜任素质之上表现出的水平达到基本期望水平；

D=2，表示在某项胜任素质之上表现出的水平低于期望水平；

E=1，表示在某项胜任素质之上表现出的水平远低于期望水平。

学校型评分系统目前在社会生活的各个方面都得到了广泛的应用，最典型的用途当然还是在学校中对学生成绩进行评定。在当前的人力资源管理实践活动中，这种评分系统也经常被使用，如运用于绩效评估中去。这种评分系统之所以如此盛行，是因为它有自己独特的优点：容易操作、易于理解及省力省钱。但学校型评分系统的这些优点也从根本上决定了它所固有的几大缺陷：第一，主观性强，人们通过这种方式对胜任素质进行测量时，依据的是一种主观的假设标准，也就是"期望"，这种主观的标准比较难以进行准确界定和清楚表达。第二，无法精确反馈。正是因为其主观性比较强，人们在运用这种方式对胜任素质进行测量时往往无法对某人所具备的胜任素质状况进行准确、精细的反馈。第三，无助于绩效过程中的行为改进。这一点是针对在职员工的胜任素质测量来说的。其含义是，即使通过这种测量方式准确地确定了每个员工的胜任素质的等级和状况，也无法根据这些结果来改进员工的绩效行为，进而提升其绩效。

总的来说，学校型评分系统所关注的是个体当前已经具备的状态，它没有明确地说明在各个不同的评分层级上的具体胜任素质要求，也不太可能去促进个体未来的行为变化。因此这种方法对于正规地测量胜任素质来说，其应用性相当有限。

## （二）胜任素质矩阵法

在胜任素质矩阵中，取代学校型评分系统中的字母等级或数字等级的是具体的职位。不过这些职位并非随便罗列，而是有着明显的职级划分。例如，分别以"首席执行官""高级经理""经理""高级会计"和"会计"来代替学校型评分系统中 A、B、C、D、E 或 5、4、3、2、1。在给出了几个既定的职位后，胜任素质矩阵中针对每一个职位都列出一组行为要求，也就是在这个职位级别上的任职者应该达到的行为表现水平。

通过与学校型评分系统相比较，可以明显地看出胜任素质矩阵法的两大优点：其一，这种测量体系有助于员工了解在每一个职位层级中对每一项胜任素质的期望程度；其二，使员工知道，为了获得晋升或者取得所在层级上的工作成功需要展示出的工作行为。特别是后者，能够较有效地克服学校型评分系统的第三点缺陷，促进员工在工作过程中改善绩效行为。但胜任素质矩阵法也有几点需要注意：第一，某人在某些行为（维度）上对某种胜任素质表现出了较好的具备程度，而在其他的行为方面可能对这种胜任素质表现欠缺，遇到这种情况，人们还是难以确定此人在该胜任素质上的具备程度。第二，某些高职级上的员工在测量过程中可能会表现出或者仅仅表现出较低职级上的胜任素质所要求的行为表现。这也是个难以处理的问题，这个问题和上面的问题涉及同一个因素：行为指标（要求的具体行为表现）的界定和分类。在解决这个问题上，测量胜任素质的第三种方法提供了一个好的思路。

## （三）行为锚等级量表法

行为锚等级量表法（Behaviorally Anchored Rating Scale，BARS）。从这个方法的名称中就可以看出，这种方法的核心就是对"行为"进行界定和分类的一种测量体系，所以也被称为行为等级界定量表测量法。BARS 是指针对每一项胜任素质设计出的评分量表，为每一项胜任素质确定出为数不一的行为等级。它根据"最小可视差"原则，对那些具体的、可观察到的行为指标进行分类和定级。测量者在对具体胜任素质进行测量时，是完全根据被测量者展示出的行为指标来进行的，而 BARS 中提供的这些经过分类和定级的行为指标量表，可以很好地指导测量者根据测量要求来实施准确的测量和评估。这里所提到的根据被测量者展示出的行为指标来进行测量和评估，既可以是对行为访谈过程中被测量者所说明和描述的行为指标来进行测量，也可以是对实际工作或生活场景中所展示的具体行为表现进行评估。

在设计 BARS 量表时，目前比较常见的做法是为每项胜任素质制定一个包括 5~7 个等级的评分表；在每个等级中，要准确地列出该等级上的行为指标。BARS 在实际应用过程中的效果是明显的，也得到了广大应用者的认同，它的优势或益处可以概括为以下六个方面。

1）是组织对胜任素质含义进行沟通的有力工具。通过对所有的胜任素质制定详细的 BARS 量表，一方面可以向此员工展示什么样的行为才是组织所期望的；另一方面，组织中所有的成员也可以根据这些量表来对胜任素质有关的内容展开讨论，从而加深整个组织对胜任素质含义及作用的理解和认同。

2）可以用来沟通组织的绩效目标和预期。当整个组织认清了胜任素质的意义和作用之后，组织通过对全体员工所具备的胜任素质程度进行测量，就可以合理准确地判断出员工可能的绩效产出水平，从而制定出更合理的绩效目标；而且通过这种处理方式确定出来的目标更容易为员工所接受。

3）可以改变组织的工作语言。组织全体成员通过对 BARS 测量体系的了解和沟通，应该能够更深刻地从胜任素质和绩效的角度来看待自己的工作，来看待组织中的问题，进而就有可能逐渐形成一种胜任素质的文化氛围，从而使成员在沟通各方面的问题时都可以从这些基本面出发。

4）能够帮助管理人员及员工培养出对自己及他人的积极看法。通过了解和运用 BARS 测量系统，人们能够对各自岗位所要求的胜任素质和绩效行为有一个更清楚的认识。绩效表现较差的员工也可以借助诸如有针对性的培训等途径去有效改变自己的工作行为和习惯，从而树立起更坚定的信心，产生对工作、对别人及对整个组织更积极的看法。

5）能够帮助人们预测出员工在工作中达到的绩效水平。由于 BARS 量表中对各种行为指标进行了准确而清晰的分类，同时针对每个等级的行为指标也给出了客观的绩效表现水平，所以可以由此预测员工在某些胜任素质的具备程度得到改善或提高之后的绩效表现水平。

6）能够提高基于胜任素质的人力资源管理和应用的工作效率和效能。例如，人力资源经理通过将员工当前所具备的胜任素质程度与职位要求的水平进行对比，就可以确定出员工在某些胜任素质上的差距。在弄清楚存在的差距之后，借助于 BARS 量表，就可以准确地确定出员工要达到期望的绩效表现水平需要在哪些具体的方面特别是行为指标上接受针对性的培训和矫正。

# 三、胜任素质模型与人力资源管理

## （一）胜任素质模型对人力资源管理变革的影响

胜任素质模型使得人力资源管理超越了传统模式，产生了变革和创新，呈现出了一些新的趋势。

### 1. 从以"工作"为中心转变为以"人"为中心

传统的人力资源管理是以"工作"为中心的。工作分析作为人力资源管理的基础，将组织中的工作划分为一系列职位，对每个职位进行清晰界定和描述；人员招聘就是为具体的职位空缺找到合适的人选，根据职位评价确定薪酬，根据工作任务的完成情况进行绩效评价。这种以"工作"为中心的人力资源管理模式在知识经济和全球化的时代受到了挑战，因为组织中的工作更加灵活而富有变化，组织结构和职位都不断调整。以"人"为中心，即以"胜任素质"为中心的人力资源管理模式能够很好地适应新的变化环境。在这种管理模式下，关注的不再是固定的工作职责和岗位，而是组织成功需要哪些胜任力。人员招聘不再针对特定的某一个岗位，而是为了获取组织所需要的胜任素质。薪酬和绩效评估系统也由于与胜任素质密切相连而引导组织成员表现出并不断提升组织所需的胜任素质。组织的扁平化使得很多员工无法从职位晋升中获得职业生涯的满足，而胜任素质模型则将人们的注意力吸引到胜任素质提升上来，使员工更加关注职业生涯发展中胜任素质的提升，这种从关注"工作"到关注"人"的转变也更加有利于对员工的激励。

2. 人力资源管理与组织的战略和文化联系更加紧密

胜任素质模型使得人力资源管理与组织中的战略实施密切联系起来，提升了组织的执行力，从而体现出人力资源管理对企业战略的贡献，体现出人力资源管理者的"战略伙伴"地位。胜任素质模型也能为公司的战略决策提供现实有力的支持。例如，当公司决定进军一项新的业务时，可以采用胜任素质模型的思考框架考虑这项新的业务可能需要哪些胜任素质。公司目前的人才资源中是否具有足够的这样的胜任素质？如果不具备，应该首先考虑从外部获取还是内部培养，各自所需的成本和时效性如何？如果无法及时获得新业务所需的人才胜任素质，那么新业务的开展可能会因此受到阻碍。

3. 非人力资源管理者在人力资源管理中的作用明显提升

各级管理者，特别是一线管理者，在每天的日常工作中履行着管理员工的职责，拥有最多的观察员工行为的机会，对员工行为施加直接的影响。基于胜任素质模型的人力资源管理强调对员工胜任素质的识别、评判和塑造，而在这些方面各级管理者具有得天独厚的优势。首先，管理者应该清楚对员工胜任素质的期望；然后注意识别员工在这些胜任素质上的表现水平，帮助他们提升胜任素质。此外，管理者还应该在行为上率先垂范，成为员工的角色榜样。因此，胜任素质模型使得人力资源管理者和各级管理者能够携起手来，共同为提高组织的竞争力做出贡献。

## （二）基于胜任素质模型的人力资源管理

基于胜任素质的人力资源管理，就是人力资源专业人员依据胜任素质理论和方法来设计并执行人力资源管理各项功能的过程，它能够更好地切合组织的战略目标，并能稳定地提高组织的绩效预期。

### 1. 工作分析

基于胜任力的工作分析以胜任力为基本框架，通过对优秀员工的关键特征和组织环境与组织变量两方面分析来确定岗位胜任要求和组织的核心能力，是一种人员导向的工作分析方法，具有更强的工作绩效预测性。基于胜任力的工作分析要求把胜任力作为人力资源开发与管理的一种新思路贯穿到人力资源管理的各项职能中去，使"人员—岗位—组织"匹配成为企业获取竞争优势的一个关键途径。随着战略性人力资源管理的发展，基于胜任力的工作分析越来越趋向于未来导向和战略导向，即按照组织未来发展的要求重构岗位职责和工作任务，确认岗位要求。

### 2. 招聘

基于胜任力的人员选拔，依据的是该工作岗位的优异绩效，以及能取得此优异绩效的人员所具备的胜任素质和行为，挑选的是具备胜任力和能够取得优异绩效的人，而不仅仅是能做这些工作的人。因此，人—职匹配不仅体现在知识、技能的匹配上，还必须重视内隐特征的匹配。

### 3. 培训

基于胜任力模型设计的培训，是对员工进行特定职位的关键胜任素质的培养，培训的目的是增强员工取得高绩效的能力、适应未来环境的能力和胜任力发展潜能。因此，从人才培训的角度来看，对于可塑性高、具有重要意义的胜任素质，应该选取最好的师资，开展集中、高强度、强迫性的培训，并辅之其他培养手段，让人才快速成长；对于可塑性低、具有重要意义的胜任素质，应作为招聘和选拔的重点考察内容，不符合要求的坚决不予录用或晋升。

### 4. 职业生涯设计

成长与发展是人的一项基本而重要的需求，提高岗位胜任力和就业能力是员工职业发展的重要方面，同时员工的发展又促进了企业竞争力的提升和企业发展。开发胜任力模型，能够对员工的胜任力潜能进行评价，帮助员工了解个人特质与工作行为特点及发展需要，指导员工设计符合个人特征的职业发展规划，并在实施发展计划过程中为员工提供支持和辅导。这样不仅能帮助员工实现自身的发展目的，也能促使员工努力开发提高组织绩效的关键技能和行为，实现个人目标与组织经营战略之间的协同，达到员工和企业共同成长和发展。

### 5. 绩效管理

基于胜任力的绩效管理系统实际上向员工传递了这样的信息：所在职位的成功标准是什么，或者说员工在其现任职位上应该发挥怎样的作用，承担什么样的责任，应掌握哪些核心专长与技能。这样在绩效评估中就能有重点地进行，关于员工工作行为的信息收集工作也能有的放矢。

### 6. 薪酬管理

企业支付给员工薪酬的依据是该员工为企业创造的价值，这一价值不仅包括员工现阶段所创造的，还包括其未来能持续创造的价值。胜任力模型的出现为企业衡量员工现在与今后为企业创造价值的能力提供了一个平台，而且能使员工与各层管理者为提高现有知识与技能水平而努力。

### 7. 继任者计划

基于胜任力模型的继任计划系统，为评估和发现高潜能雇员打下了基础。有学者在研究中指出，胜任力模型能够使企业从当前雇员中发现哪些人有潜力在以后能胜任关键职位，确保现在聘用的这些人具备以后在公司中胜任更高职位的潜力。在一定意义上说，继任者计划就是对工作分析、招聘、培训与开发、职业生涯设计和绩效管理的综合利用，把这些过程有机地结合在一起，就可以确定出组织认为有潜力担任更高级职务的员工，也有助于对继任员工的进一步开发和培训。

# 第二节 胜任素质模型的建立

为了成功完成某项工作，建构胜任素质模型，判断员工具有哪些个人特点是必需的过程，这被称为胜任素质建模。

## 一、构建胜任素质模型的思路与途径

胜任素质建模的基本思路和途径有以下三种。

第一种思路是确定与组织核心观点和价值观相一致的胜任力。这种思路确定的胜任素质更关注塑造与所在组织文化相适应的员工，其前提是组织必须有经过检验的核心价值观，并已形成相对稳定且鲜明的组织文化。它最大的优点是揭示了冰山模型中的深层胜任素质，采用的途径是职业分析方法。基于对某一职业或专业及其必需的职责和任务的职能分析，常常会产生一个广泛的胜任素质清单，并需要建立绩效标准。采用这种思路建立胜任力模型，在国内大企业中已有许多商业实践。

第二种思路源于哈佛商学院等的研究。这种思路通常使用关键事件访谈法，选择那些高绩效的岗位角色，从中抽取其特征。这种开发途径隐含的前提是已经确定出"正确的事"，余下的任务就是"正确做事"，即提高在职员工的绩效，改善其胜任素质。这种思路要求模型开发人员要达到很专业的访谈技能水平。这种方法在英美两国管理教育中产生了一些影响。

第三种思路是根据行业关键成功因素（Key Success Factors，KSF）开发胜任素质模型。汤普森指出，这种方法的关键之一就是要识别并获取行业关键成功因素，其原理是"人—职—组织"匹配原理。在管理实践中，开发企业的核心胜任力时，通常采用 KSF 方法。

## 二、通用类胜任素质模型及其建立流程

目前国际上较普遍的观点是把胜任素质模型归为以下几个类别：组织类、部门或工作团队类、职级类、岗位类和通用类。通用类胜任素质模型是指一种针对管理和专业岗位，对许多基础模型进行概括和总结后得出的胜任素质模型。通用类胜任素质模型的作用为：第一，为各种群体间的胜任素质要求打造一个可以进行大体比较的基础平台；第二，用于与新开发的模型进行比较，也可以对结果进行检验。

史班瑟（Spencer）等人总结了前人研究胜任素质的成果，提出了五个通用胜任素质模型，包括专业技术人员、销售人员、社区服务人员、管理人员和企业家，每一个模型都由十多个不同的胜任素质组成。其中，企业家的胜任素质模型包括以下胜任素质。

1）成就：主动性、捕捉机遇、坚持性、信息搜寻、关注质量、守信、关注效率。

2）思维和问题解决：系统计划、问题解决。

3）个人成熟：自信、具有专长、自学。

4）影响：说服、运用影响策略。

5）指导和控制：果断、监控。

6）体贴他人：诚实、关注员工福利、关系建立、发展员工。

并且，有学者对 216 名企业家进行跨文化比较，研究发现，能够区分优秀企业家与一般企业家的胜任素质有七个（分为四类）。第一类，成就：主动性、捕捉机遇、坚持性、关注质量。第二类，个人成熟：自信。第三类，控制与指导：监控。第四类，体贴他人：关系建立。

胜任素质模型建立的过程就是确定出具体胜任素质的过程。关于方法，麦克莱兰等人负责美国新闻总署项目时采用工作胜任力测评法建立模型和确定胜任素质。流程共分四步：

## （一）确定绩效标准

建立胜任素质模型的第一步就是确定绩效标准，以界定所研究的工作上的杰出绩效与一般绩效。理想的绩效标准是"硬"指标，如销售额或利润、获得的专利和发表的文章、客户满意度等。如果没有合适的"硬"指标，可以采取让上级、同事、下属和客户提名的方法。为某项工作定义绩效标准（而且是正确的绩效标准）极为重要。杰出绩效表现者的胜任素质模型，就是甄选这些人时所使用的标准。如果使用错误的标准，如以个人受欢迎程度而非绩效为主，则最终建立的胜任素质模型也将会因此而找出错误的胜任素质。

## （二）建立效标样本

选择效标样本，即根据已确定的绩效标准，选择优秀组和普通组，也就是达到或超过绩效标准的组和没有达到绩效标准的组。如果研究的目的是建立工作胜任素质等级，则可以找出第三组工作不力者（绩效低落或无能），以协助预测某项工作无法成功的状况（也可以设立聘雇人员时的门槛分数）。

收集数据信息，获取与标准样本有关的胜任素质的数据资料，收集数据的主要方法有行为事件访谈（BEI）、专家协助、调查、胜任素质模型数据库专家系统、工作分析和直接观察。目前采用的最主要的方法是行为事件访谈法。

### 1. 行为事件访谈

杰出表现者与一般表现者都需要接受使用深度的行为事件访谈，这个访谈技巧是由麦克莱兰教授发明的。行为事件访谈法实际上是结合了弗拉纳根（Flanagan）的关键事件法和主题统觉测验两项工具。

（1）优点

1）实证访谈过程所确认的工作胜任素质，超越其他资料搜集方法所产生的能力，也与它们有所不同。行为事件访谈资料非常宝贵，可以证实其他方法所产生的能力假设是否正确，并发现新能力。

2）准确知道受访者如何表达他们的工作胜任素质。这不仅包括"使用影响力"，还包括在特定组织的政治环境中，受访者如何"使用影响力"来处理当时的特定状况。

3）归纳出通则。行为事件访谈可以精确显示杰出的表现者，如何处理特定的工作任务或困难。

4）为评估、培训与职业生涯规划准备资料。行为事件访谈可以为有效率与无效率的工作行为提供特定的叙述，这些资料可以教导其他人在工作岗位上哪些事情该做、哪些不该做。

（2）缺点

1）时间成本。完整的一个行为事件访谈需要花 1.5～2 小时做访谈，加上 3 小时做分析。

2）专业能力的要求。访问员必须受过训练，并能完成精准的判断，接受他人的建议，使搜集到的资料品质更好。

3）遗漏工作任务。由于行为事件访谈只侧重重要的工作事件，所以搜集资料时可能疏忽较不重要但却相关的工作面向。

4）分析很多工作可能不切实际。所花时间、支出与专业能力训练的成本很高，所以分析大量的工作内容较不切实际。

2.专家协助

研究人员邀请一群专家，请他们决定哪些是完成工作任务（最低要求、工作等级）与杰出表现者的特色。这些专家可能是研究对象的直属主管、该工作的超级明星或外部专家，也可能是十分了解该工作的人力资源专家。

（1）优点

1）能快速、有效地搜集到大量的宝贵资料。

2）专家会对胜任素质概念、评估方式与变项等有进一步的了解，他们的参与可以协助大家对研究结果产生共识，并支持研究结果。

（2）缺点

1）可能使用传统或大家信以为真的价值。这些价值听起来很悦耳，也符合组织的传统，但是却无法预测能力表现。例如，资深的军事领导人深信道德对军官很重要，但是行为事例访谈却发现事实恰巧相反。在陆军与海军军官 1000 件以上的关键事例中，道德或伦理决策只出现过几次。军官面对道德议题的机会并不多，也不认为类似的决定对工作很重要，研究显示他们会将类似的决定看成管理上的议题，而非道德议题。

2）专家缺乏心理学或技术方面的词汇，可能会忽略重要的胜任素质要素。例如，杰出的家具业务人员有一项称为"诱导视觉与触觉想象"的胜任素质，意思是他们会思考到颜色，如淡紫色、暗灰色、红褐色，也会思考到触觉，如突起、丝绸质感、不匀称。他们也会设法让顾客跟他们的思考方向一致，接着引导他们去看特定的家具。研究人员所找的专家可能不了解"诱导视觉与触觉想象"这项胜任素质，因而忽略这项重要的胜任素质。

3. 调查

研究人员邀请专家与组织中的成员评鉴胜任素质的项目（或行为指标）及对于工作绩效表现上的重要性、需要该项能力的频率等。一般来说，调查要着重于特定的技巧，并且询问以下几个方面的问题：第一，该技巧区分杰出与一般表现者的程度有多高。例如，成就倾向在杰出业务人员与一般业务人员之间的差别，所以主管可以使用这项能力来甄选或辅导具有潜力的业务人员。第二，如果员工不具备该项能力，则任务失败的概率有多大。例如，对银行出纳来说，诚实与基本的数学能力非常重要。第三，要求新进员工具备该项特质是否合理。例如，对于高科技业务人员而言，特定的产品知识是必备条件，但是如果要求许多初次应聘工作者都具备公司专有的产品知识，就不符合实际了。第四，该项胜任素质是否经由培养、学习而获得。例如，成就倾向和主动积极性都很难培养，相较之下，传授特定的产品知识就比较容易。

（1）优点

1）这个研究方法可以协助研究人员快速搜集充分的资料，并进行统计分析，而且成本不会太高。研究人员可以用有效率的方式，在不同时间研究多项工作。

2）员工填写调查表时可以提供所知信息，方便研究人员找出共同结果。

（2）缺点

1）调查资料会受限于特定项目与概念，以至于设计调查的人员经常忽略其他能力。调查无法确认组织不同部门员工所表达的细微胜任素质差异，调查所搜集到的资料也许会加强"传统上信以为真的想法"，而且传统想法并无法预测某项工作的绩效。

2）调查方法可能效率不明显。调查通常从公司的首席执行官（CEO）到大楼管理员都询问相同的 100 个问题，与研究相关的问题却只占其中一小部分。

4. 胜任素质模型数据库专家系统

胜任素质模型数据库专家系统，也被称为计算机专家系统。计算机化的专家系统可以向研究人员、主管或其他专家询问问题，这些问题以先前研究所确认出的能力为基础，因此专家系统可以管理分析过程，提供一般与杰出工作绩效所需胜任素质的详细描述。

（1）优点

1）取得资料方便。资料库储存了几百种能力的研究结果，可以与其他资料搜集方法所提出的胜任素质做比较，印证是否能反映实际状况。例如，加入过去研究所得知的胜任素质，以补足现存研究的失误。

2）效率高。专家系统担任"聪明"问卷的角色，可以快速将问题集中到与分析工作相关的主题，不需像调查一样，必须让所有人回答所有问题。

3）生产力高。专家系统分析可以在 1 个小时内产生其他胜任素质研究方法花数天或数周才能产生的分析；专家系统也不需训练精良的专家，所以可以省下所需时间与成本。

（2）缺点

1）资料必须具备准确的回复才有价值。也就是说，专家系统如果获得的回复是"垃圾"，则分析结果也是"垃圾"。不论是专家协助、调查或行为事件访谈都会有这个问题，但是计算机专家系统在使用上如果没有妥善的监督，遭受这项问题困扰的可能性最高。

2）可能会忽略不存在于资料库的特殊胜任素质。专家系统就像问卷一样，只能找出原先设定好的那些胜任素质，无法发掘新的胜任素质或已知胜任素质中与组织相关的细微差异。

3）系统软件与硬件的价格可能非常昂贵。

5. 工作分析

工作分析是指员工或观察者在特定一段时间内将工作任务、功能或行动详细列出来。资料收集的方法是书面问卷、时间记录表、个人或团体访谈、直接谈话等。

（1）优点

1）在工作设计、薪资分析及相关的胜任素质分析上，可以产生非常完整的工作分析。例如，如果研究人员了解某个工作所需的特定任务内涵，就可以进而推论该工作所需的认知技巧。

2）提供符合"员工筛选程序统一准则"的资料，有些人会诠释这些资料用来取得工作任务频率与重要性之类的调查资讯。

3）可以确认或进一步说明其他研究方法所搜集到的资料。工作分析可以检查行为事件访谈所得的证据是否正确，如果有项工作任务没有显现于行为事件访谈资料中，后续的行为事件访谈就可以询问有关该任务的问题。

（2）缺点

1）提供工作的特色，而非绩效良好的员工特色。

2）工作任务清单倾向于太过仔细，所以不切实际，没有区分出真正重要的任务与例行性的活动。

6. 直接观察

直接观察是指直接观察员工如何完成工作任务，并将行为编码成能力项目。

（1）优点

这是确认或检查专家、调查与行为事件访谈资料的好方法。例如，调查资料暗示"影响力层级较低"（"影响力层级较低"意指如果有士兵对任务的了解比军官还多，则军官会寻求该名士兵的看法或建议）的军事领导人，所带领的单位表现好。

（2）缺点

昂贵且缺乏效率。大多数的人在一年中只会经历几次重大的工作事件，所以观察人员若要有机会看到重大的事件可能要花上很长的一段时间，才能发现少数与胜任素质相关的特质。

## （三）分析数据信息并建立胜任素质模型

通过对所得到的数据进行分析，获取关键行为并归纳为若干个胜任素质，同时对这些胜任素质加以定义，并鉴别出能区分优秀者和普通者的胜任素质。其具体做法是：通过对优秀组和普通组的行为事件访谈报告进行内容分析，记录各种特征行为在报告中出现的频次；然后对优秀组和普通组的特征行为发生频次、相关程度和等级差别进行统计比较，找出两组的共性与差异特征，并重点关注和分析优秀组和普通组的差异特征。

这一步具体包括假设产生、主题分析或概念形成等环节。首先，两位或两位以上经过培训的分析师将杰出表现者与一般表现者的资料列出来，接着寻找其中的差异，包括动机、技巧，以及其中一者具备但另一者不具备的胜任素质。研究方式有两种：第一，任何符合胜任素质字典定义的动机、思想或行为都会编码；第二，不属于标准字典的主题会有所注明。其中由行为事件找出新的能力主题是分析过程中最困难、最需要创意的步骤。

### （四）验证胜任素质模型

一般可采用以下三种方法来验证胜任素质模型。

第一种方法是选取第二个效标样本，即研究人员可以搜集杰出表现者与一般表现者作为第二个效标样本，再次用行为事件访谈法来搜集资料，分析建立的胜任素质模型是否能够区分第二个效标样本（分析员事先不知道谁是优秀组或普通组）。这个方法被称为"同时效度复核"，也就是在同一时间点上使用第一个效标样本的评分标准来预测第二个效标样本的胜任素质模式是否正确。

第二种方法是研究人员可以设计测验内容，来评估胜任素质模型所描述的胜任素质，并用来测验第二个样本中的杰出表现者与一般表现者。或者，主管与其他专业的观察者也可以使用评分表来评定第二个样本的胜任素质。如果胜任素质模型预测验或评分表都有效，则第二个样本中的杰出表现者应该在测验与评分表上获得较高的分数，这个方法被称为"同时建构效度验证"，意思是不同的建构或评估方式可以在同一时间用来预测某些人的表现。

第三种方法是甄选（使用测验或行为事件访谈的资料）或训练人员使用胜任素质，看看这些人在未来是否会表现得更好。这是最有力的验证方法，被称为"预测效度"。因为胜任素质模型可以在研究人员预期之下预测员工的表现如何，这是传统教育、学业成绩、考试分数与学历经验所做不到的，因为它们无法预测人生中实际的工作表现或成就。

# 第三节　行为事件访谈法

行为事件访谈法（Behavior Event Interview，BEI）是一种采用开放式的行为回顾探察方式的访谈，要求访谈对象回顾他们在工作中所面临的关键情境，详细地描述当时的情境和任务是怎样的，自己当时是怎样想的，感觉如何，想做什么，确实又做了什么，结果如何。

在进行行为事件访谈时，按照"STAR"模式，访问员让被受访者找出和描述他们在工作中最成功（最满意）和最不成功（感觉很遗憾）的若干个实例（一般各 3 个），然后详细地陈述当时的全过程，具体包括这个情境是怎样引起的、牵涉到哪些人、被访谈者当时是怎么想的、感觉如何、在当时的情境中想完成什么、实际上又做了些什么及结果如何等；然后对访谈内容进行内容分析，来确定访谈者所表现出来的胜任素质；最后，通过对比担任某一职位的优秀绩效表现者和普通绩效表现者所提出的胜任素质之间的差异，确定该职位的关键胜任素质组合。

行为事件访谈的目标主要是希望通过受访者的说明，获知一个人如何从事他的工作的所有的详细的行为描述。访问员发问的题项主要有两个作用：一是营造访谈当时的气氛，二是引导受访者，提供类似短篇故事形态的重要事例。访问员的工作是持续让受访者诉说完整的故事，来描述他们在真实状况下的行为、想法和反应。访问员在进行行为事件访谈时要注意以下关键点。

1）预先认识将要进行访谈的对象。知道受访者的姓名及正确发音、工作职称、工作性质及公司的行业。访谈者事先不知道访谈对象属于哪一类效标组，即避免让访谈对象预先得知受访者表现优秀与否，以避免有先入为主的观念。

2）访谈通常需要较长时间，一般需要1~3小时。因此，需要安排一处隐秘的地方，并保证在访谈进行的时候远离受访者办公室及电话、访客的干扰。

3）访谈主持者需要接受专门的技巧训练，并了解将要进行访谈的内容。访谈者应熟记有关操作行为事件访谈的每一项步骤的重点。

4）对访谈的内容需进行录音和记录，并整理成有统一格式的文稿。不论任何时候进行行为事件访谈，都要尽可能地录音和记录。访谈者的个人笔记常常会漏掉丰富而详尽的细节，而这些资料对于辨识胜任素质极其重要，这些笔记大部分会倾向于访谈者本身对事实的叙述，而非受访者的看法。行为事件访谈的记录内容会为公司设计培训的课程，如案例研讨、角色扮演及模拟演练，提供非常有价值的素质来源。

行为事件访谈法包括五个步骤，即自我介绍及解释、确定工作职责、行为事件、工作需求的特质、结论和摘录五个步骤。

## 一、自我介绍及解释

行为事件访谈法的第一步为自我介绍及解释，其目的是建立访问员与受访者双方的信赖与意愿，可以使受访者在轻松、开放和准备齐全的情况下交谈。

## （一）具体目标

1）让受访者感觉轻松。由访问员低调而友善地介绍自己给受访者。

2）鼓励受访者积极参与，充分说明访谈进行的目的与形式。大部分受访者想知道，为什么他们会被挑选接受访谈，以及访谈后的资讯会如何被实际运用。

3）强调访谈中回答内容的保密性。充分解释受访的资料，将如何运用及有谁会看到这些访谈内容。作为访问员可以这样解释："您今天讲的所有访谈内容将被严格保密，不会被公司里的任何人看到，您所陈述的资料，将被改写，没有您的名字或任何人名在上面，包括任何我们访谈人的内容。"

4）录音前先得到受访者的同意。

## （二）技术上的重点提示

1）作为访问员，应开诚布公地说明自己的身份、访谈目的及动机，以建立双方的信赖感，并求得受访者的协助。若访问员表现出坦诚、轻松及友善的态度，受访者也会较温和地回应所指的问题。

2）询问受访者的观点，要尽量减小访问员与受访者在访谈之间的地位差异，不要让受访者感受访问员是专业研究者。访问员如果对受访者表现出真诚的兴趣，便自然会对他描述的内容油然而生敬意。把受访者当作职务上的专家，可以让大部分的受访者感受到，谈论他所知道的事实，包括工作、自我感觉，是非常有趣和有益的一个经验。

3）面对问题的应对方法。

问题 1：受访者对于自己单独受访，会感到紧张或有所顾虑。碰到这个问题的时候，访问员应重复访谈的目的，强调是针对工作来搜集资讯的，而非评估受访者个人。同时强调对受访者专业的认同与肯定。

问题 2：受访者对于录音感到保密性不足，出现不舒服。面对这项问题时，访问员应重复对于保密的承诺及说明访谈资料的用途，强调录音只是协助自己有多余的时间做笔记。如果受访者要求关机，访问员也应该照办。

# 二、确定工作职责

行为事件访谈的第二部分，即确定受访者的工作职责。在访谈中，访问员可以通过提问题的方式来了解受访者目前的实际工作情况，如"您目前工作的职称是什么""工作上您向谁报告？您只需说出他／她的头衔即可""谁要向您报告？您只需说出部属的职称及职位即可""您主要的任务和职责是什么""什么是您实际的工作内容"等。

## （一）技术上的重点提示

1）确定工作职责部分的访谈应控制在 10～15 分钟。

2）"训练"受访者，将重点锁定在特定的工作行为上。访问员可以借由明确的问题及特定的案例，来完成这部分的访谈。例如，一位警察队长这样说："我管理好几个队员。"访问者就可以接着请他解释更清楚一些关于管理的意思，以及管理的具体工作有哪些。

受访者可能会认为从阅读部属的报告到和他们共同处理棘手的问题，都称为管理。再比如，如果一位职员说："我准备好了长期的策略规划。"访问员就可以询问他，关于策略规划的预备工作有哪些。同样地，他的回复可能会是策略规划的任务需要特殊的技巧，从阅读一些技术报告到访谈高层的执行者。

3）请受访者澄清语意不详的语句。受访者经常在陈述工作现况时会使用专业术语及缩写字，或说一些令访问员不解而需要澄清的事情。例如，一位飞机的雷达技师说："我修复 102DZFCS 黑盒子。"碰到类似这种不清楚的情形，访问员一定要探究到底："什么是 102DZFCS 黑盒子？什么是 FCS？"有时候，访问员表现得越天真越好，当他们透过问题跟受访者沟通，常常会因为此项特质令受访者不设防而引发出让人意想不到且有价值的资料。

4）询问适度的细节，访问员就可以清楚了解受访者在活动上所花费的时间。

5）注意倾听受访者陈述的事件，然后询问受访者是否难以想出重要事件。

6）使用受访者对任务或职责的说明，提供自然转换成描述重要事件的用语。受访者经常在提到一些职责时，会自然导入重要事件的开场白。例如，"我处理所有工厂维修的难关，例如，刚刚上个星期……"

## （二）面对问题的应对方法

问题：若受访者继续列举一连串任务和职责。面对这种状况，访问员可以打断受访者，并转而问受访者一个特定的实例。访问员可以这样问："您可以在众多重要的任务中选择一项最重要的内容，然后举一个案例来说明您处理的过程吗？"

# 三、行为事件

行为事件访谈的中心目标是让受访者详述 4～6 个有关重要事件的完整故事。这一部分会占用大量的访谈时间。作为访问员应最好对访谈的内容进行录音，目的是有充裕的时间来倾听受访者声音中所代表的思想。

## （一）具体问题

访问员想从一个完整的故事中获知的答案，可以提问以下五个问题。

1）"那是一个怎么样的情境？什么样的因素导致这种情境？"

2）"在这个情境中有谁参与？"

3）"在那样的情境下，您（受访者）当时心中想法、感受和想要采取的行为是什么？"

访问员应了解受访者对于涉入者和当时情境的认知和感觉，如受访者如何看待其他的人（如肯定或否定）或情境（如问题分析与解决的思考）、受访者的感受是什么（如害怕、兴奋等）、受访者内心想要做的是什么、什么想法激励他们（如把事情做得更好、让老板印象深刻）等。

4）"您确实做过或说过什么？"访问员所关切的是受访者展现的技巧。

5）"最后的结果是什么？过程中又发生了什么？"

## （二）技术上的重点提示

由于第三步行为事件是整个行为事件访谈的中心环节，因此关于技术上的重点提示分为两个部分：一是访问员应该执行的事项，二是访问员应避免的事项。

### 1. 应该执行的事项

①以正面的访谈事例开始。大部分的人都感觉，谈论自己成功的经验会容易许多。受访者说明他们感到成功的事例，会让自己显得有信心而且乐意继续往下谈。

②把受访者的故事时间正确排序。尝试让受访者在正确的起始点开始说明，直到整个故事结束。如果时间点错置，会使访问员混淆发生的人、事件。这或许会有些困难，因为受访者对于事件的陈述总是容易记得结果而不清楚过程。所以访问员要思索，以事件的时间轴为开端，不要贸然进行访谈，除非访问员已经清楚掌握始末的顺序。

③借由问题的发问，将受访者转移到讨论真实的情境。将焦点集中在受

访者过去真实的情境，而不是假设性的答复，哲理性、抽象性或信仰性的行为。访问员可借由询问一个特定的例子来观察受访者对信仰式或假设性问题的回答。例如，若是受访者说"我是一位参与式管理的经理人"，此时，访问员可以立刻请受访者举出一个他对部属进行参与式管理的实例；如果受访者一开始就说"通常我是……"或"一般来讲……"，访问员马上接着请受访者明确地点、在什么时间或他们实际做的事件；如果受访者说"如果部属拒绝跟我一起参与，我就会……"此时，访问员可以立刻再接着询问一个实例，如当部属不愿一起参与的时候，受访者会有什么样的反应。

④探测具体事实。访问员在进行行为事件访谈的时候，犹如扮演一位特派记者，不断地挖掘事实真相，如"这是谁说的""在什么地方发生""您如何来'说服'他/她""接着又发生了什么事"。探究相关的时间、地点和心情，通常有助于受访者回忆起当时的情节，因为受访者留在心中的记忆通常是他们一开始就说出的整个过程。简单扼要地表达问话，千万不要超过 10个字。以过去式发问，通常所需要问的是"谁做的""发生了什么事""您如何进行""什么时候进行"或"您当时的心情如何"。谨慎小心地使用"为什么"，因为通过"为什么"经常会诱发一个人陷入描述情境的理论模式，而非谈出他实际做的行为。

同样地，用现在式的问法（"在这样的情况下，您会做什么"）及未来式的问法（"下一次，您将会怎么做"）容易导致假设性的答案。如果问题太长，则会使受访者容易搞混淆，即不知该如何回答，或是变成引导式问题，而造成答复的偏颇。如果受访者使用类似于"我们"之类的用语，访问员可以接着问"您指的是谁，明确一点"，以真正了解对方说的是谁。受访者常常会说："我们一起直接找上层沟通，同时说服老板。"访问员可以立即再问"谁是'我们'""谁一起去""您扮演什么样的角色""您确实做了什么事"。

⑤探究行动背后的思考。探究对于技术问题的解决有重大意义。就"知识工作者"的性质而言，有 75% 以上属于思考类，甚至简单型的工作也有许多的行为是隐藏的。例如，一位骑车技师在为轮子上紧螺丝，这个工作的重点是什么时候螺丝上得够紧。优秀的技师胸有成竹，都有脉络和规则可寻：用手指锁螺丝，然后用扳手再转 3/4 转，少转 1/4 转会太松，多转 1/4 转会脱落，轮子会从车身掉落。绝佳的胜任素质研究能成功地辨识这些工作脉络。

⑥感谢对方说出重要的事件、进行详细的行为描述等。有一些人需要别人的鼓励和刺激，才能真正融入意境，说出一个动听的故事。随时不断给受访者赞美，好让他持续清楚明确地叙述。作为访问员，可以和受访者一起喜形于色，甚至告诉他有关自己的故事，让访谈的氛围显得轻松而愉悦。访问

员只要点头或微笑，回答"哦，嗯"或适当地回应"这就是真正我要的事件的内容与说明"，就可以达到效果。当第一个重要事件访谈结束后，大部分的受访者就可以抓住访问员所要的内容，这会让后续的事件访谈变得容易许多。

⑦了解访谈过程，受访者可能会引发情绪的反应。当论及关键的成功事件或特殊失败的事件时，对于受访者可能会勾起一种强烈的情感，受访者常常会说："您知道吗？我之前不曾想象这样一般回顾我的人生经验。"如果受访者陷入情绪中，访问员可能需要适时停止访谈，并且以关怀的口吻抚安抚，心存敬意地仔细聆听，直到受访者的心情恢复平静。

2. 应避免的事项

①避免问题会让受访者陷入抽象化，避免假设性的回答、哲理及深层的理论，无法满足行为事件访谈的目的。现在式、未来式及条件式的问题会容易引起争论。

②不要使用引导式的问题或是直接跳到结论。作为访问员，不要让自己的语气引导受访者。例如，如果访问员问"所以您尝试去影响她"，实际上这样问，访问员是暗示受访者直接告诉自己他运用权力的动机或技巧。在实际的事件中，毕竟受访者可能根本没想到有意无意会想去影响一个人。主导性的问法对于受访者的胜任素质介绍，可能是他原先不具备的部分。同样地，直接跳到结论对受访者说"您成功的销售，您的观点"，可能引导受访者陈述自己想听到的结果或是问曾经发生的事件。不要先认定自己知道发生的过程或有谁涉入，除非受访者明显地指出。如果有所疑问，就请直接询问清楚。

③不要对受访者的说辞做回应或解释。虽然"非主导性的"心理辅导顾问已经被训练成习惯于使用类似反应式的手法，但事实上于事无补。即使最佳的情况，也无法获得任何额外的资讯，但是如果情况糟一点，却可能变成引导式问题。因此最好的方式是利用无关语"嗯，哦"来回应，然后再问一个调查式的问题。但是当面对受访者处于极度的情绪激动时，上述的规则可以例外。在这样的情况下，可能需要适时扮演一位"心理治疗师"的角色，直到受访者可以再继续接受访谈。试着将受访者谈论现在的感觉转移到事件当时的感觉。

④避免发问时限制受访者主题的范畴。例如，避免以下的叙述"请告诉我一个您必须去处理有关人的问题的真实事件"。在胜任素质研究中，行为事件访谈通常都是运用在假设成立的情况下（辨识胜任素质对工作的重要性），事实上最好是撒大网捕鱼。例如，简单的询问"重要事件"，不要有任

何限制事件。受访者习惯于选择对于他们来说突出的、特别的事实来加以说明。受访者如何认定"重要",是一项评定他们才能的重要线索。通常,表现优秀及普通的人,对于重要事件的选择也有差异,让人看起来他们是身处在不同的工作中的。

例如,表现普通的销售人员会谈及如何执行他们的书面工作;但是表现优秀的销售人员则会提及与顾客的接触。表现平平的经理会谈到人际互动时的冲突;但优秀经理会论及如何进行规划。表现普通的主任工程师会谈到有关引擎问题的解决;表现优异者则会指出策略和组织政策的影响。

3. 面对问题的应对方法

问题1:受访者无法想出一个重要事件。偶尔,当访问员在寻求一个成功或失败的经验时,受访者会陷入某些困扰,而无法去想出任何重要的事情,这时受访者可能因为无法提供访问员有关的资讯而显得沮丧或苦恼。这个时候访问员应当使用其他的方法,如以自己为例举出一些行为事件,让受访者继续下去。

问题2:含混不清。受访者谈到有关自己做事、处理问题的信念时,可能会保持相当程度的抽象或论及假设情境,却不直接说明在特定真实的情境中他实际做了什么。这时访问员必须将受访者远离抽象的描述,而锁定在具体确实的事件上。例如,受访者说"我相信要尊重部属",那么访问员就可以接着问"请您明确举出尊重部属的场合与时机或有哪一位部属受到您以尊敬的方式沟通"。

问题3:受访者关心保密的问题。当受访者从平静的心情转而变成逃避或怀有敌意或拒绝回答问题,这是因为开始顾虑到机密的资料会被泄漏出去。这时必须再次对受访者重申保密的做法,并提供他们一个无所疑惑、继续说明的情境,并请对方不要遗漏重要的细节,而且有没有违背保密原则的问题。另外,访问员要专注倾听受访者对于访谈的顾虑,同理心地回应他们对于此事的感觉,并且体谅他们的情绪演变。当受访者迅速去除疑虑之后,接着询问刚刚中断的地方继续进行访谈。

问题4:受访者从访谈过程中"逃离"。特别是有支配性的和能言善道的受访者——超级推销员和高层经理人,他们常常呈现势不可挡、一副想说服人的态势。他们侃侃而谈地谈生意及全世界,以及他们的管理哲学等。当然,站在行为事件访谈的观点上,这样的说法是没有用的。这时访问员可以打断受访者,直接地说明自己的想法并陈述自己的观点,如"请您陈述一件曾亲身经历其中并且确实发生的事件,请以说'短篇故事'的方式来说明。

尤其是当时发生的情境，有谁共同身历其中（说明每一个行为事件访谈的关键重点）"。

问题 5：受访者寻求访问员的建议。受访者在访谈过程中可能非常期待获得访问员的回馈及结语。例如，受访者可能会问"您经历过类似的情境吗""我应该做什么""您认为我应该做什么"，访问员切忌涉入其中，如果这样可能会引出一大段假设性的回答或让受访者又陷入抽象言词的范畴里。尝试将受访者拉回到下一个事件，如"您之前遭遇过类似问题吗""在当时您如何面对它"。

# 四、工作需求的特质

## （一）具体目标

1）尝试获得额外重要事件的相关内容，以补充先前有所忽略的部分。

2）让受访者乐意接受访谈，并提供与他们相关的专业意见。

## （二）技术上的重点提示

1）如果受访者无法陈述 5～6 个事件的内容，此时访问员就可运用访谈特质的问题，对受访者继续追问额外的内容。

2）任何增强与受访者所提供信息相关的特质，都有助于访谈的内容，所以访问员关于受访者的回答要特别表示感激，如"这是我们非常感兴趣的，这真正是我们从访谈中想要寻找的内容"等。

## （三）面对问题的应对方法

问题 1：受访者想不出工作上所需要的知识或技巧的特质。如果访问员已经有足够的事件内容，访谈就可以圆满结束；如果内容还不足，再继续鼓励受访者说明。作为访问员可以使用鼓励的方法："就您所知，您有什么资讯、技能，可以使工作如此完美地达成？"

问题 2：受访者提供语意不详、空泛且无关的特质。请受访者提供一个实例来加以说明他实际运用上述特质的状况，以及工作上有无差异的情形。通常这个时候，访问员会发现受访者所描述的特质与听起来有很大的差异。

## 五、结论和摘录

### （一）结论

当访谈结束时，访问员应该有一个结论来表明访问的结束，并感谢受访者接受访问及他们提供的非常有价值的资料。作为访问员，也可以关怀的口吻安抚受访者，表达感同身受的想法。例如，如果受访者在工作上不是很顺利，应尽可能让他离开时感受到他是坚强而有价值的。

### （二）摘录

访谈结束后，访问员应该再利用一个小时来摘录访谈过程中所熟悉的资料，如果有充裕的时间，应趁记忆犹新时，把整个过程完整地写出来，这些内容可能包括受访者特质的简述、详细记载尚未澄清的事情。在记录访谈过程中，如有任何假设性关于工作上必备胜任素质的部分，可以在下一个访谈中再做一次澄清与印证。

# 第四节　分析数据并建立胜任素质模型

在胜任素质模型的建立过程中，其中最重要的步骤之一就是分析数据并建立胜任素质模型。能否对收集来的资料、数据进行有效的分析至关重要。只有在正确分析的基础上，才能建立起正确的、有效的胜任素质模型。

## 一、胜任素质辞典

1981 年，史班瑟的同事鲍伊兹（Bowez）从一些关于经理人胜任素质研究的原始资料中进行分析、钻研并归纳出一组用来辨识优秀经理人才的胜任素质因素，这就是创造胜任素质要素的起点。此后，在 1989 年，史班瑟决定针对全球 200 多个工作，开始观察并进行研究，并对其展开有关胜任素质的探讨，"胜任素质辞典"应运而生。

### （一）胜任素质尺度和构面

胜任素质辞典的内容（以行为事件访谈研究为基础，所分辨出工作上优秀表现者的特性），经过分门别类（有六个类群），每一个组分别包括2～5个胜任素质要素。每一项胜任素质要素有一个叙述性的定义，加上行为指标或特定的行为模式来说明胜任素质要素。

1. 最小感觉差胜任素质尺度

在将胜任素质转译成行为指标的过程中，史班瑟等人发现相同的行为指标，在某些例子中要比在其他例子中在强度、完整及范畴上能够更清楚地展现出来。例如，一些有关成就动机的故事，要比其他故事提到更明确而清楚的行动步骤，而其他的故事则呈现一大堆的问题（有关钱和工作），或是谈到新的或是一些创新的问题解决方案。史班瑟等人试着利用各种方法记录不同工作中"相同"胜任素质的强度差异，并将胜任素质的行为指标运用尺度的方式来加以呈现：在一个或多个构面，从低到高列成一个清楚的层级。

2. 胜任素质尺度构成面

由于胜任素质衡量尺度是从实证资料中产生的，所以依照实际观察资料的结果来说明的基本构面会有所不同。许多胜任素质都有一个以上的构面。典型的构面有以下几种。

（1）行动力的强度或完整性

大部分的胜任素质第一或重要的尺度（标签A）是描述所涉及意向或个人特征的强度，以及行动的完整性，而研究者则可以此来了解意向的程度。例如，一些成就导向的故事，因为牵涉创业风险的承担，所以意向的强度较一般只想把工作做好要来得高。

（2）影响力的大小或范围

谈到影响的广度，可以从受到影响的人数、职位的高低或专案的规模来加以判别。例如，运用一项胜任素质，可能影响到部属、同事、上司、组织的高层领导，甚至是国内或国际的领导人。影响也可以从问题的大小来看，从影响一个人的绩效到一个项目，甚至整个组织从事商业的模式等。对大部分的胜任素质来说，影响力的大小或广度属于第二个层级或B类。

（3）工作的规模或组织的层级

强烈影响上述构面，且影响力的大小常常用于比较不同的工作，而非同一工作中的不同个人。有一些工作可以承担较多影响的范围，然而影响力大小尺度较小的差异，也许就可以辨识出优秀的表现者。通常优秀表现者所承担的责任要比平常正式的工作职责多，但是一般表现者承担的责任比他们的一般工作职责少。

（4）行为的复杂度

行为的复杂度（如费心照顾额外的人、事）只有在一小部分的胜任素质中是列为最主要的尺度的，如"思考"的胜任素质。

（5）努力的程度

在一个任务上额外付出努力或投入时间，对于某些胜任素质而言，则是属于胜任素质第二个构面的尺度。

（6）独特的构面

某些胜任素质有独特的构面，如"自信"有第二类的尺度。"面对失败"，即描述一个人如何从失败中复原，以及避免负向的沮丧思考。"主动"则有一个时间的构面，亦即一个人，对于未来的看法与表现。在较高的层级，优秀的表现者对于未来会看得更远，并且根据他们的愿景来计划或行动。例如，现在所做的是为了解决未来的问题或创造机会，但可能要好几年的时间才会真正了解当时的所作所为。

大部分的才能定义，至少有两个或三个构成面，如成就导向的定义就有三个尺度：成就动机行动的强度和完整性、成就的影响力和创新的程度。

## （二）胜任素质类型

胜任素质辞典主要包括以下六大类型的胜任素质，具体包括成就和行动、协助和服务、冲击和影响、管理、认识和个人效能。这六类胜任素质都在管理职位和专业职位上具有普遍观测效度，每一类的胜任素质通常包含3～4项具体的胜任素质。

1. 成就和行动

（1）成就导向

成就导向（ACH）主要是把工作做好，或去设定标准挑战自我，追求卓越。

成就导向的度量有三个构面：第一个构面呈现（A）行动的强度和完整性，从想把一件事情做好到达成创新的成果；第二个构面（B）说明一个企业的受影响程度，从个人工作影响到整个组织；第三个构面（C）是创新，也就是个别行动与创意在不同组织或工作内容上的新颖程度。

（2）重视次序、品质与精确

重视次序、品质与精确（CO），反映出降低环境不确定性的潜在动机。重视次序由单一构面说明维持及增进环境次序的行动结构，从空间的次序到设定一个机制，维持资料的品质及次序。

（3）主动性

主动性（INT）的重点在于采取行动，主动的意义在于在没有人要求的情况下，付出超出工作预期和原有需要层级的努力，这些付出可以改善及增加效益，以及避免问题的发生，或创造一些新的机会。

主动性的度量有两个构面：第一个构面（A）是时间幅度的评量，从过去决策的制定到采取行动获取机会及面对问题；第二个构面（B）评量是说明不断的努力，付出额外的时间及不是组织要求的努力，完成与工作相关的任务。

（4）资讯收集

资讯收集（INFO）是指由于人们强烈的好奇心及渴望，因想知道更多的人、事物或特殊议题而主动进行资讯的收集；也就是说花费力气去获得更多的信息，而不是接受眼前现成的内容。资讯收集只有单一努力的构面，即说明一个收集资讯的区隔类别（从探讨问题涉入的人到深刻的研究，甚至寻访其他不相干的人以获得资讯）。

2. 协助和服务

（1）人际了解（沟通）

人际了解（沟通）（IU）意味着想要了解他人，这种想要了解他人的能力，可以清楚地倾听及体会到他人没有表达出来或是说明不完整的想法、感觉及考量。这里所称的"他人"是指个人或是一群有着相同感觉或考量的所有成员。跨文化敏感程度其实也是人与人之间了解中的一个特例，它经常包含大量的资讯收集。

人与人之间的了解与沟通程度包含两个构面：对他人了解的深度或复杂度（A），从明确地了解意思或情绪，到了解持续行为背后暗藏的复杂原因；倾听与回应他人（B）（为倾听与回应他人而付出心力的程度），从基本的倾听到特意协助他人解决个人或人与人之间的困难。

（2）顾客服务导向

顾客服务导向（CSO）意指有帮助或服务他人、满足他人需求的渴望，将努力的焦点全部放在发掘和满足顾客的需要上，要首先了解他人的需求，而不是他人的想法、感觉或行为的一般性了解，然后再进行帮助或服务他人。

顾客服务导向评量包括两个构面：第一个构面（A）是动机的强度与行动的完整性，整个行动中以客户信赖的顾问或辩护人的角色为重点；第二个构面（B）是代表为客户付出心力或采取行动的程度，从花费时间多少到自愿为客户付出超常心力的举动。

3. 冲击和影响

（1）冲击与影响

冲击与影响（IMP）表现出劝诱、说服、影响或感动他人的意图，以赢得他们对说话者的支持；或呈现出对他人产生特定冲击或影响的渴望。说话人要有自己预定的计划、想造成的一个特定印象或希望他人采取的行动。

冲击与影响有两个构面：主要的构面（A）呈现为影响他人而采取行动的数目和复杂性，从坦率的陈述到涉及几个步骤或更多人的一系列计划等；第二个构面（B）考虑到冲击的幅度，从企业中的一个人到整个组织，甚至到世界范围的产业或政治事件。

（2）组织知觉力

组织知觉力（OA）指的是个人了解在自己的组织或其他组织（顾客、供应商等）中权力关系的能力，以及在更高层级上、在更大圈子中的地位。这包括辨明谁是真正的决策者、哪些人能够影响他们的能力，以及预测新的消息或情况会如何影响该组织中的个人与群体，或该组织相对于国内或国际市场、组织或政治的地位。

组织知觉力分级表的首要构面（A）是了解的复杂度或深度：对一个组织的了解深度，从了解正式的命令链，到了解长期的根本问题。第二个构面（B）评量个体所了解组织的大小，和冲击与影响使用的幅度分级相同。

（3）关系建立

关系建立（RB）的作用是与有助于完成相关目标的人建立或维持友善的、良好的关系或联系网络。

关系建立的第一个构面（A）是关系的亲近或亲密，从完全没有到正式工作关系（亦即仅限于工作相关主题），再到涉及家人的亲密、私人友谊。第二个构面（B）叙述建立关系网络的大小或范围。这个分级表和冲击与影响及组织知觉力的幅度分级一样。

4. 管理

（1）培养他人

培养他人（DEV）是冲击与影响的特殊能力，其含义是教导或协助一个或几个人的发展。每一个培养他人的正面含义，都含有促成他人学习或发展的真实企图，以及适当程度的需求分析之意。

培养他人的第一个构面（A）表示培养他人行动的强度和完成度，从对他人的潜力保持正面期待，到基于成功发展而提升他人。第二个构面（B）呈现结合自己已培养人数及其与主管之间的关系，从培养一名部属到培养一个主管或顾客一直到培养混合层级的大团体。

（2）命令：果断与职位权力的运用

命令（DIR）表达出个人促使他人依照其希望行事的企图。命令的行为带有"告诉人们做什么"的主题或语调，语调从坚定指示到苛求甚至威胁各有不同。

命令的第一个构面（A）是果断的强度，从清楚地要求到表现出谨慎且受控制的愤怒，或在必要时毫无罪恶感或毫不犹豫地解雇人。第二个构面（B）指受命令指挥的人员数量和阶级（与培养他人一样）。

（3）团队合作

团队合作（TW）意指与他人通力合作，成为团队的一部分而一起工作，而非分开工作或互相竞争。

团队合作的第一个构面（A）是为促成团队合作所采取行动的强度和完成度，从简单的合作、做分内的事，到建立团队纪律或化解冲突而采取行动。其评估的是促成团队合作或化解团队冲突的努力，而非完成某些团队任务或目标的努力。第二个构面（B）分级评定的是团队的规模，从小型任务小组到整个组织。第三个构面（C）是关于为了促成团队合作而采取努力和主动积极的程度。

（4）团队领导

团队领导（TL）是指担任团队或其他群体的领导者角色的意图，含有想要领导他人的意思。

团队领导第一个构面（A）是领导角色的强度和完成度，从单纯主持会议到拥有真正的号召力，亦即通过令人折服的远见和领导能力启发和激励他人。第二个构面（B）是团队的规模。第三个构面（C）是努力与积极主动，与团队合作一样。

5.认识

（1）分析式思考

分析式思考（AT）是通过将情况细分成较小的部分，或是一步步探究情况的含义来理解该事物。分析式思考包括系统地把一个问题或情况的各个部分组织起来；系统地比较不同的特征或构面；依据理性设定先后顺序；找出时间的次序、因果的关系，或是"若A则B"的关系。

分析式思考评量的基本构面（A）是复杂度：分析所包含的不同原因、理由、后果或行动步骤的数量，从简单地列出清单到多层次分析都有。第二个构面（B）是幅度，或被分析问题的大小。

（2）概念式思考

概念式思考（CT）是指通过拼凑片段和着眼大局来了解一个状况或问题，包括找出复杂情况中的关键或根本问题。概念式思考利用创意、概念或归纳推理，以应用现有的概念或定义新的概念。

概念式思考的第一个构面（A）有两个基本的意图：思考过程的复杂度及其原创性，从利用基本的经验法则到创造解释复杂情况的新理论。第二个构面（B）是幅度，亦即被分析问题的大小，与分析式思考的幅度分级一样。

（3）技术／专业／管理专业知识

技术／专业／管理专业知识（EXP）包括对一系列与工作相关的知识的精通了解（可能是技术、职业或管理方面），以及延伸、利用和传播工作相关知识给别人的动机。

技术／专业／管理专业知识共有四个构面。知识的深度（A）是以正式教育学位的用词陈述，但每个等级都包含通过工作经验或非正式学习而来的同等学力；幅度（B）是通过管理、协助或整合多样化的人员组织、功能和单位，以达成共同目标所需的管理和组织的专业知识；专门知识的取得（C），从简单的维持到精通新的领域；传播专门知识的构面（D）是技术专家角色的强度和成果的范围。

6. 个人效能

（1）自我控制

自我控制（SCT）是指人在遭受诱惑、阻力、敌意、压力时，保持冷静、抑制负面情绪及行动的能力。自我控制的构面包含密度与控制力使用的范围，从避免采取负面行动的最低控制，到控制自己以改善情况，甚至让自己和别人的反应都冷静下来。

（2）自信心

自信心（SCF）是指一个人相信自己具备完成某项任务的能力，包含他在处理困难的环境、做出决定或产生想法、积极处理挫败时所表达的信心。

自信心等级的主要构面是强度（A），也就是一个人有信心克服的挑战或风险有多少，从日常工作情况的简单独立运作到承担极具风险的任务，甚至质疑老板或客户的看法。面对与处理失败（B）为另一个独特的构面，是指某个人愿意为可以纠正的失败原因负起责任。

（3）弹性

弹性（FLX）是指一个人在不同环境下，与不同的人或团体工作时表现出的适应性。弹性可以让人了解、珍惜不同或对立的看法，在情况有所变动时可以依照情况需求来改变做事的方式，并在组织或工作要求上有所改变或轻易接受改变。

弹性等级有两个构面：改变的幅度（A）从自己的意见到适应组织的策略都有；行动的速度（B）则从慢到立即反应。

（4）组织承诺

组织承诺（OC）是指一个人有能力与意愿，将个人行为调整到与组织需求、重要决定和组织目标一致，并在行动上协助达成组织目标或符合组织需求。

组织承诺等级为单一构面，衡量个人为组织利益所做的牺牲大小，包括准时上班、打扮与举止合宜、礼让他人（通常是自己部门内的人），愿意为了组织利益而牺牲部门利益。

# 二、分析行为事件访谈资料

## （一）主题式分析

主题式分析是分析者从原始资料中辨识出主题与模式的过程。这项胜任素质包括两个层级的胜任素质概念的思考：一是概念的使用；二是概念的建立。

### 1. 概念的使用

概念的使用是一种分辨或应用先前研究所获知的概念的能力。例如，概念的使用是一种从行为事件访谈记录中，对胜任素质层级编码的能力，即从上面介绍的胜任素质辞典中找出符合的胜任素质，并确定该项胜任素质的行为指标的等级。

### 2. 概念的建立

概念的建立或"概念化"是一种为原始资料辨识模式建立一个新的概念的能力。也就是说，如何精准地分辨出被访问者在行为事件访谈中所谈到的议题，是一个创新的过程。这要求分析员必须要有辨识或创造概念化的能力。下面这个案例是将主题式分析概念化的一个明显的例子。

一个事件、行动或一个意见可以被编码成一个以上的胜任素质。例如，"我说服他们可以做得更好"被编成影响力及成就的胜任素质。胜任素质每出现一次就被编码一次，除了提供出现频率，也说明代表的等级。表现普通的人在两个小时的访谈中，可能只提出 1～2 个类似的例子，而表现优秀的人可能陈述 5～8 项。

## （二）辨识胜任素质

有一个系统的方法是通过对表现优秀与表现普通的两群人，利用行为事件访谈法问同样的问题，然后去检核他们如何答复，再来辨识主题式解析的胜任素质资料。

1）情境。表现优秀与表现普通的人在行为事件访谈中谈论的内容是不同的吗？他们有各自重视的部分吗？

2）有谁参与其中。表现优秀的人与表现普通的人看待参与的人、事务或设备的方式是否有所不同？他们是以肯定或否定的观点来评论其他人的吗？

3）想法。表现优秀的人与表现普通的人，在思考的方式、概念或知识的运用、将复杂的东西合理化、对事情的记忆、有逻辑性的整合事情方面，是否有所不同？

4）激励。表现优秀的人与表现普通的人对于渴望的事情是有差异的吗？他们对同一情境的事物解读不同吗？

5）感觉。表现优秀的人与表现普通的人的情感呈现有差异吗？他们是如何表达与控制感觉的？

6）行动。表现优秀的人与表现普通的人对同样的人、事物及情境，付诸的行动及运用的技巧不同吗？

7）结果。表现优秀的人与表现普通的人产出的结果不同吗？

8）其他特质。特质及胜任素质不会在行为事件访谈中获知，可能显现在访问员身上，包括：

身体的外表——表现优秀的人与表现普通的人外表长相看起来不同吗？穿着打扮有差异吗？或是领导魅力、命令呈现缺乏影响力吗？

环境、物质、所有物——表现优秀的人与表现普通的人对于既有环境的掌控有差异吗？如办公室、资源及其他相关附件。

清楚地表达、健谈的风格、流畅的口语。

## （三）编码及胜任素质模型的建立

简单来说，编码就是将 BEI 所收集到的"故事"细节分类并量化。前面笔者已经介绍了分析员需要从哪几个方面对被访问者在 BEI 中讲到的议题进行分析，接下来将介绍如何进行编码。编码通常包括以下几个步骤。

1）胜任素质编码系统的初步测试。分析小组的成员接收胜任素质辞典记录的尚未完成编码的行为事件访谈的手稿影印本，每一个分析者将分配给自己的手稿编码，在每一个手稿的注记后，从胜任素质辞典中找到胜任素质的缩写。

2）分析小组的成员讨论一致性的编码。分析人员成对讨论编码，将差异化解，然后一致同意访谈内容的编码。这个过程让后来的胜任素质辞典更加精确。

3）最后胜任素质辞典完成，包括每一项胜任素质的定义及详细的行为指标。

在编码的过程中，主要存在以下两种分析。

第一，访谈的个人分析。每位分析员独自阅读每一篇指派的记录，以及提出胜任素质议题。一份奏效的执行成果，是强调从访谈的每一件事中，都有可能提出一个胜任素质议题的建议。每一项从胜任素质辞典被认知的项目，要特别注记或编码。分析员使用自己的语句，对胜任素质的主题及观察定出层级。

第二，形成团队分析。理想上，一个胜任素质主题式分析的团队应该至少包括四人从事行为事件访谈的研究。有经验的访问员适于进行主题式分析。之所以优先考量访问员，是因为访谈及观察的工作设定重点要求访问员要有敏锐的见解，并对人类语言文化及工作有所研究。主题式分析小组团队讨论胜任素质主题辨识的议题，经由个人分析手稿的观点归纳，每一位分析员陈诉他们对主题的看法，每一个被谈论到的主题分群为表现者所具有的特性组群、表现不力者的特性组群及所有表现一般者的特性组群。

# 第三章 工作分析与工作设计

　　一直以来人们关注更多的是工作分析本身的技术性内容，但从企业工作分析失败的原因来看，大多数并不是工作分析技能的欠缺或错误，而是缺乏对工作分析的有效组织，缺乏对工作完成的方式及对某种特定工作所要求完成的任务进行有效界定。

## 第一节　工作分析和工作设计的基础

　　工作分析和工作设计是组织设计的重要组成部分。组织设计是对组织的结构、正式的沟通体系、分工、协调、控制、权威及责任进行评估和选择，以实现组织目标的过程。组织设计的内容主要包括组织结构设计、部门职责设计、层级关系设计、工作分析与工作设计四个部分。

### 一、组织结构设计

　　组织结构指的是在构成组织的工作之间所存在的那种相对稳定并且是正式的、纵向和横向的连接网络。组织结构图是对一个组织的一整套基本活动和过程的可视化描述。比较典型的组织结构有：职能式组织结构、事业部式组织结构、矩阵式组织结构、混合式组织结构等。此外，还有一些新型组织结构，如虚拟组织、网络组织、无边界组织等。

## 二、部门职责设计

在专业化分工的基础上，将工作职位按照职能类别进行归并，使职业技术、工作性质相近的人员集中在一起以提高工作效率，实现组织结构的部门化。部门化可以根据活动职能、产品类别、营销地域、顾客类型、生产流程等来进行，环境和技术复杂、规模较大的组织可以综合利用各种方法进行部门化。

## 三、层级关系设计

多数组织都是由"命令链"连接起来的科层体系。组织层级关系描述的是在组织成员之间是一种什么样的命令服从关系，决策是集中还是分散，谁对谁负责或报告，以及权威的控制跨度。

## 四、工作分析与工作设计

在明确部门职责和组织层级关系之后，需要对组织中的每一项工作进行分析，明确其工作内容和工作职责、任职资格等一系列的问题。在必要的时候，还需要对工作进行重新设计，以使它们更富有效率，对承担工作的人更具有激励性。

# 第二节　工作分析

工作分析是人力资源管理的基本流程，也是人力资源招聘、培训、绩效管理及薪酬设计的基础。

## 一、工作分析的概念与常用术语

工作分析是对组织中的职位工作和任职资格信息进行收集和分析，并对职位的职责、权利、隶属关系、工作条件、任职资格等做出书面规定并形成正式文件的过程。工作分析的结果是形成书面的工作说明书。

在工作分析中经常使用的术语如下。

1）要素。工作要素是指工作不能继续再分解的最小动作单位。如酒店服务员为客人把箱子搬上行李车、推行李车、打开客人房间的门、从行李车上搬下箱子、把箱子放在行李架上，这每一个动作都是一个工作要素。

　　2）任务。任务是指工作中为了达到某种目的而进行的一系列活动，它可由一个或多个工作要素构成。例如，酒店服务员的"行李搬运任务"是由为客人把箱子搬上行李车、推行李车、打开客人房间的门、从行李车上搬下箱子和把箱子放在行李架上，共五个工作要素组成的。

　　3）职责。职责是指任务承担者为实现一定的组织职能或完成工作使命而进行的一个或一系列工作。例如，行里搬运工的一项职责就是：根据客户需要，帮助运送、保管客户行李，以为客户提供方便。

　　4）职位。职位也叫岗位，担负一项或多项责任的一个任职者所对应的位置就是一个职位。职位通常与职员一一对应，一个职位一个人。例如，市场部经理、生产部主任等都是职位。

　　5）职务。职务是由组织上主要责任相似的一组职位组成的，也被称为工作。例如，行政主管、招聘主管、培训主管，这是三个不同的职位，但是同一个职务，即"主管"是由一组主要责任相似的职位所组成的。

　　6）职业。职业是指在不同组织、不同时间，从事相似工作活动的一系列工作任务的总称。例如，会计师、工程师等就是不同的职业。职务与职业的区别主要在于范围的不同，职务所指的范围较窄，主要是指在组织内的，而职业则是指跨组织的。

　　7）职权。职权是指依法或组织规章赋予的完成特定任务所需要的权力，职责与职权紧密相关。

　　8）职级。职级是指同一职系中职责的繁简难易、轻重大小及任职条件十分相似的所有职位集合。例如，中学一级数学教师与小学高级数学教师属于同一职级，中学一级语文教师与中学一级英语教师也属于同一职级。

　　9）职系。职系是指一些工作性质相同而责任不同，职级、职等不同的系列。一个职系是一种专门的职业。例如，软件程序员、系统分析员、数据库工程师可以归入"研发"职系。

　　10）职等。职等是指不同职系之间，职责的繁简难易、轻重大小及任职条件要求充分相似的所有职位的集合。例如，大学讲师与研究所的助理研究员及工厂的工程师，均属于同一职等。

　　11）职群。职群又被称为职组，指若干性质相近的职系的集合。例如，产品工程师、网络工程师可以归入"产品"职系，"产品"职系与"研发"职系可以并入"技术"职群中。

　　12）工作族。工作族又被称为工作类型，是指两个或两个以上的工作任务相似或人员特征要求相似的一组工作。

## 二、工作分析的作用

工作分析可以帮助组织更好地理解工作流程，在分析过程中逐渐暴露出来的职位设置中的问题也促使管理者进行工作再设计，以提高组织的整体效能，减少人力资源的浪费。

1. 为制定人力资源规划提供重要依据

组织内有多少种工作岗位，这些岗位需要多少人员，需要什么样的人才，目前的人员配备能否达到岗位的要求，短、中、长期组织内的岗位将发生什么变化，人员结构将做出什么调整，哪些岗位需要储备人才，储备人才需要具备哪些能力素质等，以上这类问题都可以从工作分析的结果中寻找答案。

2. 为员工选聘提供标准和依据

工作分析所形成的工作说明书，对职位工作的性质、特征及担任此类工作应具备的资格、条件，都做了详尽说明和规定，也就相当于基本明确了选聘对象和标准，为选择测评内容、测评方法等奠定了基础。

3. 为员工培训与开发提供依据

培训与开发的前提是明确岗位职责及为了履行职责所需要的知识、技能、经验等；培训与开发的目的是帮助员工获得岗位必备的专业知识、技能和经验等，提高胜任能力。工作说明书对岗位任职资格的规定，恰好为培训与开发提供了必不可少的客观依据。

4. 为绩效考核标准和方法的制定提供依据

工作分析以岗位为中心，明确每个岗位的职责、权限，以及承担该职务的人员所必备的资格和条件。而绩效管理以岗位工作人员为对象，通过对岗位工作者的绩效和能力等进行综合评价，来判断他们是否达到标准，是否优秀和卓越，并以此作为任免、奖惩、报酬、培训的依据。从人力资源管理工作程序上看，工作分析是绩效管理的前提，其中岗位职责为确定考核指标体系提供了客观依据。

5. 为薪酬体系设计提供基础

企业薪酬体系中的岗位薪酬，是在工作岗位定位和岗位价值评价基础上确定的。薪酬设计的前提是岗位评价，而岗位评价的结果是否公平在很大程度上取决于工作分析的结果——岗位说明书的质量如何。

6. 有利于职业生涯规划与管理

通过工作分析对组织中的工作要求和各项工作之间的联系的研究，组织可制定出行之有效的员工职业生涯规划；同时，工作分析也使员工有机会或有能力了解工作性质与规范，制定出适合自身发展的职业生涯规划。

### 7. 有利于劳动关系管理

工作分析反映了完成各项工作的环境与条件，如说明某项工作是否具有危险性。因此，对于某些从事危险工作的任职者，组织必须提供安全工作的预防措施，确保工作顺利且不影响员工的安全与健康，在管理中减少管理层与雇员的冲突。

## 三、工作分析的主体和时机

### （一）工作分析的主体

在工作分析的实际操作中，通常坚持"谁知情谁分析、谁合适谁承担"的原则，采取专家主导、员工参与、部门配合、领导决策和支持的结合方式。通常的模式是：外部专家制定工作分析计划与工作说明书模版；员工填写问卷与工作说明书初稿；部门主管补充修改工作说明书；人力资源部对工作说明书进行审核；外部专家对工作说明书进行修正审订；领导进行决策和审批。

之所以采用工作分析小组形式，是因为每一类主体在工作分析中都有各自的优势和问题。员工对从事的岗位内容非常清楚，并进行工作分析，省时又省力；但他们做出的工作说明书通常格式不统一，表达不规范。人力资源部对每个员工与部门职责都有一定了解，由他们做工作分析，表面上看，既权威又科学；但人力资源部对具体岗位缺乏详细信息，只由人力资源部来做这项工作，可能工作细节的分析会不到位。外部专家的优势是专业化和规范化，具有在不同组织中进行工作分析的丰富经验，并且作为外部人员，其对组织内部问题的分析会更加客观；但是外部专家对具体工作业务缺乏了解，需要花费大量时间去了解业务，仅仅由他们来做，时间进度会比较缓慢。

### （二）工作分析的时机

一般来说，当一个组织出现下列问题时，需要进行工作分析：缺乏明确的、完善的、书面的岗位说明书，人们对岗位的职责和要求不清楚；虽然有书面的岗位说明书，但与实际工作的情况不符，很难遵照实施；经常出现推诿、职责不清或决策困难的现象；刚刚进行组织机构和工作流程的变革或调整；当需要招聘某个职位上的新员工时，发现很难确定用人的标准；当需要对员工的绩效进行考核时，发现没有根据岗位确定考核的标准；当需要建立新的薪酬体系时，无法将各个岗位的价值进行评估。

当一个组织出现以下情况时，通常也需要进行工作分析：建立一个新组织、新部门或增加新岗位时；战略调整、业务发展使工作内容、性质发生变化时；技术创新、劳动生产率提高，需要重新定岗定员时，都需要进行工作分析。

## 四、工作分析的成果

工作分析的成果就是形成工作说明书。工作说明书是对工作识别信息、工作描述、工作规范等加以整合之后形成的具有企业法律效果的正式文本。一般来说，工作说明书由工作识别信息、工作描述和工作规范三部分组成。

工作识别信息主要包括工作名称、工作编号、所在部门、职位等级、定员标准、分析时间等。工作名称，是指组织对从事该项工作活动所规定的工作名称。工作名称应简明扼要，力求反映工作的内容与责任。工作编号，是组织对各种工作进行分类并赋予的编号，以便于开展工作的识别、登记、分类等管理工作。所在部门，就是指对工作的性质的界定。职级，也就是职位等级。定员标准，是指该部门应该为该岗位配备的工作人员的数量。分析时间，即进行工作分析的时间。

工作描述又被称为工作说明、职务描述、职务说明，是指用书面形式对组织中各类岗位或职位的工作性质和任务、工作职责与环境等所做的统一要求。

工作规范也被称为任职资格，是对任职者要求的说明，即为完成特定工作必须具备的身体条件、知识技能、心理素质和职业品德。身体条件包括身高、体型、力量大小、耐力及身体健康状况等，如建筑工人对体力的要求就很高。知识技能，包括一般文化修养、专业知识水平、实际工作技能和经验等，如营销总监不但要专业知识扎实，而且要求具备很强的业务能力，通常要具备五年以上的工作经验。心理素质，包括视觉、听觉等各种感知觉能力，如急诊室医生要能够迅速做出判断，综合处理急诊。职业品德是指从职人员除了必须遵纪守法和具有一般公德外，还要对职业所需要的职业品德有所要求，如教师要热爱学生、财务人员要公私分明等。

# 第三节 工作分析的原则、程序和所需信息

## 一、工作分析原则

为了提高工作分析研究的科学性、合理性和有效性，在组织实施的过程中，应该遵循以下原则。

1. 系统原则

一个组织、单位是相对独立的系统。在对某一职务进行分析时，要注意该职务与其他职务的关系，从总体上把握该职务的特征及对人员的要求。

2. 动态原则

工作分析的结果不是一成不变的。要根据战略意图、环境的变化、业务的调整，经常性地对工作分析的结果进行调整。工作分析是一项常规性的工作。

3. 目标原则

在工作分析中，要明确工作分析的目的，注意工作分析的侧重点不一样。例如：如果工作分析是为了明确工作职责，那么分析的重点在于工作范围、工作职能、工作任务的划分；如果工作分析的目的在于选聘人才，那么工作重点在于任职资格界定；如果工作分析的目的在于决定薪酬的标准，那么重点在于工作责任、工作量、工作环境、工作条件等因素的界定等。

4. 参与原则

工作分析尽管是由人力资源部主持开展的工作，但它需要各级管理人员与员工的广泛参与，尤其需要高层管理者加以重视，业务部门大力配合才能得以成功。

5. 经济性原则

工作分析是一项非常费心费力的事情，它涉及企业组织的各个方面，因此本着经济性原则，选择工作分析的方法很重要。

6. 岗位原则

工作分析的出发点是岗位，分析岗位的内容、性质、关系、环境及人员胜任特征，即完成这个岗位工作的从业人员需具备什么样的资格与条件，而不是分析在岗的人员如何。

### 7. 应用原则

应用原则是指工作分析的结果、工作描述与工作规范，一旦形成职务说明书后，管理者就应该把它应用于企业管理的各个方面。

## 二、工作分析程序

在进行工作分析之前，首先要明确工作分析的目的，界定工作分析的范围，在此基础上，搜集工作分析所需的背景资料；然后，由受过工作分析训练的人力资源部主管或其他专业人士对资料进行整理、分析和研究，编写工作描述和工作规范，形成工作说明书，进行审核并最终应用落实。一般来说，工作分析的基本过程包括明确目的界定范围、前期准备、信息搜集、分析决策、编制说明书、执行工作结果六个阶段。

## 三、工作分析所需信息

工作分析所要收集的信息内容可以用"6W2H"来概括。

### 1. 做什么（What）

"做什么"是指所从事的工作活动，其主要包括：任职者所要完成的工作活动是什么；任职者的这些活动会产生什么样的结果或产品；任职者的工作结果要达到什么样的标准。

### 2. 为什么（Why）

"为什么"，表示任职者的工作目的，就是这项工作在整个组织中的作用，其主要包括：这项工作的目的是什么；这项工作与组织的其他工作有什么联系，对其他工作有什么影响。

### 3. 用谁（Who）

"用谁"是指对从事某项工作的人的要求，其主要包括：从事这项工作的人应具备什么样的身体素质；从事这项工作的人必须具备哪些知识和技能；从事这项工作的人至少应接受哪些教育和培训；从事这项工作的人至少应具备什么样的经验；从事这项工作的人在个人特征上应具备哪些特点；从事这项工作的人在其他方面应具备什么样的条件。

### 4. 何时（When）

"何时"表示在什么时间从事各项工作活动，其主要包括：哪些工作活动有固定时间，在什么时候做；哪些工作活动是每天必做的；哪些工作活动是每周必做的；哪些工作活动是每月必做的。

5. 在哪里（Where）

"在哪里"表示从事工作活动的环境，其主要包括：工作的自然环境，包括地点（室内与户外）、温度、光线、噪声、安全条件等；工作的社会条件，包括工作所处的文化环境、工作群体中的人数、完成工作所要求的人际交往的数量和程度、环境的稳定性等。

6. 为谁（for Whom）

"为谁"是指在工作中与哪些人发生关系，发生什么样的关系，其包括：工作要向谁请示和汇报；向谁提供信息或工作结果；可以指挥和监控何人。

7. 如何做（How）

"如何做"是指任职者怎样从事工作活动以获得预期的结果，其主要包括：从事工作活动的一般程序是怎样的；工作中要使用哪些工具，操纵什么机器设备；工作中所涉及的文件或记录有哪些；工作中应重点控制的环节有哪些。

8. 费用（How much）

"费用"是为该职务所需支付的报酬等。

# 第四节　工作分析信息的收集方法

工作分析信息一般来源于以下几种渠道：书面资料、任职者的报告、同事的报告、直接的观察、来自下属、来自上级及来自顾客和用户的资料。通常可以采用调查问卷法、现场观察法、直接访谈法、关键事件法、工作日记法、资料分析法等收集工作分析所需信息。

## 一、调查问卷法

调查问卷法就是采用调查问卷来获取工作分析信息的一种方法。问卷既可由岗位任职者填写，也可由工作分析人员来填写。调查内容可包括工作任务、活动内容、工作范围、考核标准、必需的知识技能等。

调查问卷的设计有两种：一是开放式调查问卷，二是封闭式调查问卷。无论是开放式还是封闭式，都要从职位出发进行设计。在开放式调查问卷中，任职者可自由地回答所提出的问题。例如，请用简洁的语言概述您从事的工作。而在封闭式调查问卷中，任职者要从所列答案中选择其中最合适的答案。在封闭式问卷中往往列出事例的任务或行为，请任职者根据实际工作要求对任务是否执行或行为是否发生做出回答。如果回答是肯定的，还需要进一步了解此项任务或行为出现的频率、重要性、难易程度及其与整个工作的关系。

## 二、现场观察法

现场观察法是指工作分析人员直接到现场，针对特定对象的作业进行观察，收集、记录有关工作的内容、工作间的相互关系、人与工作的关系，以及工作环境、条件等信息，并用文字或图表形式记录下来，然后进行分析和归纳总结的方法。

现场观察法的工作程序如下。

一是准备阶段。收集现有文件对工作形成总体概念；准备一份工作分析观察提纲，作为观察的依据；若有辅助设备提前准备好；为数据收集过程中涉及的还不清楚的主要项目做一个注释。

二是观察阶段。确保选择的观察对象具有代表性；选择不同员工在不同的时间进行观察；以标准格式记录观察到的结果。

三是面谈阶段。观察后与员工进行面谈，请员工自己补充；与员工的主管直接进行面谈，了解工作的整体情况。

四是合并信息阶段。合并各方面的信息形成综合性的工作描述；工作分析人员应随时补充资料；结合所列提纲明确任务，保证每一项都已得到回答和确认。

五是核实阶段。工作分析人员认真检查整个工作描述，并在遗漏和含糊的地方做出标记；以小组方式进行核实，把所得的工作描述发给员工和主管；员工和主管核实并反馈；召集所有参与对象，确定工作描述的相关信息最终的完整性和精确性。

## 三、直接访谈法

直接访谈法是目前国内企业运用最广泛、最成熟、最有效的工作分析方法。访谈类型有三种：对任职者进行的个别访谈；对做同种工作的任职者进行的群体访谈；对主管人员进行的访谈。

运用访谈法要注意的关键点如下。

第一，对访谈人员的培训。其内容包括：工作分析访谈的目的、意义、时间安排；阅读与讲解访谈提纲，鼓励访谈人员提出所有的疑问，确保其理解所有的问题；访谈技巧，包括沟通、观察与记录的技术；示范与模拟演练等。一般来说，培训宜集中进行，既省时省力，又能互相启发。

第二，准备与熟悉访谈提纲和职位。大量成功访谈的经验表明，充分熟悉甚至背诵访谈提纲，将极大地帮助访谈者掌握主动权，使其将精力集中到倾听、观察、思考、追问和记录上。即使是非结构化访谈，访谈者也应该牢记基本的访谈问题。此外，访谈者须事先对访谈职位进行资料研究，形成初步印象，找到访谈重点，以便有的放矢。

## 四、关键事件法

关键事件法又被称为关键事件技术，是在第二次世界大战中由约翰·弗拉纳根开发出来的，是识别各种军事环境下提高人力绩效的关键性因素的手段。关键事件法是指确定关键的工作任务以获得工作上的成功。关键事件是指工作成功或失败的行为特征或事件（如成功与失败、赢利与亏损、高效与低产等）。

### 1. 关键事件法记录的内容

弗拉纳根认为，关键事件法应对完成工作的关键性行为进行记录，以反映特别有效的工作行为和特别无效的工作行为。对每一件事件的描述内容应包括：导致该事件发生的背景原因；员工的行为哪些是特别有效的，哪些是特别无效的；关键行为的后果能否被认知；员工控制上述行为后果的能力。将这四项详细记录以后，对这些数据资料做出分类，并归纳总结出该职位的主要特征和具体要求。

### 2. 关键事件法的步骤

首先，收集职务行为的各种轶事，即事件，这些事件一般来说都表明一项特定职务或一级职务上个人的工作绩效特别好或特别差的特征。这些事件可以采用个别或群体访谈问卷、工作日志及其他手段，从任职者、同事、以前的任职者、上级或者他人那里收集。其次，由专家评定这些事件是否真的就是好或坏的行为，因为有些任职者认为好的事件其实是坏事件，反之亦然。再次，由三个任职者将已经写出的事件归到一定的类别（或维度）中去，不同维度之间的重要性是不同的。最后，由另外三个任职者再次将已写出的事件进行归类，并把归类的结果与第三步中的结果进行比较，对于那些不能一致归类的事件则把它排除掉或另归一类；然后对分析提炼、划分类别的结果进行列表，从而得出一幅职务基本特征的总体画面。

## 五、工作日记法

工作日记法又被称为工作写实法，是指任职者按时间顺序详细记录下自己的工作内容与工作过程，然后经过工作分析人员归纳、提炼、获取所需要工作信息的一种方法。

工作日记法的分析流程如下：

1）由工作分析人员设计出详细的工作日志表。

2）发放给任职者，让他们认真填写工作内容和工作过程。

3）收回工作日志表，并对信息接着分析整理。

4）检查记录和分析结果可选择任职者的直接领导来承担。

5）修正、补充进而得到新的分析结果。

## 六、资料分析法

资料分析法是指通过查阅、参考相关的文献资料达到工作分析目的的一种方法，其目的是降低工作分析成本的同时，也为进一步的工作分析提供基础资料信息。资料分析法的具体操作方法包括：确定工作分析对象；选择渠道（组织或个人）；收集原有资料；选择与工作分析相关的资料；对资料进行整理；描述信息作为下一步工作分析的参考。

# 第五节　工作设计

随着市场环境的变化，工作分析这种静态和稳定地对工作进行管理的方式，从某种意义上约束了员工的行为特质和潜在能力的发挥，因此组织需要通过为他们设置更加合理的工作内容来留住优秀的人才。这里主要是通过工作设计来使人与工作更好地结合在一起，发挥出更大的功效，从而实现组织目标。

## 一、工作设计概述

所谓工作设计，就是指为了有效地达到组织目标，提高工作绩效，对工作内容、工作职责等有关方面进行变革和设计。它是一种通过满足员工与工作有关的需求来提高工作绩效的一种管理方法。

1. 工作设计的意义

1）工作设计，可以使工作的内容、方法、程序、工作环境、工作关系等与工作者的特征相适应，可以在很大程度上减少无效劳动，大幅度地提高劳动生产率。

2）在工作设计中，更多地考虑人的因素对工作的影响，可以改变工作单调重复和不完整的特性，实现工作多样化，减少了由于工作单调重复和不完整而导致工作人员具有的不良心理反应。

3）工作设计不但可以改善工作人员与自然环境、与机器设备的关系，而且可以改善工作人员之间的关系。工作人员可以增强工作中的自主权和责任感，更好地融入组织文化中去。

2. 工作设计的内容

工作设计的内容包括：工作内容、工作职责、工作关系、工作结果、工作结果的反馈和任职者的反应。工作内容主要是指关于工作范畴的问题，包括工作种类、工作自主性、工作复杂性、工作难度和工作完整性。工作职责是关于工作本身的描述，包括工作责任、工作权限、工作方法、协调和信息沟通。工作关系主要是指工作中人与人之间的关系，包括上下级之间的关系、同事之间的关系、个体与群体之间的关系等。工作结果主要是指工作所提供的产出情况，包括工作产出的数量、质量和效率，以及组织根据工作结果对任职者所做出的奖惩。工作结果的反馈主要指任职者从工作本身所获得的直接反馈，以及从上下级同事那里获得的对工作结果的间接反馈。任职者的反应主要指任职者对工作本身及组织对工作结果奖惩的态度，包括工作满意度、出勤率和离职率等。

3. 工作设计的时机

当工作设置不合理，组织计划管理变革或组织的工作效率下降时，组织就应该对这些工作进行再设计。

## 二、工作设计思想的演变

1. 工作专业化（19世纪初—20世纪40年代）

早在18世纪，亚当·斯密（Adam Smith）就主张依托工作任务，将工作分解成简单单元，并使用专门化工具，改善技能、节约劳动时间。20世纪前50年，工作设计的主流是泰勒的分工与效率思想。在传统的部门制结构中，工作被分解和细化为单一的、标准化和专业化的操作，工作者之间的关系被既定的工艺过程或作业流程严格界定。

专业化阶段的主要特点是：机械节拍决定工人的工作速度；每个工人只完成每个工作任务中很小的一道工序；工人被固定在流水线的一个岗位上，人际交往很少；工人采用的设备和工作方法，由管理部门和管理人员决定。

专业化的工作设计的优越性是能够取得专业化分工的好处和提高操作效率。但是由于这种工作设计与人的自主性、能动性和创造性等天然本性相违背，把人仅仅作为组织机器上的一颗"螺丝钉"来使用，自然会使组织大大丧失社会协作方面的好处或非技术性效率，从而导致组织趋向保守和缺乏灵活应变力。同时由于工作单调重复、工作技能单一，也会导致工人被动服从、厌倦和不满。

2. 工作扩大化与工作轮换（20 世纪 40 年代—60 年代）

20 世纪 40 年代以后，人们越来越考虑到人的心理因素，强调以人为本，为了增加工作的激励效应，一些企业开始实行工作扩大化和工作轮换。工作扩大化是横向扩大工作范围，使每个工人除担负原来的工作外，还担负他的上、下道工序原来由别人承担的工作，试图使每个人所做的工作多样化，减少对单一工作的厌倦感。工作轮换是在原有专业化分工框架维持不变的情况下，按照事先确定的周期，使员工在技术水平相近的不同岗位间变换，让工人掌握多种技能，了解整个生产过程，减少厌倦感和单调感。

3. 工作丰富化（20 世纪 60 年代—80 年代）

工作扩大化与工作轮换实际上没有真正触及工作的内在激励特性。赫兹伯格认为这只是"用零代替零"或"用零加零"的无意义的改进，真正的激励性工作设计是在纵向上扩大工作内容，即工作丰富化。

（1）工作丰富化模型

工作丰富化是指纵向扩大工作内容，使员工获得更大激励。工作丰富化模型包括增加工作中技能的多样性、任务的一致性、任务的意义性、任务的自主性和工作的反馈性。

其中，技能的多样性是指完成一项任务要求员工所具有的各种能力的范围或广度；任务的一致性是指要求员工完整地完成一项任务和一件可以确认的工作的程度；任务的意义性是指员工意识到工作能对别人的工作或生活产生实质性影响的程度；任务的自主性是指工作岗位给员工在决定任务进程和完成这些任务的程序时所提供的授权和决策的程度。一项工作的激励特性的大小，可以从员工对 5 项工作特征的主观评价的综合分值来加以判断，即

$$工作激励性 = \left[\frac{1}{3(技能的多样性 + 任务的一致性 + 任务的意义性)}\right] \times$$

$$任务的自主性 \times 工作的反馈性$$

（2）工作丰富化的措施

1）任务组合。将零散、相关联的工作任务组合起来，使之成为一种新的、内容更多的工作单元，以增加工作技能的多样性。

2）加大责任。使工作内容扩展到"自然边界"，让员工负责有独立意义的整个工作单元，以强化"主人翁"责任感。

3）面向客户。重建员工—客户关系，使员工更直接面对客户，这样可以提高员工工作的应变性、自主性和绩效反馈的灵敏性。

4）纵向扩权。将以前高层管理者的责任和控制权下移给员工，扩大授权范围，以增强员工工作的自主控制能力。

5）直接反馈。保证员工本人在工作过程中就能够直接得到有关工作绩效的信息反馈，而无须通过上司间接评估。

需要注意的是，在具体实施过程中并不是所有工作都适合进行丰富化的，需要充分考虑到影响工作丰富化设计的因素，才能真正达到员工满意和组织绩效提高的效果。

4. 社会技术系统理论（20 世纪 80 年代至今）

社会技术系统理论主要关注那些具有各种不同的能力和需求（社会系统）的人，使用工具、机器和技术（技术系统），为消费者和其他利益相关者创造产品和服务的人进行合理的组织和安排。这样，在进行工作设计时，就需要使社会系统与技术系统相互协调，以满足外部环境中消费者、供应商和其他利益相关者的需要。

社会技术系统分析的目标是寻求可利用的技术、所涉及的人和组织的需求之间可能存在的最佳匹配关系。这种系统方法强调对外部利益相关者（消费者、供应商、股东、受规章制度约束的代理商、债权人等）的需求，以及针对这些需求所做的内部调整而进行的诊断。

# 三、工作设计的方法

通常采用的工作设计方法有机械型、生物型、知觉运动型和激励型等工作设计方法。

## （一）机械型工作设计方法

理论依据是古典工业工程学，强调要找到一种能够使得效率达到最大化的最简单方式来构建工作。在大多数情况下，机械型工作设计方法包括降低工作的复杂程度，从而提高人的效率使任何人只要经过快速培训就能够很容易地完成它。这种方法强调按照任务专门化、技能简单化及重复性的基本思路来进行工作设计。

## （二）生物型工作设计方法

理论依据主要是人机工程学，关注个体心理特征与物理工作环境之间的交互界面，目标是以人体工作的方式为中心对物理工作环境进行结构安排，从而将工人的身体紧张程度降到最低。因此，生物型工作设计方法的目的通常是降低工作的体力要求，强调对机器和技术的设计。这种工作设计方法适用于建筑、装卸、搬运等行业。

## （三）知觉运动型工作设计方法

知觉运动型工作设计方法重视人的心理能力和心理局限，其目标是在设计工作的时候，通过降低工作对信息加工的要求来改善工作的可靠性、安全性及使用者的反应性。这种工作设计方法适用于航空管制、车辆驾驶、冶炼、质量监督等行业或岗位。

## （四）激励型工作设计方法

激励型工作设计方法强调的是可能会对工作承担者的心理价值及激励潜力产生影响的那些工作特征，并且它把态度变量（如工作满意度、内在激励、工作参与及像出勤、绩效这样的行为变量）看成工作设计的最重要结果。激励型的工作设计所提出的设计方案，往往强调通过工作扩大化、工作丰富化等方式来提高工作的复杂性，同时还强调围绕社会技术系统来进行工作构建。这种工作设计方法主要适用于管理、研发、医生、教学、自由职业者等岗位或行业。

在进行工作设计的时候，管理者如果希望按照某种能够使任职者和组织的各种积极结果都达到最大化的方式来进行工作设计，就需要理解与每一种方法相联系的成本和收益，在它们之间进行适当的平衡。

# 第四章　招　聘

## 第一节　招聘概述

招聘是企业为了发展的需要，根据工作分析和人力资源规划的要求，寻找、吸引那些有能力又有兴趣到本企业任职的人员，并从中选出适宜人员予以聘用的过程。

## 一、招聘的作用与原则

招聘在人力资源管理中占据重要地位。有效的人力资源招聘工作不仅能为组织获得所需的合格人员，而且能够提高组织的整体绩效水平和竞争力。

### （一）招聘的作用

员工的招聘工作是人力资源管理中最基础的工作。具体而言，招聘的意义表现在以下几个方面。

1）招聘是企业获取人力资源的重要手段。如果企业无法招聘到合乎企业发展目标的员工，企业在资金、时间上的投入就会成为一种浪费。完不成企业最初的人员配备，企业就无法进入运营。

2）招聘有助于创造组织的竞争优势。一个组织拥有什么样的员工，在一定意义上决定了其在激烈的市场中处于何种地位。

3）招聘是企业人力资源管理工作的基础。

4）招聘是企业人力资源投资的重要形式。人员的招聘无疑将花费企业的费用。如果人员招聘工作出现失误，对企业产生的影响将是极大的。

5）成功的招聘工作有利于企业形象的树立。招聘过程既可能帮助企业树立良好形象、吸引更多的应聘者，也可能损害企业形象，使应聘者失望。

6）招聘有利于组织文化建设。有效的招聘工作一方面通过引进"新"员工，带来新的思想，使员工队伍具有新的活力；另一方面，也为"老"员工带来新的竞争，使他们在招聘的岗位上获得新的挑战机会，这就有利于组织文化的长期建设。

7）招聘有利于组织文化建设。有效的招聘工作一方面通过引进"新"员工，带来新的思想，使员工队伍具有新的活力；另一方面，也为"老"员工带来新的竞争，使他们在招聘的岗位上获得新的挑战机会，这就有利于组织文化的长期建设。

### （二）招聘的原则

人员招聘工作是企业重要的工作，必须坚持适合原则、宁缺毋滥原则、公开公平原则、真实原则、企业文化认同原则。

## 二、招聘原理与招聘的影响因素

能级与岗位的要求匹配或基本匹配，是组织成熟的标志，也是组织进入稳步发展的表现。同时，企业还需要制定可行的招聘方案，并对招聘工作的各种影响因素进行综合分析。

### （一）能岗匹配原理

能岗匹配包含两个方面的含义：一是指某个人的能力完全能胜任该岗位的要求，即所谓人得其职；二是指岗位所要求的能力这个人完全具备，即所谓职得其人。

1. 个体差异

阐述能岗匹配原理时，首先要承认人有能力的区别，不同能级的人应承担不同的责任，不同的能级应相应表达出在责任、权利、荣誉等方面的不同要求。就广义而言，能级包含了一个人的知识、能力、经验、事业心、意志力、品德等多方面的要素。

2. 岗位对人的不同要求

由于层次不同，其岗位的责任和权利也不同，所要求的能力结构和能力大小也有显著的区别。例如，处于高、中、低层的管理人员对技术能力、管理能力、现场操作能力、人际关系能力等不同能力的要求就有显著的区别。

### 3. 能级与岗位的要求相符

正因为人与人之间有如此大的差别，而不同的岗位对人的要求又是不同的，所以人力资源从业者就必须采用科学的方法来识别人身上的这种差异，做到能岗匹配。这种匹配的衡量标准有很多，硬性指标可以考察学历高低、工作经验、所学专业、学校成绩等。一个人的专业、学历、经验可以帮助他在工作中取得成绩，但是具备这些要素却并不一定能够保证这个人成为出色的人才。

## （二）影响招聘工作的因素

成功的招聘工作取决于很多因素，具体而言，主要包括如下几个方面。

### 1. 外部环境因素

影响企业招聘工作的外部因素概括起来可以分为两类：一类为经济因素；另一类为法律和政府政策因素。对于经济因素来说，它具体包括人口和劳动力因素、劳动力市场条件因素及产品和服务市场条件因素。人口和劳动力因素直接决定着劳动力的供给状况；劳动力市场条件关系到劳动力达到供求平衡的快慢；产品和服务市场条件因素影响企业员工的数量和质量。对于法律和政府政策因素来说，它主要指劳动就业法规和社会保障法及国家的就业政策等内容。当政府购买某类产品和服务的时候，该类企业在劳动力市场上的需求也会相应地增加；另一方面，政府还可以通过就业政策和就业指导中心等机构直接影响企业的招聘工作。另外，法律和法规也是约束雇主招聘的重要因素。

### 2. 企业内部因素

企业的经营战略、企业和职位的要求、应聘者个人资格和偏好、招聘成本和时间是影响企业招聘的内部因素。

防御型战略企业侧重内部招聘、晋升，探索型战略企业则侧重外部招聘。企业和职位的要求，具体包括企业所处的发展阶段、工资率及职位要求等内容；职位要求则限定了招聘活动进行的地点、选择的沟通渠道及进行选拔的方法；在招聘过程中企业文化与个人偏好的切合度决定着一个应聘者求职的成功与否；成本和时间上的限制也会影响招聘效果。招聘资金充足的企业，在招聘方法上可以有更多的选择。

# 三、招聘流程

完善的招聘工作程序是企业做好招聘工作的保证。

## （一）招聘的基础工作

从企业人力资源管理工作的环节来看，工作分析和人力资源规划及胜任素质模型分析是招聘选拔的基础性工作。

对空缺岗位，即所要招聘的岗位的工作说明书分析，可以了解职位概况、工作职责、工作条件和任职资格等相关信息，为企业招聘到合适的人选打下基础。企业的人力资源规划通过运用科学的方法对企业人力资源需求和供应进行分析和预测，判断未来的企业内部各岗位的人力资源是否达到综合平衡，即在数量、结构、层次多方面达到平衡。胜任力素质模型描述的是在组织中有效地充当一个角色所需的知识、技能和性格特点的特殊组合，是人员招聘的基础工作之一。

## （二）招聘程序及其管理

### 1.招聘程序

从广义上讲，人员招聘程序包括招聘准备、招聘实施和招聘评估三个阶段；狭义的人员招聘是指招聘的实施阶段，其中主要包括招募、甄选、聘用三个步骤。

1）准备阶段的内容包括：招聘需求分析、明确招聘工作特征和要求、制定招聘计划和招聘策略。

2）实施阶段的内容包括：招募，根据招聘计划确定的策略和用人条件与标准进行决策，采用适宜的招聘渠道和相应的招聘方法，吸引合格的应聘者；甄选，在吸引到众多符合标准的应聘者之后，必须使用恰当的方法挑选出最合适的人员；聘用，在这个过程中，招聘者和应聘者都要做出自己的决策，以便达成个人和工作的最终匹配。

3）评估阶段。进行招聘评估，可以及时发现问题、分析原因、寻找解决的对策，有利于及时调整有关计划并为下次招聘提供经验教训。

### 2.招聘过程中的责任分工

传统的人事管理，员工招聘的决策与实施完全由人事部门负责，用人部门完全处于被动的地位。而现代企业中，起决定性作用的是用人部门，人力资源部门在招聘过程中起到组织和服务的功能。

### 3. 招聘者的个人素质

为保障招聘活动的公平和公正性，招聘者需要努力克服心理偏差。心理偏差主要有三种：优势心理、自眩心理、定式心理。优势心理是指招聘者因处于主导地位而产生的居高临下的心理倾向，表现为在招聘中的随意性、分析判断上的主观性及对测验评定的个人倾向性。自眩心理是指由招聘者的优势心理引发的自我表现心理，表现为责难那些测验中表现出色的应聘者。定式心理是指招聘者以自己在思维兴趣等方面的习惯来判断、评价应聘者的倾向，即成见。一个成功的招聘者，需要具备以下几方面的素质：具有热心、热情、公正、强烈的责任心；具有以人为本的意识；具有专业的招聘技巧与能力；具有很广阔的知识面。

# 第二节 招 募

招募是人员招聘的第一环节，是吸引人力资源到组织应聘的过程。

## 一、招募决策

企业员工的招募决策应包括以下一些主要内容。

### （一）招募时间的确定

为了明确所要招募的人员数量和类型，企业首先要通过人力资源规划提供可能出现职位空缺的时间，然后进行有效的招募活动。招募时间的确定直接关系到企业职位空缺所带来的机会成本。

### （二）招募地点的确定

对于地方企业来说，最佳的选择是地方的劳动力市场；对于全国性知名企业来说，可以有选择地利用全国的劳动力市场。企业的规模也是影响招募地点选择的因素。规模大的企业通常有实力在全国范围内搜索人才，中小企业大多受到财力的限制，只能在有限的地方劳动力市场上寻找人才。

# 二、招聘渠道

人员招聘渠道分为内部招聘、外部招聘和校园招聘三种。

## （一）内部招聘

所谓内部招聘，即当组织出现职位空缺时，在组织内部通过各种方式向全体员工公开职位空缺的信息，并招募具备条件的合适人选来填补空缺。

1. 内部招聘渠道

内部招聘的来源渠道主要包括员工晋升、工作调换、工作轮换和内部人员重新聘用等方面。

2. 内部人员的招聘方法

（1）推荐法

推荐法是由本企业员工根据单位和职位的需要，推荐其熟悉的合适人员，供用人部门或人力资源部门进行选择和考核。

（2）档案法

档案法是指企业运用员工档案帮助用人部门或人力资源部门寻找合适的人员补充空缺的职位。尤其是建立了人力资源管理信息系统的企业，则更为便捷、迅速，并可以在更大范围内进行挑选。档案法只限于员工的客观或实际信息，如员工所在职位、教育程度、技能、教育培训经历、绩效等信息，而对主观的信息，如人际技能、判断能力等难以确认。

（3）布告法

布告法也被称为张榜法，是指企业将空缺职位、职责及所要求的条件信息以布告的形式公布于组织中，所有拥有这些资格的员工都可以竞聘或"投标"该职位。这种方法的优点在于：一是提高了企业最合格员工将被选拔从事该工作的可能性；二是给员工一个对自己职业生涯开发更负责任的机会。

3. 内部招聘的优缺点

（1）内部招聘的优点

第一，它能为雇员发展和晋升提供平等的机会，有利于在组织中创造一个更开放的环境；第二，能增强雇员对工资等级、工作描述、晋升条件和职务调动程序的了解，便于个人在组织中选择最适合自己的工作；第三，内部招聘是一种成本低且能迅速填补职位空缺的方式；第四，候选人的长处和弱点能够被清楚地了解；第五，被提升的组织内成员对组织的历史和发展比较了解；第六，企业可以借助内部招聘激励被提升的人员更加努力地提高自身工作效率；第七，可以激励组织内其他成员，提高他们的工作士气；第八，可以使组织内对成员的培训投资取得回报。

（2）内部招聘的缺点

内部招聘的不足表现在以下几个方面：第一，当组织内部对未来主管人员的供需缺口较大，且内部人才储备无法满足需要时，坚持从内部提升，会使组织既失去获得一流人才的机会，又可能让不称职者占据主管位置；第二，容易造成"近亲繁殖"，由于组织成员习惯了组织内部的一些既定做法，不易带来新观念；第三，提升的数量有限，员工的积极性容易受到挫伤。

## （二）外部招聘

所谓外部招聘，是指组织向外界发布招聘信息，并对应聘者进行测试、考核、评定及一定时期的试用，综合考虑其各方面条件之后决定是否聘用的招聘方式。

### 1. 外部招聘渠道

外部招聘可供选择的渠道主要有：求职者自荐、员工推荐、职业服务机构等。

组织经常收到那些对公司感兴趣的人主动提出的申请或简历，即求职者自荐，因此主动招聘有时不必要。当职位出现空缺时，公司通常采用员工举荐的方法来填补，即人力资源部门或直线经理要求雇员推荐合格的朋友或同伴申请。

在我国，随着人才流动的日益普遍，就业服务机构日益增多。这些机构通过定期或不定期地举行人才交流会，供需双方面对面地进行商谈，增进了彼此的了解，缩短了招聘与应聘的时间。根据就业服务机构的性质和服务业务的不同，可分为公共就业服务机构、私营就业服务机构与高级经理人员搜寻公司。

第一，公共就业服务机构。我国目前的人才交流中心、职业介绍所、劳动力就业中心多属于公共就业服务机构，能够为企业提供比较全面的人力资源管理代理服务。相当多的企业也通过它招聘所需要的人员。其优点是应聘者众多，时间较短；缺点是需要一定的费用，对应聘者情况不够了解，应聘人员素质较低。

第二，私营就业服务机构。私营就业服务机构的一种具体形式就是所谓的高级经理人搜寻公司，这种机构通常被称为猎头公司。猎头公司的招募来源几乎完全以那些已经有工作的人为目标，重视供需匹配，成功率较高，收费标准一般为聘用后的经理人年薪的1/3左右。

2. 外部招聘的优缺点

（1）外部招聘的优点

第一，较广泛的人才来源可以满足组织的需求，并有可能招聘到第一流的管理人才；第二，能够避免"近亲繁殖"，可以给组织带来新思想、新方法，防止组织的僵化和停滞；第三，避免组织内部那些没有提升到的人的积极性受挫；第四，大多数应聘者都具有一定的理论知识和实践经验，可节省在培训方面所耗费的大量时间和费用。

（2）外部招聘的缺点

第一，如果组织内有胜任的人未被选用，而从外部招募会使其感到不公平，容易产生与应聘者不合作的态度；此外，组织内员工的士气或积极性可能会受到影响。第二，应聘者对组织的历史和现状不了解。第三，由于不完全了解应聘者的实际工作能力，因而在招聘中不可避免地会过多重视其学历、文凭、资历等表面现象。

## （三）校园招聘

校园招聘通常是指企业直接从学校招聘企业所需人才。

1. 校园招聘的方式

校园招聘的方式通常有以下三种。

1）企业直接派招聘人员到校园去公开招聘。企业既可以举办本企业校园人才招聘会，也可以参加由学校组织的人才招聘会。

2）由企业有针对性地邀请部分大学生毕业前到企业实习，参加企业的部分工作，企业的部门主管直接进行考察，了解学生的能力、素质、实际操作能力等。这种考察一般实地进行，收集的信息较全面。

3）由企业和学校联合培养人才的方式，这些联合培养的人才从学校毕业后到参与培养的企业工作。这种方式通常用于培养某些特殊专业的专门人才。

2. 校园招聘的优缺点

（1）校园招聘的优点

校园招聘针对性强，可以根据企业的需要，选择学校、专业、特殊的专长；选择面大，学校是培养人才的基地，专业广，可供选择的人数多，具备各种专长的也大有人在；选择层次是立体的，校园招聘有较低层次的中专、大专，也有中等层次的本科，还有较高层次的硕士和博士，这种选择的立体性只有校园招聘能具备,其他的招聘方式均难以具备;校园招聘的人才成功率高、失误率低,校园招聘可靠程度高,既有学校相关部门的领导、教师提供的相关在校表现的鉴定,还能通过与其本人或同学交流了解到更多的信息,信息较全面、准确、可靠,因此失误率低;如果培养、任用得当,人才对企业的认可度高,其忠诚度也较高。

### 3. 校园招聘的缺点

学生由于社会阅历浅,可塑性强,但其责任心较弱,企业对其今后的表现缺少充分的把握,因此可能会造成企业实际运作中的不顺畅;学生缺乏实践经验,企业投入的培训成本高;学生常有眼高手低、对工作期望值过高的缺点,因此一年内跳槽的概率高,造成企业招聘成本高的现象。

## 三、招聘信息发布

企业在做出招聘决策之后,就要发布招聘信息。

### (一)发布渠道

对企业而言,招聘信息发布渠道的选择也是很重要的。如果企业选择使用广告进行空缺职位的宣传,就应该进行招聘广告的安排。招聘广告按照传播媒体的不同,可以划分为广播与电视广告、报纸广告、行业和专业杂志广告、网络广告和印刷品广告等。

### (二)广告撰写

招聘广告是招聘的重要准备,以广告的形式宣传自己的形象,招募自己所需的人才,使企业和组织能在较短时间内吸引更多合适的招聘对象,以便于组织挑选和聘用。

#### 1. 招聘广告的设计原则和注意事项

(1)招聘广告的设计原则

招聘广告设计的原则可以概括为"注意—兴趣—愿望—行动"四原则,即 AIDI(Attention-Interest-Desire-Action)原则:必须能够引起受众注意;能够引起受众对广告产生兴趣;能够激起求职者申请工作的愿望;广告要具有让人看到后立即采取行动的特点。

(2)招聘广告的注意事项

招聘广告要真实、合法、简洁。

2. 招聘广告的内容

一般来说，招聘广告的内容包括公司情况介绍、职位情况介绍、应聘者准备材料、联系方式与时间范围。

# 第三节    甄    选

对申请人进行甄选的过程是企业筛选合格人员的过程。在甄选过程中，企业不但要考察申请人的能力、个性、价值观等是否与工作岗位匹配，还要考察其发展潜力和对企业文化的认同程度。完整的甄选流程一般包括申请表分析、笔试、心理测试、面试和评价中心五个环节。

## 一、申请表分析

申请表是一种初始阶段的甄选工具，目的在于收集关于应聘者背景和现在情况的信息，以评价求职者是否能满足最起码的工作要求。其基本内容包括应聘者过去和现在的工作经历、受教育情况、培训情况、能力特长、职业兴趣等。

针对申请表中应聘者提供的信息，招聘者应当从以下几个方面做出分析。

1）整体分析。当拿起一份申请表或简历时，首先要对简历进行整体分析，如简历是否简洁，排版是否美观，是否有错别字，在语法、用词方面是否得当等。如果有手写的文字，可以了解其书法，然后可以再看看简历的内容组织是否有逻辑性、有条理。

2）空缺和遗漏。当浏览应聘者的申请表时，很容易发现应聘者的简历中哪些栏目是空白的或者有哪些内容被省略掉了。这些内容需在面试中进一步重点了解。

3）时间重叠与断档。有的时候，一个应聘者从一家公司离职的时间和到下一家就职的时间会有一个间隔，有的应聘者的工作经历有时间上的重叠，这段时间应聘者在做什么应该是招聘者关心的问题。

4）相关工作经历。在面试前，招聘者应该对应聘者在来公司应聘之前曾经在哪些单位工作过有充分了解。例如，一个应聘者可能曾经在一个竞争对手企业里做过类似的工作，或者在这个行业中很著名的一家企业工作过，这些经历都应该在面试的过程中进一步了解。

5）工作变动的频率。在变动的工作经历中，可以注意该应聘者工作变化的频率。如果工作变动过于频繁，就可以作为疑问在面试中提出。关于工作变动的动机也是面试中要提出的重要问题。

6）原薪酬。在应聘者的应聘材料中，招聘者还应该特别关注其目前的薪酬状况及他对薪酬的期望值。招聘者可以将应聘者所期待的薪酬与该职位能够提供的薪酬水平做比较，在面试中与应聘者讨论这方面的问题。

7）学历与经历的一致性。有些应聘者从事的工作与自己所学专业没有直接的关系，或者在最初离开学校时从事的是与专业相关的工作，但后来变换成与原来所学专业相关度不高的工作。招聘者要发现这些就需要在面试时加入相关的问题，询问应聘者在选择职业和职业生涯发展方面的考虑。

8）家庭住址与单位的距离。应聘者家庭住址与单位的距离过远，上下班所需的时间就越多，耽误在途中的时间也越多，应聘者是否能坚持住这种长期的时间耗费也是企业需要关注的问题。

除上述所提到的几个重要方面之外，招聘者还应特别关注应聘材料中前后不一致的地方和难以理解的地方，在这些地方做下标记，以便在面试中提问和寻求答案。

## 二、笔试

笔试是让应聘者在试卷上笔答事先拟好的试题，然后根据应聘者解答的正确程度予以评定成绩的一种甄选方法。

### （一）笔试的类型

笔试可以分为标准化笔试和非标准化笔试两大类型。

1. 标准化笔试

标准化笔试主要采用是非、选择题等题目形式，可以覆盖较广的知识面，有利于尽量准确地考察应聘者是否具有所需要的知识水平。但是由于应聘者是在给出的几个答案中进行选择，因此很容易猜对一些题目，同时也限制了其创造力和发散性思维，不能给应聘者充分表达见解的机会，也难以体现出他们对文字运用的能力。

2.非标准化笔试

非标准化笔试也被称为论文式或开放式笔试，它主要是要求应聘者对一些用问句和叙述句表达的现实和理论问题，用自己的语言写成较长的答案，就像写一篇小型的论文。在评分时，评分者主要评定应聘者的观点是否新颖，是否有创造力，其逻辑严密性、概括能力、推理能力、文字表达能力如何。这些能力在标准化笔试中是难以考察到的。

## （二）笔试的优缺点

### 1.笔试的优点

笔试的优点是一次考试能出十几道乃至上百道试题，由于考试题目较多，可以增加对知识、技能和能力的考察信度和效度；可以对大规模的应聘者同时进行筛选，花较少的时间达到高效率。对应聘者来说，心理压力较小，容易发挥出正常水平；同时，成绩评定也比较客观，且易于保存笔试试卷。

### 2.笔试的缺点

笔试的缺点是不能全面考查应聘者的工作态度、品德修养及管理能力、口头表达能力和操作能力等。一般来说，在人员招聘中，笔试往往作为应聘者的初次竞争，成绩合格者才能继续参加面试或下轮的选拔。

# 三、心理测试

心理测试是指在控制的情境下，向应聘者提供一组标准化的刺激，以所引起的反应作为代表行为的样本，从而对其个人的行为做出评价。

下面笔者介绍几种主要的心理测试方法。

## （一）能力测试

能力测试是用于测定从事某项特殊工作所具备的某种潜在能力的一种心理测试。能力测试的作用体现在什么样的职业适合某人；或为了胜任某职位，什么样的人最合适。

能力测试的内容一般可以分为以下三种。

（1）普通能力倾向测试

普通能力倾向测试主要内容有思维能力、想象能力、记忆能力、推理能力、分析能力、数学能力、空间关系判断能力、语言能力等。

（2）特殊职业能力测试

特殊职业能力测试是指那些特殊的职业或职业群的能力。测试目的在于：测量已具备工作经验或受过有关培训的人员在某些职业领域中现有的熟练水平；选拔那些具有从事某项职业的特殊潜能，并且能在很少或不经特殊培训就能从事某种职业的人才。

（3）心理运动技能测试

心理运动技能测试主要包括两大类：一是心理运动能力，如选择反应时间、肢体运动速度、四肢协调、手指灵巧、手臂稳定、速度控制等；二是身体能力，包括动态强度、爆发力、广度灵活性、动态灵活性、身体协调性与平衡性。在人员选拔中，对这部分能力的测试一方面可以通过体检进行，另一方面可借助于各种测试仪器或工具进行。在具体操作中，使用"五点法"将工作所要求的"尺度"具体化。五点尺度的含义分别为：该工作不需要这种特性；该工作对这种特性要求不高；该工作需要这种特性；该工作非常需要这种特性；不具备这种特性无法担任该工作。

## （二）人格测试

人格测试，也被称为个性测试，包括体格与生理特质、气质、能力、动机、兴趣、价值观与社会态度测试等。

测试个性有很多种方法，在招聘中最常用的是自陈式量表法，其中卡特尔16种人格因素测验应用最为广泛。投射性测试法和笔迹测试法在招聘选拔中也有一定的应用。

（1）自陈式量表法

自陈式量表法是问卷式量表法的一种形式。问卷式量表，简单地说就是书面的"问"和"答"。问卷式量表可以分为两类：一类是自我报告量表，也叫自陈式量表，是由被测评者自己作答的；另一类是问卷式的评定量表，是由熟悉被测评者的人作答或对被测评者进行观察的人作答的。

（2）投射测试

投射测试是给受试者一个模糊的、未经组织的刺激材料和情境，即让应聘者在不受限制的条件下自由发挥，在不自觉中表现出内在的需要、动机、感情、适应方式、情结等，从而可以分析出其整体的人格结构，也同时考察个人的智能、创造力、解决问题的能力等。典型的投射测试有罗夏墨迹测试、主题统觉测试等。

1）罗夏墨迹测试

罗夏墨迹测试是一种人格测验方法，即通过向被试者呈现标准化的由墨渍偶然形成的模样刺激图版，让被试者自由地看并说出由此所联想到的东西，然后将这些反应用符号进行分类记录，加以分析，进而对被试者人格的各种特征进行诊断。罗夏测验是由 10 张经过精心制作的墨迹图构成的。其中 7 张为水墨墨迹图，3 张为彩色墨迹图，这些图片在被试者面前出现的次序是有规定的，在员工招聘中运用罗夏测验比较少，只有在招聘高层次管理人员中才考虑运用。

2）主题统觉测试

主题统觉测试用于了解被试者的心理需要与矛盾及内心情感。通过向被试者呈现一系列的图片，诱导出被试者的生活经验、情感、个性倾向等心声。其原理在于当一个人解释一个含义模糊的社会情境时，他很容易像他所关注的现象一样暴露出他自己的内心状态来。

（3）笔迹测试

一些企业在招聘广告中明确提出应聘者提供亲笔手写的自传或简历，正是为了对其进行笔迹测试，以了解应聘者的个性特征和心理素质。笔迹测试的基本内容主要包括以下七个方面。

1）书面整洁情况。书面干净整洁者，书写者举止高雅，穿着较讲究，性喜干净整齐，较注重自己的仪表和形象，并多有较强的自尊心和荣誉感。如果书面有多处涂抹现象，说明书写者可能有穿着随便、不修边幅、不拘小节等性格特征。

2）字体大小情况。字体大，不受格线的限制，说明书写者性格趋于外向，待人热情，兴趣广泛，思维开阔，做事有大刀阔斧之风，但多有不拘小节、缺乏耐心、不够精益求精等不足之处。字体小，性格偏于内向，有良好的专注力和自控力，做事耐心、谨慎，看问题比较透彻，但心胸不够开阔，遇事想不开。字体大小不一，说明书写者随机应变能力较强，处事灵活，但缺乏自制力。

3）字体结构情况。结构严谨，书写者有较强的思维能力，性格笃实，思虑周全，办事认真谨慎，责任心强，但容易循规蹈矩。结构松散，书写者发散思维能力较强，思维有广度，为人热情大方，心直口快，心胸开阔，不斤斤计较，并能宽容他人的过失，但往往不拘小节。

4）笔压轻重情况。笔压重，书写者精力比较充沛，为人有主见，个性刚强，做事果断，有毅力，有开拓能力，但主观性强，固执。笔压轻，书写者缺乏自信，意志薄弱，有依赖性，遇到困难容易退缩。笔压轻重不一，书写者想象思维能力较强，但情绪不稳定，做事犹豫不决。

5）书写速度情况。如果全篇文字连笔较多，速度较快，说明书写者思维敏捷，动作迅速，效率较高，但有时性急，容易感情冲动。如果笔速较慢，说明书写者头脑反应不是很快，行动较慢，但性情和蔼，富有耐心，办事讲究准确性。

6）字行平直情况。字行平直，书写者做事有主见，只要自己认定的事，一般不为他人左右。字行上倾，书写者积极向上，有进取精神，这种人常常雄心勃勃，有远大的抱负，并常能以较大的热情付诸实践；如果字行过分上倾，书写者除由上述特征之外，还往往非常固执。字行下倾，书写者看问题非常实际，有消极心理，遇到问题看阴暗面、消极面太多，容易悲观失望。字行忽高忽低，书写者情绪不稳定，心理调控能力较弱。

7）通篇布局情况。这要看左右留边空白大小及行与行之间排列是否整齐。左边空白大，书写者有把握事物全局的能力，能统筹安排，并为人和善、谦虚，能注意倾听他人意见，体察他人长处。右边空白大，书写者凭直觉办事，不喜欢推理，性格比较固执，做事易走极端，遇到困难容易放弃。左右不留空白，书写者有很强的占有欲和控制欲，比较自私。行与行之间排列整齐，书写者有良好的教养，正直，头脑清晰，做事有条不紊，讲究计划性、系统性和程序性，有较强的自尊心、责任感和荣誉感。行与行之间排列不整齐，说明书写者头脑比较简单，条理性较差，做事马马虎虎，缺乏责任感。

### （三）价值观测试

价值观及其体系是决定个人行为和态度的基础。在相同的条件下，不同价值观的人会有不同的行为与态度，通过测试可以深入了解应聘者的价值取向。

## 四、面试

面试是专门设计以从应聘者对口头询问的回答中获得信息的过程，从这些获得的信息中主考官可以预测应聘者未来的工作表现。

### （一）面试流程

面试流程可分为三个阶段：面试准备、面试提问和结束面试。

#### 1. 面试准备

做好面试前的准备工作能够帮助招聘者更好地对应聘者做出判断，同时能够帮助应聘者形成对公司的良好印象。面试前准备的内容主要包括以下几个方面。

1）回顾工作说明书。对职位的描述和说明是在面试中判断一个人能够胜任该职位的依据。在回顾工作说明书的时候，要侧重了解的信息是该职位的主要职责，对任职者在知识、能力、经验、个性特点、职业兴趣趋向等方面的要求，工作中的汇报关系、环境因素、晋升和发展机会、薪酬福利等。

2）熟悉应聘者个人资料。阅读应聘者的应聘材料，有助于熟悉应聘者的背景、经验和资格并将其与职位要求和工作职责相对照，对应聘者的胜任程度做出初步判断。

3）布置面试场地。面试的环境首先必须是安静的，这样可以在面试开始之前为应聘者创造一个可以接受的宽松气氛。其次，要注意室内光线的强度，并保持良好通风与温度。最后，不要在墙上挂分散注意力的东西及不要在面试现场提供点心和水果。因此，选择招聘者的办公室作为面试场所是一种常见的做法。此外，一些小型的会谈室也可以作为很好的面试场所。在面试的环境方面，另一个值得注意的问题是面试中招聘者与应聘者的位置如何安排。

2. 面试提问

（1）面试提问的方式

面试提问方式主要有三种：结构化面试、非结构化面试和混合式面试。

结构化面试是对同岗位或同类型应聘者，用同样的语气和措辞、按照同样的顺序、问同样的问题，按同样的标准评分。好处是可以对不同的应聘者的回答进行比较，信度和效度较高。但这种面试不可能进行话题外的提问，限制了谈话的深度。

非结构化面试主考官无固定题目，让应聘者自由地发言议论、抒发情感，意在观察应聘者的知识面、价值观、谈吐和风度，了解其表达能力、思维能力、判断能力和组织能力等。这种面谈的好处是主考官和应聘者在问答过程中都比较自然，应聘者回答问题时也可能更容易敞开心扉。但是由于对每个应聘者所问的问题是不一样的，面试的信度和效度都可能受到影响。

混合面试则融合了结构化方式与非结构化方式，综合了两种方式的优点。

（2）面试问题的类型

面试问题的类型主要有以下四种：行为性问题、开放性问题、假设性问题、探索性问题。行为性问题即围绕关键事例和关键行为提问。

行为性问题的几个关键要点是：分析目标职位要求；界定职位所需关键胜任特质；探询过去相关工作的行为样本；推测未来的工作行为。对过去行为样本进行描述要把握的四个要素是：情境、目标、行动和结果。

开放性的题目不是让应聘者简单地回答一个"是"或者"否",而是要求应聘者用相对较多的语言做出回答。开放式问题一般不会给应聘者造成过大的压力,好处在于首先可以鼓励应聘者讲话;其次问题的回答往往能够引发面试考官与应聘者进一步讨论;最后可以很好地了解应聘者的语言表达能力、沟通技巧。

假设性问题就是提供给应聘者一个与未来工作情境相关的假设情境,让应聘者回答他们在这种情境下会怎样做。在应聘者的回答中,面试者可以根据其思维推理能力、价值倾向、态度、创造性、工作风格等方面做出判断。

探索性问题通常是在面试考官希望进一步挖掘某些信息时使用,一般是在其他类型的问题后面继续追问。问题通常围绕"谁""什么""什么时候""怎样""为什么"等展开。

### 3. 结束面试

在面试结束之际,应留有时间回答求职者的问题。另外,面试考官要检查面试问题清单是否都有了答案。如果要核实应聘者的背景,应告诉对方;同时告诉应聘者,他有机会撤回申请或者大约多长时间会得到回音,并感谢应聘者前来面试。

## (二)面试技巧

### 1. 积极有效地倾听,关注非言语信息

面试考官在面试过程中要少说多听,善于提取要点,注意非言语信息所表达的意义。

### 2. 敏感话题

在面试中,应聘者对一些问题的提问会非常敏感。所以,面试考官一般不会在面试一开始就对应聘者进行敏感性话题的提问,这样做不利于整个面试过程中应聘者保持轻松的心态,可能会使应聘者过于紧张,影响面试的有效性。通常认为敏感性话题主要涉及婚姻、生育、民族、宗教信仰和薪酬等问题。

## (三)面试常见错误

面试过程中经常会出现一些常见的错误,从而影响面试的有效性。

### 1. 首因效应

首因效应是指与陌生人初次见面时留下的印象及所产生的心理效应。首因效应在面试活动中的表现是:主考官易于被最初阶段的表现迷惑,往往用

其最初阶段的表现取代其他阶段和全过程的表现。换言之，就是主考官在面试开始的几分钟就对应聘者做出判断。

2.晕轮效应

晕轮效应是指事物某一方面的突出特点掩盖了其他方面的全部特点。在面试活动中，晕轮效应的具体表现是：应聘者在测试过程中表现出来的某一突出的特点容易引起主考官的注意，而使其他素质的表征信息被忽视。

3.投射效应

投射效应是指在认知过程中，认知主体拿自身的兴趣爱好等去认知客体的心理趋势。

4.关系效应

关系效应是指主考官以我为中心，把应聘者和自己心理适应上的关系的远近亲疏作为测评依据的心理趋向，选择那些善于取悦自己的应聘者。

5.诱导效应

诱导效应是指在面试活动中普通主考官易受地位或权威高的主考官认知态度的影响，左右其评价。

# 五、评价中心

评价中心是一种人事测评的综合方法，将被测者置于一个模拟的工作环境中，采用多种评价技术，有多个评价者观察和评价被评价者。因此，这种方法有时也被称为情景模拟方法。评价中心有各种各样不同的形式，其中最普遍使用的有公文处理、无领导小组讨论、即席发言、情景面试、与人谈话、案例分析、面谈模拟、管理游戏、深度会谈等。

1.公文处理

公文处理，也被称为公文训练或篮中练习。测试中，应聘者假定要接替或顶替某个管理人员的职位，每个人都收到一篮子公文，文件数一般不少于五份，不多于三十份。其中有信函、电话记录、命令、备忘录、请求报告、各种函件等，从日常琐事到重要大事等，要求应聘者在一定时间内处理完毕，并且还要通过文字或口头方式报告他们处理的原则与理由。主考官将考察应聘者对该文件的处理是否有轻重缓急之分，是否有条不紊，是否在必要时请示上级后授权下属；还是拘于细节、不抓重点、杂乱无章地处理，由此测试应聘者的分析、决策、分派任务的能力及对于工作环境的理解与敏感程度。

2. 无领导小组讨论

应聘者组成不同的几个小组，每组 4～8 人不等，主考官要求他们谈论某些有争议的问题或实际经营中存在的某种困难。在讨论中，主考官根据每一个应聘者的表现，从以下几个方面进行评价：领导欲望、主动性、说服能力、口头表达能力、自信程度、抵抗压力的能力、个人经历、人际交往能力等。

3. 即席发言

即席发言是指主考官给应聘者一个题目，并在发言之前向应聘者提供有关背景材料，让应聘者稍做准备后按题目要求进行发言。即席发言主要测试应聘者的风度举止、语言表达能力、快速反应能力、理解能力、思维逻辑性等。

4. 情景面试

情景面试应用于人才选拔是基于心理学家勒温的公式：$B=f(P, E)$，即一个人的行为（Behavior）是其人格或个性（Personality）与其当时所处情境或环境（Environment）的函数。应聘者面试时的表现是由他们自身的素质和当时面对的情境共同决定的。如果招聘者能够恰当地选择情境并保证情境对不同应聘者的一致性，那么不仅可以诱发应聘者的相应行为，而且能够说明应聘者行为的不同由其素质不同所致。

5. 与人谈话

与人谈话是指主考官要求应聘者与他人谈话，主要有以下三种类型。

1）电话谈话。候选人在电话谈话中，可以反映他的心理素质、文化修养、口头表达能力、处理问题能力等。

2）接待来访者。来访者可以是多种多样的，根据需要，有的是来谈生意的，有的是来推销产品的，也有的可能是来叙旧的，或者是来纠缠的。在应聘者接待来访者时，可以观察到他在接待时驾驭谈话的能力、快速处理问题的能力、处理公事和私事的关系等各方面的能力。

3）拜访有关人士。在企业管理中，主动找某些人谈话是管理活动的一项重要内容。这些有关人士可以包括上级、下级、同事、重要客户、司法人员、新闻界人士等。这些人员由主考官扮演，主要考察应聘者以下几个方面的能力：待人接物的技巧、语言表达能力、有关的专业知识、应付各种困难的能力等。

### 6. 案例分析

在案例分析的情景模拟中，先让应聘者看一些材料，了解并研究某个组织在管理中所面临的问题，然后要求他向高层领导提出一个分析报告。主考官对报告在要点覆盖、问题分析的深刻性等方面进行评价。

### 7. 面谈模拟

面谈模拟是一种特殊的情景模拟。在这种模拟中，一个应聘者与另一个下属、同事或顾客进行面对面的谈话，其具体形式有许多种。在面谈模拟中，面谈对象往往比较主动。面谈模拟对于测试应聘者口头交流技巧、谈话机智、人际关系技巧及问题解决能力等非常有效。

### 8. 管理游戏

管理游戏是一种以完成某项"实际工作任务"为基础的标准化模拟活动。通过活动考察，测试应聘者的综合管理能力。管理游戏可以多种多样，如生存训练、辩论赛等。

### 9. 深度会谈

深度会谈要求至少有一名评价者对应聘者进行时间大约为 45 分钟的面试，并对应聘者的兴趣、背景、过去表现和动机等进行深入了解。深度会谈要求面试考官具有足够的亲切度，只有这样在会谈中才能让应聘者放松下来，不至于紧张，从而提高面谈的有效性。深度会谈的意图在于考察应聘者以下几个方面的维度，包括决策能力、应聘者的学习意愿、发展潜力、个性与职业匹配、适应能力、抗挫折能力、沟通能力、企业文化认同程度等方面的综合能力与素质。

深度会谈一般分为五个阶段：关系建立阶段、导入阶段、核心阶段、确认阶段和结束阶段。关系建立阶段的主要任务是评价者创造轻松、友好的氛围，这种氛围有助于应聘者在后面的面试过程中更加开放的沟通。在这个阶段通常讨论一些与工作无关的问题，如天气、交通等。在导入阶段，评价者首先要问一些应聘者一般有所准备的比较熟悉的题目。这些问题一般包括让应聘者介绍一下自己的经历、介绍自己过去的工作等，其问题比较宽泛，应聘者有较大的自由度。核心阶段是深度会谈中最重要的阶段。在这个阶段中，评价者将着重收集关于应聘者核心胜任力的实例，评价者将基于这些事实做出基本的判断，对应聘者的各项关键胜任能力做出评价，并主要依据这一阶段的信息在面试结束后做出评价。在确认阶段，评价者将进一步对核心阶段所获得的对被评价者关键胜任能力的判断进行确认。结束阶段是评价者检查自己是否遗漏了关于胜任能力的问题并加以追问。

在深度会谈中，应聘者是整个会谈中的主角，而面试考官所扮演的角色应该是引导者。考官通过及时准确地引导使应聘者围绕关键胜任能力展开会谈，能从与应聘者的对话中发现并判断出其是否具备这种核心能力。

# 第四节 人员聘用与招聘评估

聘用是招聘工作的最后环节。招聘过程结束以后，应该对招聘活动进行及时的评估。

## 一、人员聘用

经过笔试、面试、评价中心几轮甄选过后，使得组织对应聘者有了较为全面的了解，为人员聘用提供了较为客观的依据，接下来的工作就是背景调查、体检，并确定聘用人员名单及办理试用、正式聘用的相关手续。

### （一）背景调查

背景调查就是对应聘者的与工作有关的一些背景信息进行查证，以确定其任职资格，从而有助于挑选出合格的候选人。

### （二）体检

体格检查是聘用时不可忽视的一个环节。不同的职位对健康的要求有所不同。例如，士兵要求有良好的视力、厨师必须不能有传染病等。一些对健康状况有特殊要求的职位在招聘时尤其要对应聘者进行严格的体检。

### （三）聘用与辞谢

在整个招聘过程中，人员招募、甄选和聘用工作的每个环节都包括两种过程结果：聘用过程和辞退过程。

1. 聘用通知

聘用通知书的内容除了对应聘者表示祝贺，希望他接受公司聘任的职位并加入公司之外，还包括如下重要信息：工作权利、地点、工作报告关系、开始日期、责任和义务、薪酬标准、试用期限和报到时应提供的证件及证明书等。

### 2. 辞谢通知

对未被聘用的应聘者答复是体现公司形象的重要方面，对每个聘用阶段的落选者都应该及时通知本人。

### 3. 签订劳动合同

劳动合同是确立劳动关系的法律文书，也是劳动者与用人单位之间形成劳动关系的基本形式。劳动合同的双方当事人依法签订劳动合同，是促进劳动关系良好运行，以及预防、妥善处理劳动争议的前提条件。

企业在订立劳动合同时，必须保证劳动合同内容合法。《中华人民共和国劳动合同法》（以下简称《劳动合同法》）第十七条规定，劳动合同应当具备以下条款：用人单位的名称、住所和法定代表人或者主要负责人；劳动者的姓名、住址和居民身份证或者其他有效身份证件号码；劳动合同期限；工作内容和工作地点；工作时间和休息休假；劳动报酬；社会保险；劳动保护、劳动条件和职业危害防护；法律、法规规定应当纳入劳动合同的其他事项。

劳动合同除前款规定的必备条款外，用人单位与劳动者可以约定试用期、培训、保守秘密、补充保险和福利待遇等其他事项。

此外，《劳动合同法》对试用期工资确定问题进行了专门规定，该法第二十条规定：劳动者在试用期的工资不得低于本单位相同岗位最低档工资或者劳动合同约定工资的百分之八十，并不得低于用人单位所在地的最低工资标准。

## 二、招聘评估

招聘过程结束之后，应该对招聘活动进行及时的评估。招聘评估主要包括招聘成本评估、聘用人员评估和综合评估。

### （一）招聘成本评估

招聘成本评估是鉴定招聘效率的一个重要指标，如果成本低，聘用人员质量高，就意味着招聘效率高；反之，则意味着招聘效率低。从另一角度来看，成本低，聘用人数多，就意味着招聘效率高；反之，则意味着招聘效率低。招聘成本包括招募、选拔、聘用、安置及适应性培训的成本。

1）招募成本。招募成本是为吸引和确定企业所需内外人力资源而发生的费用，主要包括招募人员的直接劳务费用和间接劳务费用。直接劳务费用是指招聘洽谈会议费、差旅费、代理费、广告费、宣传材料费、办公费、水电费等。间接劳务费用是指行政管理费、临时场地及设备使用费等。招募成本既包括在企业内部或外部招募人员的费用，又包括吸引未来可能成为企业成员的人选的费用，其计算公式如下。

招募成本＝直接劳务费用＋直接业务费用＋间接管理费＋预付费用

2）选拔成本。选拔成本主要包括以下几个方面：初步口头面谈，进行人员初选；填写申请表，并汇总候选人员资料；进行各种书面或口头测试，评定成绩；进行各种调查和比较分析，提出评论意见；根据候选人员资料、考核成绩、调查分析评论意见，召开负责人会议，讨论决策聘用方案；最后的口头面谈，与候选人讨论聘用后职位、待遇等条件；获取有关证明材料，通知候选人体检；在体检后通知录取与否。以上每一步骤发生的选拔费用不同，其成本的计算方法也不同。

选拔面谈的时间费用＝（每人面谈前的准备时间＋每人面谈时间）×选拔者工资率×候选人数

汇总申请资料费用＝（印发每份申请表资料费＋每人资料归总费）×候选人数

考试费用＝（平均每人的材料费＋平均每人的评分成本）×参加考试人数×考试次数

测试评审费用＝测试所需时间×（人事部门人员的工资率＋各部门代表的工资率）×次数

（本企业）体检费＝［（检查所需时间×检查者工资率）＋检查所需器材、药剂费］×检查人数

3）聘用成本。聘用成本包括录取手续费、调动补偿费、搬迁费和旅途补助费等由聘用引起的有关费用。这些费用一般都是直接费用，其计算公式如下。

聘用成本＝录取手续费＋调动补偿费＋搬迁费＋旅途补助费等

4）安置成本。安置成本是为安置已录取职工到具体的工作岗位上时所发生的费用，其计算公式如下。

安置成本＝各种安置行政管理费用＋必要装备费用＋安置人员时间损失成本

5）适应性培训成本。适应性培训成本是指企业对上岗前的新员工在企

业文化、规章制度、基本知识、基本技能等基本方面进行培训所发生的费用，其计算公式如下。

适应性培训成本 =（负责指导工作者的平均工资率 × 培训引起的生产率降低率 + 新员工的工资率 × 新员工人数）× 受训天数 + 教育管理费 + 资料费用 + 培训设备折旧费用

## （二）聘用人员评估

聘用人员评估是指根据招聘计划对聘用人员的数量和质量进行评估的过程。判断招聘数量的一个明显的方法就是看职位空缺是否得到满足，雇用率是否真正符合招聘计划的设计。衡量招聘质量是按照企业的经营指标类型来分别确定的。在短期计划中，企业可根据求职人员的数量和实际雇用人数的比例来认定招聘质量。在长期计划中，企业可根据接受雇用的求职者的转换率来判断招聘的质量。由于存在很多影响转换率和工作绩效的因素，所以对招聘工作质量的评估十分不易。聘用人员的数量可用以下几个数据来表示。

1）聘用比。

聘用比 = 聘用人数 / 应聘人数 × 100%

2）招聘完成比。

招聘完成比 = 聘用人数 / 计划招聘人数 × 100%

3）应聘比。

应聘比 = 应聘人数 / 计划招聘人数

## （三）综合评估

在实际招聘评估过程中，可以使用一些客观因素或指标来进行评估，如不同来源申请人的招聘成本、不同来源的新员工的工作绩效或者留职率等指标。

# 第五章　培训与开发

## 第一节　培训与开发概述

高质量的人力资源一方面可以从市场获取，另一方面来自对现有人员的培训与开发。

### 一、培训与开发的含义

培训通常是指通过短期的、以掌握某种或某些专门的知识和技巧为目的的指导活动，使员工具有完成某项工作所必需的技能。开发具有更广泛的意义，它可以是针对目前工作所需要的知识、技能，也可以着眼于未来的组织、工作要求。

传统意义上，培训侧重于近期目标，为了提高员工当前工作绩效而更注重员工的技术性技巧，重点在于掌握基本的工作知识、方法、步骤和流程；开发则侧重于提高员工的有关素质，提高其面向未来职位的能力，同时帮助员工更好地适应由新技术、工作设计、顾客或产品市场带来的变化。培训侧重于提高员工当前胜任能力和工作绩效，具有一定的强制性；而开发则要求具有管理潜能的员工参加。培训的对象主要是员工与技术人员，而开发的对象主要是管理人员。

### 二、培训与开发的类型

根据不同的标准，培训与开发可以分为不同类型。

## （一）根据承担培训、开发工作的职能部门分类

根据承担培训、开发工作的职能部门，可以分为学院模式、客户模式、矩阵模式、企业办学模式等。

学院模式，即企业组建培训部门，培训部门由主管人员与一组对特定课题或特定技术领域具有专业知识的专家共同领导，专家负责开发、管理和修改培训项目。

客户模式，即企业组建培训部门，培训部门负责满足公司内某个职能部门的培训需求，使培训项目与经营部门的特定需求相一致，而不是与培训者的专业技能相一致。

矩阵模式，即企业组建培训部门能适应培训者既向部门经理又要向特定职能部门经理汇报工作的模式。培训者具有培训专家和职能专家两个方面的职责。它有助于将培训与经营需求联系起来；培训者可以通过某一特定的经营职能而获得专门的知识。

企业办学模式。利用企业办学组建职能部门趋向于提供范围更广的培训项目与课程。该模式的客户群不仅包括员工和经理，还包括公司外部的相关利益者。企业一些重要的文化和价值观将在企业大学的培训课程中得到重视。该模式保证企业某部门内部开展的有价值的培训活动能在整个企业进行传播。

## （二）根据培训、开发对象的层次分类

根据培训、开发对象的层次，可分为高层管理人员培训与开发、中层管理人员培训与开发、基层管理人员培训与开发及作业人员培训等。

高级管理人员培训的一个重要方面是企业战略培训。在培训中不仅要使高层管理者理解各种战略管理的内容，还要针对不同战略，在培训上突出不同重点。

## （三）根据是否离开工作单位分类

根据是否离开工作单位，可以将培训分为在职培训和外派培训。

### 1. 在职培训

在职培训是指为了使员工具备有效完成工作任务所必需的知识、技能和态度，在不离开工作岗位的情况下，对员工进行培训，也被称为"在岗培训""不脱产培训"等。在职培训通常表现为安排新员工跟着有经验的员工或主管人员学做工作，由这些有经验的员工或主管人员来实施培训。

　　在职培训的方法有很多种，如师傅带徒弟、岗位轮换等。师傅带徒弟是一种最为传统的在职培训方式，其形式主要是由一名经验丰富的员工作为师傅，带一名或几名新员工。通常在需要手工艺的领域中使用这种培训，如管道工、理发师、木匠、机械师和印刷工等。师傅带徒弟培训的主要优点在于师傅在其因退休、辞退、调动和提升而离开工作岗位或出现岗位空缺时，企业有训练有素的员工接续工作，从而不影响工作效果或效率。师傅带徒弟的主要不足在于该培训仅对培训对象进行某一特定技能的培训，可能造成员工技能狭窄。

　　工作轮换亦被称为轮岗，指根据工作要求安排员工在不同的工作部门工作一段时间，通常时间为一两年，以丰富员工的工作经验。其优势为：丰富培训对象的工作经历；能了解培训对象的兴趣爱好，从而更好地用人所长；增进培训对象对各部门管理工作的了解，改进各部门之间的合作。工作轮换的不足是：处于轮换中的员工及同事容易采取短期行为；难以形成专业特长，也无法接受挑战性的工作；无论是接收轮换员工的部门还是失去轮换员工的部门都会受到损失。

　　2. 外派培训

　　外派培训是指员工离开工作岗位，在企业之外所参加的培训。按照培训时间长短来划分，可将外派培训分为长期培训和短期培训；按照培训的产生方式可分为组织安排的培训和个人选择的培训；按照参加培训的目的可分为以取得学历证、资格证为目的的培训和以补充或更新知识、掌握新技能为目的的培训。企业派员工外出接受长期培训，需要支付较多的培训费用。企业一般会要求员工学习结束后继续工作若干年。为确保双方的权益，受训者要与单位签订培训合同。

## 三、培训与开发的战略地位

　　培训与开发的最终目的是通过一系列培训与开发活动和机制，帮助员工和组织实现其战略目标。培训与开发活动的实质是通过改变员工的知识、技能和能力及员工的动机、态度等中介变量，来改善员工的职位行为和组织公民行为，进而提高员工和组织的绩效。

# 第二节　新员工导向、接班人计划与组织开发

## 一、新员工导向

新员工进入一个组织，必须经历组织社会化的阶段，组织社会化是指新员工转变为合格的组织成员的过程。有效的社会化包括员工为胜任本职工作做准备，对组织有充分的了解及建立良好的工作关系。新员工导向培训是员工实现组织社会化的重要途径和方法。

### （一）新员工导向的概念

新员工导向亦被称为岗前或职前培训，是企业使被录用的员工从局外人转变为企业人的过程，是员工从学校进入一个团体或从一个团队成员融入另一个团体的过程，也是员工逐渐熟悉、适应组织环境并开始初步规划自己的职业生涯、定位自己的角色、开始发挥自己的才能的重要历程。

### （二）新员工导向培训的作用和意义

从新员工的来源上说，新员工有两类：一类是刚从学校毕业的学生；另一类是从另一个单位来到本单位的员工。对刚离开学校的学生来说，他们面临的最大挑战是实现从学生生活到企业人生活的顺利转变。

对于那些刚从另外一个组织来到本组织的员工来说，面临的最大挑战就是尽快从原企业的企业文化及企业理念中摆脱出来，尽快适应新组织的经营理念和企业文化，较早形成较深的组织归属感。

概括而言，新员工导向培训的意义主要体现在以下几点。

1）帮助新员工了解和熟悉新的工作环境，并尽快适应新的工作环境；减少员工焦虑感，获得尊重感，并加强员工对企业的归属感，提高员工的保留率。

2）帮助员工明确工作职责，适应岗位工作程序，掌握初步操作技能，获得职业生活必需的相关信息。通过导向和培训，新员工可以了解组织的性质、目标、宗旨、价值观、工作和生活规范，以及所在部门、上司和同事的相关情况，有助于员工顺利展开职业生活。

3）塑造良好的公司形象，为新员工灌输企业文化，使新员工较快地融入企业文化之中；通过一定的态度改变和行为整合活动，新员工转变角色，

由局外人转变为企业人，从而更好地接受企业的价值观和企业文化。

4）增强员工的团队意识与合作精神。专人迎接、接待，欢迎标语、墙报、精致的欢迎卡，上司亲自引导参观，以及当众介绍和工作餐、加入企业内的各种俱乐部等，都能增强团队意识与合作精神。

5）为招聘、甄选、录用和职业管理提供信息反馈。通过培训，企业全面了解新员工后，可以有针对性地为新员工安排更恰当的工作，并为新员工设计出更适合个人特点和需要的职业生涯路径。另外，通过对招聘结果评估，为下一次招聘打下良好基础。

### （三）新员工导向培训的主要内容

1）公司概况与文化。其包括：公司的创业、成长、发展过程，公司经营战略和目标，公司的优势和面临的挑战；公司的企业文化和价值观、行为规范和标准；产品和服务、主要客户情况；公司活动范围；组织结构；主要经理人员等。

2）主要政策及其程序。其包括：假期、请假、加班、报销的政策及其程序，购买内部产品的特权和享受内部服务等政策及其程序，工资、福利和奖励政策及其程序，员工培训和职业发展政策及其程序，绩效管理的政策及其程序等。

3）公司设施和部门参观。其包括：设施参观、规定的用餐地点、急救站、员工出入口、停车场、禁区等，部门工作休息室、个人物品储藏柜、火灾报警箱、主管办公室等。

4）部门职能和岗位职责。其包括：部门目标及最新优先事项或项目、与其他职能部门的关系、部门结构及部门内各项工作之间的关系、工作职责说明、工作绩效考核标准和方法、常见的问题及解决办法、工作时间和合作伙伴或服务对象、请求援助的条件和方法、加班要求、规定的纪录和报告、设备的领取与维护等。

## 二、接班人计划

接班人计划的主要内容是发现并且追踪那些公司相信他们具有胜任高层管理潜力的人。

高潜质的雇员通常会进入一些快速的开发程序，其中主要包括教育、高层管理人员的传授与指导，还包括通过工作安排来实现的工作轮换。

实施这些快速开发计划的目标是：开发未来的管理者，从而为中层管理者进入高层经营管理职位做好准备；在吸引和招聘有才能的雇员方面为公司谋取竞争优势；帮助公司留住管理人才。

## （一）接班人计划的三个阶段

高潜质雇员的开发主要包括三个阶段。第一阶段，高潜质雇员的挑选。最初可能会有很大一批雇员被视为具有高潜质的雇员，但是随着时间的流逝，这些人的数目会因为流动、绩效过低、管理测试达不到标准，以及雇员个人不愿意在管理阶梯上晋升等而逐渐减少。第二个阶段，高潜质的雇员将获得开发的体验。良好的口头和书面表达能力、融洽的人际关系及明智的领导力都是高潜质雇员所应该具有的素质。根据开发和竞赛结果，达到高层管理者期望的雇员将获得进入下一阶段的资格。在第三个阶段，首席执行官在开发这些雇员方面起着积极的作用。这些高潜质的雇员不仅与公司的关键人物频繁接触，而且会对公司的文化有更深层次的理解。

## （二）接班人计划的要点

1）高层管理者的持续参与。在领先企业中，首席执行官不仅会花大量时间参与领导力发展活动的授课，更把发展接班人领导力的发展会议看作培养接班人领导力的论坛。

2）设计恰当的接班人系统并正确地执行。最完美的方案也会因不连贯的推行或者缺乏相配套的措施导致失败。

3）着眼于业务的未来发展需要。选择企业接班人要从企业发展角度出发，将业务战略与接班人领导力发展计划联系起来。

4）注重企业核心价值观的传承。对企业接班人的选拔与培养，贯穿着组织的核心价值导向，并且为支持这些价值观的行为提供动力，使企业的核心价值观得以坚持和传承。

5）拥有坚实的人力资源管理体系。有效的接班人计划需要人力资源管理体系的支撑。

例如：业绩管理体系能够给高潜质人才提供行为目标和业绩反馈信息，也能为高潜质人才的上级或导师提供帮助；甄选体系能够帮助确定谁是高潜质人才；培训与发展体系能够提供有效管理能力开发项目，满足高潜质人才的开发需要；薪酬体系能够灵活敏捷地对高潜质人才的每一次进步都给予经济上的认可。

6）形成代代相承的接班人文化。在企业中，需要培育支持领导力发展的强烈理念和价值观，形成一种培养与鼓励高潜质人才成长的长效机制。

# 三、组织开发

## （一）组织开发的含义与特征

组织开发就是运用行为科学原理对组织成员进行影响，通过改变群体态度、价值观、信念和行为，而改善组织软环境，提高组织适应环境的能力。常见的组织开发方式有：敏感性训练、冒险学习或体验式学习、行为塑造或互动管理、团队建设、学习型组织、企业文化建设等。

组织开发的特征主要表现为：组织开发通常涉及行为研究，需要收集小组、部门或组织的有关信息，并将这些信息反馈给员工，以便他们能分析和提出他们的小组、部门或组织中存在什么问题；组织开发通常需要应用行为科学知识以改进组织效率；组织开发通过改变员工的态度、价值观和信念，创造一个良好的人际环境，使员工自己愿意去识别和应用那些可以改善组织功能的有关技术、程序、结构等；组织开发能够在一些特定方面，如改善问题的解决方式、增强责任心、提高工作质量和效率等方面给组织带来积极变化。

## （二）团体建设

团队建设是用来提高团队或群体成员技能和团队有效性的开发方法。它注重团队技能的提高，以保证进行有效的团队合作。团队建设方法包括：探险性学习、团队培训和行动学习法。

### 1. 探险性学习

探险性学习也被称为野外培训或户外培训，它是利用结构性的室外活动来开发受训者的团队协作和领导技能的一种培训方法。该方法最适应于开发与团队效率有关的技能。

### 2. 团队培训

团队培训是通过使同一团队中的不同个人协调一致从而实现共同目标的方法。团队培训的方式有交叉培训、协作培训和团队领导技能培训。交叉培训即指团队队员熟悉并实践所有人的工作，以便团队队员离开团队后其他成员容易承担其工作。协作培训即指对团队进行如何确保信息共享和承担决策责任的培训，以实现团队绩效的最大化。团队领导技能培训即指团队管理者或辅助人员接受的培训，包括培训管理者如何解决团队内部冲突、帮助团队协调各项活动或其他技能。

### 3. 行动学习法

行动学习法即指给团队或工作群体一个实际工作中所面临的问题，让团队队员合作解决并制订出行动计划，再由他们负责实施该计划的培训方式。行动学习法涉及的是员工实际面临的问题，所以可使学习和培训成果的转化达到最大化，它有利于发现阻碍团队有效解决问题的一些非正常因素。

## （三）学习型组织建设

学习型组织，是指通过营造弥漫于整个组织的学习气氛，充分发挥员工的创造性思维而建立起来的一种有机的、高度柔性的、扁平的、符合人性的、能持续发展的组织。

### 1. 学习型组织的特征

1）组织成员拥有一个共同的愿景。组织的共同愿景来源于员工个人的愿景而又高于个人的愿景，并朝着组织共同的目标前进。

2）组织由多个创造性个体组成。在学习型组织中，团队是最基本的学习单位，团队本身应理解为彼此需要他人配合的一群人。组织的所有目标都直接或间接地通过团队努力达到。

3）善于不断学习，这是学习型组织的本质特征。所谓善于不断学习，一是强调"终身学习"；二是强调"全员学习"；三是强调"全过程学习"；四是强调"团队学习"。

4）"地方为主"的扁平式结构。学习型组织的组织结构是扁平的，即从最上面的决策层到最下面的操作层，中间相隔层次极少。它尽最大可能将决策权向组织结构的下层移动，让最下层单位拥有充分的自决权，并对产生的结果负责，从而形成以"地方为主"的扁平化组织结构。保证上下级的不断沟通，下层才能直接体会到上层的决策思想，上层也能亲自了解到下层的动态，吸取第一线的营养。

5）自主管理。学习型组织理论认为，自主管理是使组织成员能边工作边学习并使工作和学习紧密结合的方法。通过自主管理，可由组织成员自己发现工作中的问题，自己选择伙伴组成团队，自己选定改革进取的目标，自己进行现状调查，自己分析原因，自己制定对策，自己组织实施，自己检查效果，自己评定总结。

6）组织的边界将被重新界定。学习型组织边界的界定，建立在组织要素与外部环境要素互动关系的基础上，超越了传统的根据职能或部门划分的"法定"边界。

7）员工家庭与事业的平衡。学习型组织努力使员工丰富的家庭生活与充实的工作生活相得益彰。它对员工承诺支持每位员工的自我发展，而员工也承诺对组织的发展尽心尽力。这样，个人与组织的界限将变得模糊，工作与家庭之间的界限也将逐渐消失，两者之间的冲突也必将大为减少，从而提高员工家庭生活的质量（满意的家庭关系、良好的子女教育），达到家庭与事业之间的平衡。

8）领导者的新角色。在学习型组织中，领导者是设计师、仆人和教师，领导者的设计工作是一个对组织要素进行整合的过程，他不只是设计组织的结构和组织政策、策略，更重要的是设计组织发展的基本理念。

学习型组织的真谛在于："学习"一方面是为了保证企业生存，使企业组织具备不断改进的能力，提高企业组织的竞争力；另一方面"学习"更是为了实现个人与工作的真正融合，使人们在工作中活出生命的意义。

2. 学习型组织的理论架构

为了理解学习型组织，首先要对"学习"方式有一定的认识。"学习"一般有三种类型：个人学习、组织学习和学习型组织。学习型组织对人性的假设是自我超越的人，其最大的特点是把组织成员看作是不断成长的、可以通过学习而不断提高的。有学者认为，学习型组织必须具备五项技能，即自我超越、改善心智模式、建立共同愿景、团队学习及系统思考。

1）自我超越。自我超越的修炼是学习型组织的精神基础，它是指突破极限的自我实现或技巧的娴熟。自我超越包括学习不断理清个人的真正愿望，集中精力，培养耐心，客观地观察现实，学习如何扩展个人的能力，创造出想要的结果，并且塑造出一种组织环境，鼓励所有的成员自我发展，实现自己选择的目标和愿景。

2）改善心智模式。心智模式是一个看待旧有事物而形成的特定的思维模式。心智模式一旦形成，将使人自觉或不自觉地从某个固定的角度去认识和思考发生的问题，并用习惯的方式予以解决。这在一个急剧变动的社会中会影响人们看待新事物，并采取正确的行动。

3）建立共同愿景。共同愿景是被组织成员共同认可、向往、渴望的愿望和景象。建立共同愿景包含了四个要素：愿景、价值观、目的和使命、目标。它要求组织的全体成员拥有一个共同的目标、价值观与使命感，把大家凝聚在一起，为了实现大家衷心渴望的目标，而主动地认真努力学习、追求卓越。

4）团队学习。团队学习是发展团队成员整体搭配与实现共同目标能力的过程。当团体真正在学习的时候，不仅整体产生出色的成果，成员成长的速度也比其他的学习方式更快。学习型组织的团队学习被称为"深度会谈"，它使每个人都能摊开心中的假设，以多样的观点探讨复杂的难题，并自由交换想法，从而获得共同提高。

5）系统思考。系统思考是一种试图看见整体的思考方式，要求运用系统的观点看待组织的发展。它引导人们从局部到纵观整体，从看事物的表面到洞察其背后的结构，以及从静态的分析到认识各种因素的相互影响，进而寻找一种动态的平衡。

杨百寅认为，要建立学习型组织，前提是企业要对三类知识进行盘点：第一类是显性知识，包括专利、发明成果、战略与制度；第二类是隐性知识（感性知识），譬如对市场的认识、把握消费者的能力等；第三类是活性知识，即企业的核心价值观，以及建立在价值观之上的企业愿景（理想）。在清楚了企业现有知识的基础上，首先要建立企业的核心价值观和核心文化，形成大家共享的愿景。其次建立制度与系统，使组织及组织成员源源不断地从这个系统中汲取以理性知识为主的知识；还要鼓励创新与探索，鼓励冒险，允许失败，这是获得感性知识的途径。最后要注意三个层面相互的交流。这样才能建立一个组织学习的完善的体系。

# 第三节　培训与开发的理论和方法

培训与开发活动需要在一定的理论指导下进行，以便取得满意的效果。主要的培训与开发理论有学习原理、学习规律、学习曲线和学习立方体等理论。

## 一、培训与开发原理

培训也是一种学习，培训与开发原理主要表现在学习目标确立、行为示范、事实材料、学习者的实践和效果反馈等方面。

学习目标的确立。目标设置理论认为个人有意识的目标规范着他的行为方式，强化受训者学习动机的有效途径是确立目标。

发挥榜样的作用。榜样行为是理想和恰当的行为模式。在员工培训中，如果树立的榜样在背景方面与受训者相近，榜样的关键行为被描述得清楚详细，榜样行为能够反复示范和被受训者模仿，通常会取得较好的学习效果。

事实材料的意义。使用受训者熟悉的事实材料和例子，容易被理解和接受，能够使受训者产生丰富联想，也有助于学习效果的提高。

亲身实践促进学习。只有充分实践才能使员工所学内容成为自己的技能和自然反应。

通过反馈促进学习。员工应该在其行为发生后及时知道后果，使其能够将行为与结果二者紧密地联系起来。反馈重点是告诉受训者何时何地以何种正确方式完成了何种工作。

## 二、培训与开发原则

以具体的原则来指导培训与开发，可以帮助企业达到预期的目标。这些原则包括：培训必须适应企业需求；把培训作为一种有效的激励手段；根据员工的差异性进行分别培训；强化培训效果。

## 三、学习规律、学习曲线与学习立方体

### （一）学习规律

从总体上说，成人学习一般要遵循这样的规律：第一阶段，激发起对过去经历的回忆，让学习者想想自己以前做了些什么，是在什么情况下运用什么方法做的；第二阶段，启发学习者对这些经历进行反思，检讨这些经历的成功与失败之所在，看看他们以前做得怎么样；第三阶段，引导他们着力去发现他们自己还缺少哪些引导成功的理论、方法和工具，即确定他们自己应该学习些什么，即所谓明确学习目标；第四阶段，进入学习理论、技巧、方法和工具的过程；第五阶段，将新学的内容进行类比运用，包括练习、实验、写学习报告或论文等。实际的学习，需经上述五个阶段的不断循环、提高才能实现。

### （二）学习曲线与三维学习立方体

在学习过程中，由于学习对象在个人能力、学习动机和学习习惯等方面的差异，学习的效果因人而异。但是学习者的整个学习过程具有明显的共性，这就是所谓的学习曲线描述的特征。在初期，学习者进步明显，但一段时间后就会出现学习效果停滞不前的现象；然后学习效果又呈现进步的态势，中间的这一停滞阶段被称为学习的高原平台现象。

# 四、培训与开发方法

根据学习立方体理论，可以将企业在新员工培训、常规培训、管理能力开发、组织开发等过程中使用的培训与开发方法进行如下分类。

## （一）低实践、低交往和低自主的培训与开发方法

低实践、低交往和低自主的培训与开发方法以单纯讲授法、讲座法、视听法、人格测评法、基准评价法等为主。这些方法尽管有各种缺陷，但对于以掌握知识和理论、深刻了解和反省自己为主要目标的培训项目，无论涉及哪个层次和哪一类别培训对象，都是非常有效的方法。

### 1. 讲授法

讲授法是最常见的培训方法，即教师指导、讲授知识，学员学习、记忆的方法。

### 2. 讲座法

讲座法是指培训者用语言表达其传授给受训者的内容，是一种单向沟通的方式。讲座的形式多种多样。

### 3. 视听法

视听法是利用幻灯、电影、录像、录音等视听教材进行培训。这种方法利用人体感觉去体会，比单纯讲授法和讲座法给人的印象更深刻。录像是最常用的培训方法之一，被广泛运用在提高员工沟通技能、面谈技能、客户服务技能等方面，但录像很少单独使用。

### 4. 人格测评法

人格测评法是在收集关于员工的行为、沟通方式及技能等方面信息的基础上，为其提供反馈的过程。通常用来衡量员工的管理潜能及评价现任管理人员的优缺点，也可用于确认向高级管理者晋升的管理者潜质，还可与团队方式结合使用来衡量团队成员的优势与不足及团队效率和交流方式。

迈尔斯 – 布里格斯类型指标（Myers–Briggs Type Indicator，MBTI）是当前比较流行的人格测评工具，近 20 年来在世界上广为使用。在美国，每年大约有 200 万人接受测试。它是在心理学家卡尔·尤恩（Carl Eun）的研究基础上发展起来的。尤恩认为个人行为的差异是由决策能力、人际交往和信息收集偏好所决定的。MBTI 是一个相当可靠的个性分类目录，它衡量个人在生活四个领域中的八个倾向性：个人性格（外向型或内向型）、信息收集

（感觉型或直觉型）、决策方式（思考型或感情型）、人际交往环境（判断型或观察型）。

1）内向和外向是对生活的两种态度。对外向型人来讲，基本刺激来自外部环境——外部的人或其他事物；对内向型人来讲，基本刺激来自内因——自身的思索与反省。

2）感觉和直觉是获取信息的不同方式。凭感觉的人倾向于通过视觉、听觉、触觉、味觉和嗅觉五种方式获取信息；凭直觉的人倾向于通过"第六感"或预感获取信息。

3）经思考与凭感情是制定决策的两种不同方式。善于思考的人通过逻辑分析和客观考虑做出决策；重感情的人倾向于根据个人、主观评价做出决策。

4）判断与观察是两种互补的生活方式。判断型的人更喜欢决定性的、有计划的、有组织的生活方式；观察型的人喜欢灵活的、能适应的、自发的生活方式。利用 MBTI 可以把工作任务和团队成员的个人兴趣相匹配，帮助队员理解彼此间所存在的兴趣会怎样导致问题的有效解决，以此促进团队的发展。

5. 基准评价法

基准评价法是经过专门设计用来衡量成为成功管理者所需具备的要素的工具。基准评价法中所衡量的要素是通过研究高级经理人员在其职业生涯中所遇到的各种关键事件给他们带来的经验教训的总结。这些要素包括衡量管理者同下属相处的能力、获取资源的能力和创造高效工作环境的能力。为了获得关于管理者技能的全面信息，管理者的上级、同事及其本人共同评价这一过程。最后，管理者可获得一份自我评价和他人评价的简要报告，并获得一份人员开发指南，向他们提供一些有助于强化每一种不同技能的经验及成功的管理者是如何运用这些技能的事例的。

## （二）高实践、高交往和高自主的培训与开发方法

高实践、高交往和高自主的培训与开发方法以商业游戏法、初级董事会、拓展训练、个案研究法等为主。这些方法对于以深刻理解和感悟管理真谛、提高管理实践能力、提高沟通和团队合作能力等为主要目标的培训项目，无论涉及哪个层次和哪一类别培训对象，都是非常有效的方法。

1. 商业游戏法

游戏法是充分发挥自己的想象力，观察、体会、理解与学习相关知识的

一种方法。商业通常是指受训者在一些仿照商业竞争规则的情境下收集信息并将其进行分析、做出决策的过程，它主要用于管理技能开发中。游戏采用团队方式，有利于打造有凝聚力的团队。

### 2. 初级董事会

初级董事会是将培训对象组成一个初级董事会，让他们对公司的经营策略、政策及措施进行讨论并提出建议，为培训对象提供分析公司现状和发展问题的一种培训方法。接受初级董事会培训的对象，一般都是公司现任的中级管理人员，也是公司未来高层管理人员的候选人。初级董事会一般由 10 人组成，公司让他们讨论和分析公司正式董事会要讨论的问题，让他们分享和积累公司正式董事会讨论制定决策问题的经验。

### 3. 拓展训练

拓展训练以培养合作意识与进取精神为宗旨，通过精心设计的空中跨越断桥、空中跳跃摸高、过电网、翻越高墙和动作完成后的回顾等活动，管理人员在解决问题、应对挑战的过程中达到"磨炼意志、陶冶情操、完善人格、熔炼团队"的目的，促进中高层管理人员尽快向职业化经理方向转化。

### 4. 个案研究法

个案研究法一般将实际发生过或正在发生的客观存在的真实情境，用一定视听媒介，如文字、录音、录像等描述出来，让受训者进行分析思考，学会诊断和解决问题及决策。它特别适用于开发高级智力技能，如分析、综合及评价能力。

## （三）以高交往为主的培训与开发方法

当培训与开发的目标是提高被培训者在互动中管理自己情绪和管理别人情绪的能力，提高感受别人需求、增强团队信任等情感管理能力时，采用以高交往为主要特征的培训与开发方法比较有效，如敏感性训练小组、导师指导法、教练辅导法等。

### 1. 敏感性训练小组

敏感性训练小组是组织开发中应用最广泛的技术之一。由 12 人以下组成一个小组，每组配一位观察员，通过专业的培训师来引导小组成员进行坦率讨论，并将成员的洞察力集中到自己的行为上。其目的是使员工能够更有效地分析自己和其他人的行为，改善人际关系技能，有效解决人与人之间、团队之间的问题。

2. 导师指导法

导师是指企业中富有经验的、生产效率高的资深员工，他们负有开发经验不足的员工的责任。大多数的导师关系是基于导师和受助者共同兴趣或共同的价值观而形成的。有研究表明，具有某些个性特征的员工更有可能去寻找导师并能得到导师的赏识。企业可将成功的高级员工和缺乏工作经验的员工安排在一起工作，形成导师关系。

3. 教练辅导法

教练就是同员工一起工作的同事或经理。教练辅导法是一种由管理人员与教练进行的一对一的培训方式。教练可鼓励员工、帮助其开发技能，并能提供激励和工作反馈。教练一般可扮演三种角色：第一种角色是为员工提供一对一的训练（提供反馈）；第二种角色是帮助员工自我学习，包括帮助员工找到能协助其解决他们所关心问题的专家，以及教导员工如何从他人那里获得信息反馈；第三种角色是向员工提供通过导师指导、培训课程或工作实践等途径无法获得的其他资源。

## （四）以高实践为主的培训与开发方法

以提高管理技能和技术操作技能为培训目标的项目，在培训方法选择上应侧重使用以高实践性为主的方法，如行动学习法、情景模拟法、角色扮演法、行为塑造法等。

1. 行动学习法

行动学习是指给团队或工作群体一个实际工作中面临的问题，让他们合作解决并制订一个行动计划，然后由他们负责实施这一计划的培训方法。行动学习的群体一般由 6～30 人构成，成员的构成可以是同部门的，也可以是跨部门的，还可以包括客户和分销商等，具体人员构成根据任务要求而定。行动学习与成人学习原理密切相关。当培训内容与其实际工作情景越接近时，培训的效果就越好。这种学习法通常是在学员学习新方法、新技能时给予他们一个工作中的实际问题去解决。由于这个问题的真实性，学员比一般情景模拟状态下更容易投入学习，而学员在问题解决过程中运用新方法的能力也可成为培训效果评估的重要组成部分。

2. 情景模拟法

情景模拟法是一种代表现实中真实生活情况的培训方法，受训者的决策结果可反映如果其在被"模拟"的工作岗位上工作会发生的真实情况。该方法常被用来传授生产和加工技能及管理和人际关系技能。模拟环境必须与实际的工作环境有相同的构成要素。模拟的环境可通过模拟器仿真模拟，模拟器是员工在工作中所使用的实际设备的复制品。该方法培训的有效性关键在于模拟器对受训者在实际工作中使用设备时遇到的情形的仿真程度，即模拟器应与工作环境的因素相同，其反应也要与设备在受训者给定的条件下的反应完全一致。

3. 角色扮演法

角色扮演法是设定一个最接近现状的培训环境，制定受训者扮演角色，借助角色的演练来理解角色的内容，从而提高积极地面对现实和解决问题的能力。利用角色扮演对员工进行培训与开发，应注意以下问题。

在角色扮演之前向受训者说明活动目的，使其感到活动的意义，从而更愿意去学习。

培训者还需要说明角色扮演的方法、各种角色的情况及活动的时间安排。

在活动时间内，培训者要监管活动的进程、受训者的感情投入及各小组的关注焦点。

在培训结束时，应向受训者提问，以帮助受训者理解这次活动经历。

4. 行为塑造法

行为塑造法是指向受训者提供一个演示关键行为的模型，并给他们提供实践的机会。该方法基于社会学习理论，适于学习某一种技能或行为，不太适合于事实信息的学习。有效的行为塑造培训包括四个重要的步骤。

第一，明确关键行为。关键行为是指完成一项任务所必需的一组行为。确定关键行为的方法，主要是通过确认完成某项任务所需要和所使用的技能和行为方式。

第二，设计示范演示。播放录像和使用计算机，为受训者提供一组关键行为。示范演示的特点是：能清楚地展示关键行为；示范者对受训者来说是可信的；提供关键行为的解释与说明；向受训者说明示范者采用的行为与关键行为之间的关系；提供正确使用与错误使用关键行为的模式比较。

第三，提供实践机会。即让受训者演练并思考关键行为，将受训者置于必须使用关键行为的情境中，并向其提供反馈意见。如果条件允许还可以利用录像将实践过程录制下来，再向受训者展示自己模拟正确的行为及应如何改进自己的行为。

第四，应用规划。可以让受训者制定一份合约，承诺在工作中应用关键行为，培训者应观察受训者是否履行了合约，以促进培训成果的转化。

## （五）以高自主为特征的培训与开发方法

当被培训者难以抽出集中时间到指定地点参加培训而培训内容又适合自我学习时，就可以采用高自主性的培训与开发方法，让被培训者自主安排自己的培训时间和进度等。交互式视频法、互联网培训法、计划性指导、远程学习法等，在一定程度上都能满足这样的需求。

### 1. 交互式视频法

交互式视频是以计算机为基础，综合文本、图表、动画及录像等视听手段培训员工的方法。它通过与计算机主键盘相连的监控器，让受训者以一对一的方式接受指导，进行互动性学习。受训者可以用键盘或触摸监视器屏幕的方式与培训程序进行互动。培训项目的内容可以存储在影碟或可读式光碟上。交互式视频法的优点是受训者完全自我控制或选择学习内容、学习的进度；培训内容具有连续性，能实现自我导向和自定进度的培训指导；内置的指导系统可以促进员工学习，提供及时的信息反馈和指导；通过在线服务，能监控受训者的绩效，受训者也可以自己得到绩效反馈。

### 2. 互联网培训法

互联网是一种广泛使用的通信工具，是一种快速、廉价收发信息的方法，也是一种获取和分配资源的方式。互联网培训主要是指通过公共的或私有的计算机网络来传递，并通过浏览器来展示培训内容的一种培训方式。

### 3. 计划性指导

计划性指导是以书面材料或计算机提供阶段性信息，受训者自觉学习，并回答相关问题，在得到反馈并掌握所有问题后才能进入下一阶段的培训方法。

### 4. 远程学习法

远程学习通常被一些在地域上较为分散的企业用来向员工提供关于新产品、企业政策或程序、技能培训及专家讲座等方面的信息。远程学习包括电话会议、电视会议、电子文件会议，以及利用个人计算机进行培训。培训课程的教材和讲解可通过因特网或者一张可读光盘分发给受训者，受训者与培训者可利用电子邮件、电子留言板或电子会议系统进行交互联系。

# 第四节　培训与开发系统及流程

有效的培训与开发系统是培训与开发成功的重要保障。培训与开发系统包括培训需求分析，培训目标的确定，培训计划的制订、实施与控制，培训与开发效果评估等几个环节。

## 一、培训需求分析

培训需求分析是指在规划与设计每项培训活动之前，由培训部门、主管人员、工作人员等采用各种方法与技术，对各种组织及其成员的目标、知识、技能等方面进行系统的鉴别与分析，以确定是否需要培训及培训内容的过程。对于组织而言，培训需求分析既是确定培训目标、设计培训规划的前提，也是进行培训评估的基础。

### （一）产生需求的原因

1）企业经营方向的变化。当企业经营战略和经营方向发生变化后，其环境和条件也会发生变化，企业对每一个员工的要求也会发生变化，为适应这些变化，会产生培训需求。

2）工作环境和岗位的变化。企业在发展过程中经常有引进新设备、新技术或新工艺的情况，为了使员工更快更好地适应新的需求，企业也可以适当地安排一些培训。

3）企业人员变化。企业内部员工流动和外部人才引入，都会产生相应的知识、技能需求，这些可以通过培训来满足。

4）企业绩效低下。如果绩效低下是由于员工的岗位知识、技能等因素造成的，可以通过培训来提高。

### （二）需求分析的内容

在明确了培训需求分析的原因和作用以后，具体的分析要从组织、任务和人员三个方面进行。

1.组织分析

首先，从战略发展高度预测企业未来在技术、市场及组织结构上可能发生什么变化，对人力资源数量和质量的需求状况有什么变化，在此基础上确定适应企业发展需要的员工能力。企业在不同的生命周期，其特点和所对应的战略重点和培训特点也是有所不同的。

2. 任务分析

任务分析的结果是有关工作活动的详细描述，包括员工执行任务和完成任务所需的知识、技术和能力的描述。培训需求的任务分析主要从以下几个方面展开。

1）任务的复杂程度，即工作任务对思维的要求，是抽象性还是形象性或者兼而有之，是需要更多的创造性思维还是要按照有关的标准严格执行等。

2）任务的饱和程度，即指工作任务量的大小及所消耗的时间长短等。例如，行政部门的工作任务大多是琐碎而繁杂的，但是时间相对固定，而技术开发部门的工作具体而复杂，时间弹性大。如果对这两个部门的员工进行培训，其培训内容自然就不同。

3）任务内容和形式的变化。随着公司经营战略和业务的不断发展，有些部门的任务内容和形式的变化较大，而有些部门变化则较小。例如，市场部的工作会随着公司业务发展迅速变化，而财务部门的工作则变化较小。对于未来所发生的任务变化应有一定前瞻或预测。

4）任务分析的不同目的。一般任务分析的主要目的是使员工能够很快了解一项任务的性质、范围和内容，并作为进一步分析的基础。而特殊任务分析是以任务清单中的每一单元为基础的，针对各单元详细分析并记录其工作细节、标准和所需的知识技能。

3. 人员分析

通过人员分析，确定哪些人需要培训及需要何种培训。一般是对照工作绩效标准，分析员工目前的绩效水平，找出员工现状与标准的差距，以确定培训对象及其培训内容和培训后应达到的效果。培训对象一般有三种：担任某一职务的组织成员、以后将担任某一特定职务的组织成员、以后将担任某一特定职务的非组织成员（如公司的见习人员等）。企业的培训通常在前两种对象中展开。人员分析主要从以下角度进行。

1）员工知识结构分析。在对公司员工的知识结构进行分析时，一般从文化教育水平、职业教育培训和专项短期培训三个方面进行。

2）员工专业分析。进行专业结构分析主要应解答以下问题：有多少员工在从事和自己专业对口或不对口的工作，有多少员工在从事自己喜欢或不喜欢的工作，有多少员工认为自己有必要换岗位并认为这样会有更大的能力发挥余地。

（3）员工年龄结构分析。培训是一种投资，员工的年龄越小，企业预期的投资回收期也就越长。同时，年龄的大小和个人的接受能力有着非常直接的关系。因此，在进行培训需求分析时应考虑合理的年龄搭配，并以此决定岗位的培训内容。

4）员工个性分析。员工个性分析主要是明确这样的问题：某一岗位的工作特点要求任职者相应的个性。例如，马虎大意、易激动、情绪变化大、持久力不够等个性特点，在一定程度上不适合要求稳重、细心和耐心的财务工作。

5）员工能力分析。员工能力分析的目的在于分析员工实际拥有的能力与完成工作所需要的能力之间的差距。

# 二、培训目标的确定

培训目标是指培训与开发活动的目的和预期成果。目标可以针对每一培训阶段设置，也可以面向整个培训与开发计划来设定。

培训目标一般包括三方面的内容：一是说明员工应该做什么；二是阐明可被接受的绩效水平；三是受训者完成制定学习成果的条件。

培训目标的确定应把握以下原则：一是使每项任务均有一项工作表现目标，让受训者了解受训后所达到的要求，具有可操作性；二是目标应针对具体的工作任务，要明确；三是目标应符合企业的发展目标。

# 三、培训计划的制订、实施与控制

在培训的实施阶段，企业要完成两项工作：制订培训计划、培训计划的实施与控制。从培训工作的系统来看，培训的成功与员工培训计划的制订与实施有很大关系。

## （一）制订培训计划

培训计划是根据企业的近、中、远期发展目标，对企业员工培训需求进行预测，然后制定培训活动方案的过程。

1.培训计划的内容

（1）制订培训计划应该考虑的问题

培训计划主要需要考虑以下几个方面的问题：为什么要进行培训（Why）？培训的内容是什么（What）？培训的负责人与培训者是谁（Who）？

培训的对象是什么人（Whom）？ 培训的具体时间及所需时间长度（When）？
培训场所与设施（Where）？ 如何进行培训（How）？

（2）培训计划的主要内容

一般来说，培训计划的主要内容如表 5-1 所示。

表 5-1　培训计划的主要内容

| 培训计划的项目 | 主要内容 |
| --- | --- |
| 目的 | 培训计划要达到的目的和要解决的问题 |
| 原则 | 制订和实施培训计划时的原则或规则 |
| 培训需求 | 与要求或标准存在差距，需要弥补的地方 |
| 培训目标 | 培训计划中的培训项目需要达到的目标或结果 |
| 培训对象 | 接受培训的人是谁，在什么岗位上，学历、经验和技能状况如何 |
| 培训内容 | 培训计划中每个培训项目的培训内容是什么 |
| 培训材料 | 教材与学习材料的选择，能否符合学员实际，提供足够信息 |
| 培训时间 | 包括培训计划的执行期或有效期、培训计划中每一个培训项目的实施时间或培训时间，以及培训计划中每一个培训项目的培训周期或课时 |
| 培训地点 | 包括每个培训项目实施的地点和实施每个培训项目时的集合地点或召集地点 |
| 培训形式和方式 | 确定所采用的是外派还是内部组织培训，是外聘还是内聘教师，是半脱产、脱产还是业余培训等 |
| 培训教师 | 培训计划中每个项目的培训教师由谁来担任 |
| 培训组织人 | 包括培训计划或培训计划中每个培训项目的执行人或实施人 |
| 考评方式：封闭式 | 采用笔试、面试还是操作方式进行。其中笔试又分为开卷和闭卷，试题类型又分为开放式和封闭式 |
| 计划变更或调整方式 | 计划变更或调整的程序及权限范围 |
| 培训费预算 | 包括整体计划的执行费用和每一个培训项目的执行或实施费用 |
| 签发人 | 本培训计划的审批人或签发人 |

2.培训计划的制订过程

培训计划制订的一般过程如图 5-1 所示。

制订培训计划必须兼顾企业具体的情况，如行业类型、企业规模、客户要求、技术发展水平与趋势、员工现有水平、政策法规、企业宗旨等，最关键因素之一是企业领导的管理价值观和对培训重要性的认识。

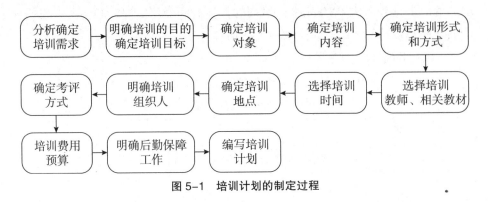

**图 5-1　培训计划的制定过程**

## （二）实施培训计划

培训计划的实施是员工培训系统的关键环节。在实施员工培训时，培训者要完成许多具体的工作任务。要保证培训的效果与质量，必须把握以下几个方面。

### 1.选择和准备培训场所

选择什么样的培训场地是确保培训成功的关键。首先，培训场地应具备交通便利、舒适、安静、独立而不受干扰，为受训者提供足够的自由活动空间等特点。其次，培训场地的布置应注意一些细节：检查空调系统及邻近房间、走廊和建筑物之外的噪声；场地的采光、灯光与培训的气氛协调；培训教室结构选择，便于受训者看、听和参与讨论；教室的灯光照明适当；墙壁及地面的颜色要协调，天花板的高度要适当；桌椅高度适当，椅子最好有轮子，可旋转便于移动等；教室电源插座设置的数量及距离也要适当，便于受训者使用；墙面、天花板、地面及桌椅反射或音响设备能保持合适的音响清晰度和音量。最后，注意座位的安排，即应根据学员之间及培训教室与学员之间的预期交流的特点来布置座位。一般地，扇形座位安排对培训十分有效，不仅便于受训者从任何角度进行观看，也便于受训者从倾听讲座转向分组实践，还便于教室里受训者相互交流。

### 2.描述课程

对于课程的描述包括有关培训项目的总体信息，主要包括培训课程名称、目标学员、课程目标、地点、时间、培训方法、预先准备的培训设备、培训教师名单及教材等，它是从培训需求分析中得到的。

### 3.课程计划

详细的课程计划包括培训期间的各种活动及其先后顺序和管理环节。它有助于保持培训活动的连贯性而不论培训教师是否发生变化；有助于确保培训教师和受训者了解课程和项目目标。课程计划包括课程名称、学习目的、报告的专题、目标听众、培训时间、培训教师的活动、学员活动和其他必要的活动。

### 4. 选择培训教师

企业培训教师是对个人综合素养和资历要求极高的职业，既要能将深厚的专业理论功底与丰富的实务经验相结合，又必须掌握高超的授课技巧，还应当具备多元化的资历。

培训师主要有三个来源：企业内部、外部培训机构和各高校的教师。来自企业内部的培训师的主要优点是熟悉企业，了解企业现状和需求；缺点是理论功底不够扎实。外部培训机构的培训师的主要优点是一般有相关的工作经验和授课经历，但不了解企业现状，理论功底也不够扎实。高校培训师的主要优点是理论功底扎实，授课经验丰富，但往往缺乏实践工作经验，对企业现状也不够了解。因此，企业应根据自身实际情况选择适当的培训师。

### 5. 选择培训教材

培训的教材一般由培训教师确定。教材有公开出版的、企业内部的、培训公司的及教师自编的 4 种。培训的教材应该是对教学内容的概括与总结，包括教学目标、联系、图表、数据及参考书等。

### 6. 确定培训时间

主要应确定合适的培训时间，如何时开始、何时结束、每个培训周期培训的时间等。

## （三）培训计划实施中各方面的责任

1）最高管理层。最高管理层应该提供支持的大环境，包括各个职能部门的协调、培训的制度化、培训的方向确定及公司的用人体制等。管理层的战略、承诺、支持、参与，对培训的效果将起到重要的作用。因此，管理层要尽力协助培训工作的正常进行，并在适当的时候参与培训过程。

2）人力资源部门。人力资源部门主要是制定或协助制定培训方案，并负责协调培训资源，使得培训计划实施过程的每一步都得到监控。

3）直属上司。直属上司在员工培训过程中要支持与鼓励员工积极参加培训，在员工培训结束后应该积极提供应用所学技术与知识的条件与环境，营造鼓励员工应用所学技术与知识的氛围。

4）培训者。广义的培训者既包括培训师，也包括培训管理者；狭义的培训者仅指培训师。培训者的主要责任是提供高质量的培训服务。培训师主要是直接与受训者接触并进行面对面的培训。培训管理者的主要责任是做好培训管理工作，并在事后对培训结果进行评估，总结经验教训。

5）员工个人。培训与开发是员工对企业的深层需求，培训的效果与员工的个人意愿密切相关。如果员工参与培训的意愿强，培训的效果可能更好。

# 四、培训与开发效果评估

通过对人力资源开发活动进行评估，可以认识和把握其满足组织需要的程度，及时矫正、改进和调整培训与开发战略及策略。因此，培训与开发效果评估是确定培训活动结果的价值或意义的过程。

人力资源开发评估的基本流程包括准备、评估数据收集、评估实施和报告等几个基本工作环节。

## （一）培训效果评估的目标

评估的目标一般包括：是否实现了培训项目的培训目标；评估人力资源开发过程中的优缺点；比较培训项目的成本与利润；衡量使用的培训方法是否有效；确定某个培训项目可否满足某种特殊需求；建立数据库以帮助管理层做出决定。

## （二）评价标准的确定

评价标准通常由评价内容、具体指标等构成。制定标准的具体步骤为：一是对评价目标进行分解；二是拟订出具体标准；三是组织有关人员讨论、审议，征求意见，加以确定；四是试行与修订。

## （三）评估方案设计

企业可以采用不同的评价设计方案来对培训项目进行评价，主要有以下几种。

1）小组培训前和培训后的比较，即将一组受训者与非受训者进行比较。对培训结果的信息要在培训之前和之后有针对性地进行收集。如果受训者组的绩效改进大于对比小组，则培训有效。

2）参训者的预先测验。它是让受训者在接受培训之前先进行一次相关的测试，即实验性测试。一方面受训人员在接受培训之前受到一次培训，以更好地引导培训的侧重点，另一方面也可对培训效果进行评价。

3）培训后测试。即需要收集培训的结果信息，检查目标达成情况、效果效益综合、培训工作者绩效。如果评价设计中找到对比小组，操作则更方便。

4）时间序列分析。即利用时间序列的方法收集培训前、后的信息，以此来判断培训的结果。它经常被用于评价会随着时间发生变化的一些可观察的结果（如事故率、生产率及缺勤率等）。

## （四）评估计划

评估计划应该是整个人力资源开发计划的一个有机组成部分。也就是说，在进行人力资源开发之前制订整个项目或活动计划时，就应该根据人力资源开发项目或活动目标制订出明确具体的评估计划来。制订评估计划要提出和回答如下几个基本问题。

究竟为了什么进行评估？经济上的可行性如何？

应该重点对人力资源开发的哪些层面进行评估？

由谁主持和参与评估？

如何收集和整理评估所需要的数据和信息？

具体怎样实施评估？

向谁及以什么方式呈报评估结果？

## （五）数据收集

做好计划安排后，接下来的工作就是进行数据收集和整理。

如何在特定的时间和预算约束下选择适宜方法，诸如问询调查、在职观察、实验测评、访问面谈、情景模拟、目标检测、行动计划、绩效合同等，收集和整理有关评估数据，是决定整个评估成败的关键环节。第一，要在培训与开发实施过程中随时收集和整理有关事实情况的状态数据，以便及时进行直接反馈和进度监控，不断调整和改进人力资源开发工作方法，以保证任务按时顺利完成。第二，在项目活动结束后，要收集有关综合结果数据，包括产出增加、质量改进及成本和时间节约等"硬数据"，也包括工作态度和习惯改变、组织氛围和环境改善，以及创新能力、主动进取心和客户满意度提高等"软数据"。

## （六）实施评估

数据收集和整理工作完成后，就进入实质性的评估实施阶段，这一阶段可以大致划分为培训与开发效果评估和投资收益分析两个基本内容。培训与开发效果评估的常用方法是柯克帕特里克四级评估。该方法从反应、学习、行为和结果出发，进行四个级别的评估。李宝元教授在以上原理的基础上，更为具体地将培训与开发效果评估分为：情感反应效果评估、学习认知效果评估、行为技能效果评估和经营业绩效果评估。

1. 情感反应效果评估

情感反应效果评估是通过问卷、访谈等调查方式了解有关当事人对人力资源开发项目或活动的情感反应情况，包括学习动机、态度，以及对开发人员、设施和项目及其实际价值等所持的意见或建议。

2. 学习认知效果评估

学习认知效果评估，就是被培训者对接受培训的新知识、新技能、新流程、新工具、新方法和新技术等的接受程度。一般采取正式测试（如闭卷考试、对照实验、开卷测验等）的方式来检核参与者对有关知识原理、技术程序和操作方法等的学习掌握情况。

3. 行为技能效果评估

行为技能效果评估，是事后考察某项培训与开发项目或活动对被培训者行为和技能的改变程度。这种评估一般采取直接观察法或情景模拟法等方式来进行，其评估的侧重点是有关当事人将学习掌握的知识或技术应用到实际工作中所产生的行为技能改善情况。行为技能效果评估最常见的数据收集方法包括问卷、访谈、核心组、观察和行动计划等。

4. 经营业绩效果评估

经营业绩效果评估，即检测人力资源开发项目或活动对组织效率、服务质量和经营业绩所产生的综合影响。这一层级典型的评估内容包括产出、质量、成本、时间及客户满意度等。

培训与开发投资收益分析的关键工作是如何将有关数据转化为货币价值。首先需要将人力资源开发所带来的经营效果数据转化为用货币计量的收益价值，以便与人力资本投资成本相比较。例如，将结果数据转化为利润贡献或成本结余，将员工节约时间转化为工资和福利值，由内外部专家估计或外部数据库提供某些数据项的大约价值或成本等。其次要制作成本表，需监控或检核与人力资源开发有关的投资成本，包括可初步需求分析成本、开发方案设计成本、项目执行和实施成本、维持监控成本、评估报告成本及分摊的行政管理成本等。最后，将成本与收益比较，核算出人力资源开发的"利润／成本比率"指标或"投资收益率"指标。

### （七）评估反馈

培训效果评估工作做得好或坏直接影响企业培训工作的质量，通过评估可以不断总结经验，发现问题，从而达到预期目的。在进行评估结果反馈时，通常要注意以下内容：培训内容是否按原计划顺利完成；受训者实际接受程度如何，是否对实际工作有指导意义；培训后受训者有哪些变化；培训讲师授课水平怎样；培训教材质量如何；培训时间、场地是否适宜；培训投资与收益的分析；培训中成功与失败之处，还需做何改进。

### （八）撰写评估报告

人力资源培训与开发效果和收益状况要以正式报告的书面文件形式表达出来，并将之传达或提交给有关部门或目标受众。一份完整的培训与开发评估报告应该包括如下内容：前言，说明评估的目的和性质等背景情况；摘要，将报告的主要结论和关键内容做简明扼要的概括介绍，以便阅读和引起注意；评估说明，简略介绍评估的具体实施过程、主要内容、所用计量工具和方法，以及阶段性成果等；评估结果说明，介绍和描述评估的结论；评价意见，对评估结果提出解释性和方向性的评论意见；辅助材料，将评估的有关数据图表、问卷资料等附于报告后面，以备有关目标受众查寻。

# 第五节　职业生涯规划

为了留住和激励员工，公司需要建立一种能够确认及满足雇员的开发需要的系统。这一点对于留住那些高绩效者及具有承担管理职位潜力的员工来说显得尤为重要。该系统就是通常所说的职业管理或开发规划系统。

## 一、职业理论

职业是指个人在社会中所从事的并以其为主要生活来源的工作。职业一词与工作联系紧密，应用十分广泛，一个人选择了一种职业就要参与一定的工作。

## （一）舒伯的职业发展阶段理论

舒伯认为，每个人都有一个职业周期，要经过几个发展阶段。职业发展的本质就是人们的自我概念与外界环境的现实合为一体的过程，而驱动这一过程的根本动机就是人们自我概念的实现与完成。据此，他把一个人可能经历的主要职业过程分为五个阶段。

1. 成长阶段（Growth Stage）（0～14 岁）

在成长阶段，个人通过对家庭成员、朋友、教师的认同及与他们之间的相互作用，逐步建立起了自我的概念。在这一阶段的一开始，角色扮演是极为重要的。在这一时期，儿童将尝试各种不同的行为方式，这将帮助他们建立起一个独特的自我概念或个性。这一阶段即将结束时，已经形成对自身兴趣和能力基本看法的进入青春期的少年开始对可能选择的职业进行现实性的思考。

2. 探索阶段（Exploration Stage）（15～24 岁）

在探索阶段，人们将认真地探索各种可能的职业选择。他们试图将自己的职业选择与他们对职业的了解，以及通过学校教育、休闲活动和业余工作等途径所获得的个人兴趣和能力匹配起来。这一阶段初期，他们往往做出带有试验性质的较为宽泛的职业选择，随着个人对所选的职业及对自我的进一步了解，这种最初的选择往往会被重新界定。这一阶段结束时，一个看上去比较恰当的职业就已经被选定，他们已经做好了开始工作的准备。

3. 确立阶段（Establishment Stage）（25～44 岁）

确立阶段是大多数人工作生命周期的核心部分。在这一期间，个人找到合适的职业并全力以赴地投入有助于自己在此职业中取得永久发展的各种活动中。

4. 维持阶段（Maintenance Stage）（45～65 岁）

在维持阶段，人们一般都已经在自己的工作领域中为自己创立了一席之地，他们的主要精力用在保持这一位置上。

5. 衰退阶段（Decline Stage）（65 岁以后）

在衰退阶段，人的身心状况逐渐衰弱退化，达到退休年龄，原来的工作停止，进而发展新的角色，学会适应退休生活，成为年轻人的良师益友。

### （二）施恩的职业锚理论

所谓职业锚，即职业生涯主线或主导价值取向，也就是当一个人不得不做出选择的时候，无论如何都不会放弃的核心职业价值观，是人们职业选择和发展所围绕的中心。职业锚实质上是根据一个人所有职业性向、工作经历、兴趣爱好、关键事件等信息汇集合成的一种带规律性的职业生涯模式，以此告诉人们哪些是其职业生涯中最重要的东西，以作为今后职业发展的参照。

施恩在对麻省理工学院斯隆研究院毕业生案例进行研究的基础上，提出了五种基本职业锚。

#### 1. 技术职能型职业锚

这类人在职业选择和抉择时，倾向于那些能够保证自己在既定技术或职能领域不断发展的职业，如科学研究、工程技术、财务分析、营销系统等。虽然他们在职业生涯中也涉及一些管理职责，但他们在内心深处看不起或惧怕全面管理工作，职能性管理工作只是其所锚定的技能性职业的辅助手段或职业进步的阶梯。

#### 2. 管理权威型职业锚

这些人通常具有成为管理者和获取权威的强烈动机，他们的职业经历使得他们相信自己具备被提升到总经理职位上所必不可少的能力及价值观，通向承担较高职责、进行更全面管理的经理职位是他们的根本职业目标。

他们自以为具备以下三方面能力：分析能力，即在信息不完全及不确定的情况下发现问题、分析问题、解决问题的能力，它要求对环境敏感，能评估信息的有效性，能把信息置入有用的分析框架和概念中，财务分析、营销、信息管理、工程技术等都需要这种能力。人际能力，即在各种层次上影响、监督、领导、操纵、控制他人，从而富有成效地实现组织目标的能力，具体包括向别人清晰表达自己观点的能力、启发别人应付问题的动机、监督解决问题的过程、主持会议的技巧、处理冲突的能力、对不属直接支配权限的同事和上司施加影响的能力、对组织外人员的影响力等。情感能力，即驾驭情感，能为人际情感危机所激励而不会受其困扰或影响，在较高的责任压力下不会变得无所作为、软弱无力，以及能使用权术而不感到内疚或羞怯的人。被技术职能型职业锚害怕或鄙视的"拉帮结派"事件，在管理权威型职业锚的人看来却是够"刺激"，是可以"露一手"的机会。

这三种能力的有机结合是全面管理职业成功的关键。只具有很强的分析能力的人可以在组织中扮演出色的参谋角色；如果将分析能力与人际能力结合，乐意与他人共事，则可以提升为高级的职能管理角色；善于处理人际关系，分析能力较弱的人在较低层次的生产线管理工作中更易获得成功。只有三种能力都同时具备的人才能升到总经理的位置。

### 3. 变革创新型职业锚

这类人大多具有企业家人力资本特性，拥有把握自己命运、要求有自主权来施展自己特殊才干的创造或创新能力。他们一般具有建立或创设某种完全属于自己的东西或杰作的行为倾向，如一件以其姓名命名的产品或工艺、一家他们自己的公司或一笔反映他们商业成就的个人财富等。

### 4. 独立自主型职业锚

拥有这种职业锚的人在选择职业时似乎是被一种自己决定自己命运的需要所驱使，他们希望摆脱那种因在大企业工作时在提升、工作调动、薪金等诸多方面都难免要受人摆布、依赖别人的境况。其中许多人还有着强烈的技术职能倾向，但他们却不像技术职能型职业锚的人那样，到某一企业中去追求这种职业导向，而是决定成为一位咨询专家，要么自己独立工作，要么是作为一个小企业的合伙人来从事技能性的工作。其他一些人则成了工商管理方面的教授、自由撰稿人或小型零售公司的所有者。

### 5. 安全稳定型职业锚

还有一类人极为重视长期的职业稳定和工作的保障性，他们比较愿意从事的工作或职业是一般能提供丰厚的薪酬收入、体面的工作职位及可靠的未来生活保障。这种可靠的未来生活通常是由良好的退休计划和较好的退休金来保证的。安全稳定型职业锚又分为地理安全型和组织安全型两大类：对地理安全型的人来说，如果让其追求更为优越的职业，但是意味着使他举家搬迁到一个陌生而不熟悉的城市，他们宁愿放弃这种选择，因为他们会觉得在一个熟悉的环境中维持一种稳定的、有保障的职业对他们更为重要；而对于组织安全型的人，更看中的则是所依托的组织的安全性，他们可能优先选择到政府机关工作。

## （三）麦柯比的职业风格特征理论

美国心理学家麦柯比（M.Maccoby）在对数百位北美高科技大公司高、中及基层管理人员进行为期六年的深入调查后，认为按职业风格的不同，组织中人员可划分为以下四种典型的类型。

第一，工匠型。他们是技术专家，热爱自己的专业，渴望发明创造，搞出新成果，有坚韧不拔和刻苦钻研的精神，是"工作狂"；但对行政性事物和职务不感兴趣，对人际关系不敏感，也不善于处理人际交往与矛盾；凡事总想求得最佳方案，不够现实；而且知识与思维都专而窄，广博则不足。

第二，斗士型。这类人领袖欲望强，渴望权力，想建立自己的势力"王国"；干劲十足，闯劲大，敢冒险，有魄力，但不能容忍别人分享权力，"一山不能容二虎"，只能他说了算。

第三，"企业人"型。管理者中其实这类人最多，他们忠实可靠，循规蹈矩，兢兢业业，只求稳妥，但保守怕变，革新性不强，进取心不高。

第四，赛手型。他们视人生为竞赛，渴望成为其中的优胜者；但他们不同于斗士型醉心于个人主宰，而只想当一个胜利集体中的明星；他们善于团结和鼓舞别人，乐于提携部下，但却并非是"老好人"，因为他们有强烈的进取心和成就欲。

从职业管理角度分析，认清具有这四种职业风格特征的人才之间的关系是十分重要的。"工匠"是有些书生气的"工作狂"，不断地想出新的革新主意，总希望调整既定计划和追加预算；但这需要闯过大量不愿改变既定之规、怕乱怕变的由"企业人"把持的中间职能岗位关。于是，"工匠"与"企业人"经常对立。然而"工匠"却无精力、兴趣和技巧去与这些"僵化的官僚"做斗争。为解决矛盾，他们常与"斗士"结盟。"斗士"知道"工匠"无政治野心，不会构成对自己的威胁，出色的科技成就还能为自己的山头增色，所以愿意接受"工匠"的投靠，并为他们提供保护，去和固执保守的"企业人"纠缠于追加预算，修改计划。"斗士"在几十年前曾出尽风头，称雄企业界，但据调查，当代成功的大公司领导多是"赛手"型特征明显的人物，中层职能领导多为听话可靠、老实本分的"企业人"所占据，而"工匠"往往聚集于工程技术与研究开发部门。

近年来，从人尽其才角度出发，美国人力资源专家斯泰勃倡导一种"动态人才使用论"，主张不应把干部固定而长期地安置在特定岗位上，尤其在要求产品更新换代迅速以加强市场竞争优势的现代，各类人才应在产品生命周期的不同阶段合理地调配使用。

在产品处于开发后期的"引进阶段"，项目组的领导岗位宜配置兼具"工匠"与"斗士"特点的干部，或以"斗士"为正职，"工匠"为副手，搭档使用；待产品已定型，"工匠"应调去充实其他正待科研开发的新产品项目组，留下"斗士"抢占市场地盘。在市场渐趋饱和，稳收利润的"成熟阶段"，让"企业人"来守业，稳妥可靠。直到原产品已进入"衰退阶段"，项目需关、停、并、转或出让他人时，"斗士"再次上阵，或讨价还价或收拾残局。至于"赛手"型人物，只宜委以特别重要项目的领导重任，着眼于栽培锻炼使之成未来统帅，不宜轻率使用，浪费人力。

# 二、个人特点与职业选择

在进行职业选择时，就主体因素而言，应主要考虑一个人的个性特点、气质类型、性格特征、个人能力。

## （一）个性特点与职业选择

个性又被称为人格，在心理学中个性是指一个人种种行为的心理活动的总和。

在人力资源管理中，所有对个性理论阐述中与职业相关的最重要的理论就是约翰·L.霍兰德的个性与职业匹配理论。它的理论假设有三个：个体之间在人格方面存在着本质差异；工作具有不同的类型；当个体人格类型与工作环境相协调一致时，会产生更高的工作满意度和更低的离职率。

霍兰德基于自己对职业类型测试的研究，一共发现了六种基本的人格类型。

1. 现实型（R）

个性特点：喜欢有规则的具体劳动，具备机械操作能力或体力，适合与机器、工具、动植物等具体事物打交道。

环境特点：要求明确的、具体的体力任务和操作技能，人际要求不高。

职业特点：熟练的手工和技术工作，运用手工工具或机器进行工作。

适应的职业：工程师、机械师、机械工、木工、电工、鱼类和野生动物专家。

2. 研究型（I）

个性特点：聪明、理性、好奇、精确、批评，具备从事观察、评价、推理等方面活动的能力，讲究科学性。

环境特点：要求具备思考和创造能力，社交要求不高。

职业特点：科学研究和实验工作，研究自然界、人类社会的构成和变化。

适应的职业：科研人员、科技工作者、实验员、数学家、化学家、物理学家、动植物学家、地质学者。

3. 艺术型（A）

个性特点：具有艺术性的、独创性的表达和直觉能力，理想化、有创意、不重视实际的个性特点，不喜欢硬性任务，情绪性强。

环境特点：通过语言、动作、色彩和形状来表达审美原则，单独工作。

职业特点：从事艺术创作。

适应的职业：作家、演员、记者、诗人、画家、作曲家、编剧、舞蹈家、音乐教师、雕刻、摄影艺术、室内装修、服装设计等。

4. 社会型（S）

个性特点：具有合作、友善、助人、负责、圆滑、善社交、善言谈、洞察力强的个性特征，喜欢与人打交道的活动，关心社会问题，有教导别人的能力。

环境特点：解释和修正人类行为，具备高水平的沟通技能，热情助人。

职业特点：通过命令、教育、培训、咨询等方式帮助人、教育人、服务人。

适应的职业：联络、外交工作者、教师、教育行政人员、导游、社会福利机构工作者、社会群众团体工作者、咨询人员、思想工作者、公关人员等。

5. 企业型（E）

个性特点：具有冒险、野心、独断、乐观、自信、精力充沛、善于社交等个性特征，喜欢从事领导及企业性质的工作。

环境特点：善作言行反映，有说服他人和管理能力，完成监督性角色。

职业特点：劝说他人、指派他人去做事请的工作。

适应的职业：企业家、厂长、各级领导者、管理者、政治家、政府官员、律师、推销员、批发商、零售商、调度员、广告宣传员等。

6. 传统型（C）

个性特点：注重细节，讲究精确，具有顺从、谨慎、保守、实际、稳重、有效率等个性特征，具备记录和归档能力。

环境特点：要求系统、常规的行为，具体体力要求低，人际技能低。

职业特点：一般指各种办公室、事物性工作。

适应的职业：会计、统计、出纳、办公室职员、行政助理、税务员、秘书、计算机操作员、打字员、成本核算员、速记员等。

更为重要的是，大多数人实际上都并非只有一种个性类型，也有许多人的个性中同时包含以上六种人格特性的几个方面。霍兰德认为，这些个性成分越相似或相容性越强，则一个人在选择职业时所面临的冲突和犹豫就会越少，一旦选择，成功的概率就非常高。

## （二）气质类型与职业选择

从心理学上说，气质即人们进行心理活动时或在行为方式上表现出来的强度、速度、稳定性和灵活性等动态的心理特征。它既表现在情绪上的快慢、情绪体验的强弱、情绪状态的稳定性及气质变化的幅度上，也表现在行为动作及语言的速度和灵活性上。

生理学家巴甫洛夫把人的气质分为四种：多血质、胆汁质、黏液质、抑郁质。

1. 多血质（活泼型）

多血质的心理特征属于敏捷而好动的类型。由于神经过程平衡且灵活性强，这种人更易于适应环境的变化，性情开朗、热情、喜闻乐道，善于交际；在群体中精神愉快，相处自然，常能机智地解脱困境；在工作和学习上肯动脑筋，常表现出机敏的工作能力和较高的办事效率；对外界事务有广泛的兴趣，充满自信，不安于循规蹈矩的工作，情绪多变，富于幻想，易于浮躁，时有轻诺寡信、见异思迁的表现，缺乏忍耐力和毅力。多血质气质类型的人适合从事与外界打交道、灵活多变、富有刺激性的工作，如外交、管理、记者、律师、驾驶员、运动员等。他们不太适合做过细的、单调的机械性工作。

2. 胆汁质（兴奋型）

胆汁质的心理特征属于兴奋而热烈的类型。其表现为有理想，有抱负，有独立见解。他们精力旺盛，行动迅速，行为果敢，表里如一；在语言上、面部表情和体态上都给人以热情直爽、善于交际的印象；不愿受人指挥而愿意指挥别人；一旦认准目标，就希望尽快实现，遇到困难也不折不挠，有魄力，敢负责，但往往比较粗心，容易感情用事，自治力差，性情急躁，主观任性，有时刚愎自用；由于神经过程的不平衡，工作带有明显的周期性，能以较大的热情投身于事业，一旦筋疲力尽，情绪顿时转化为沮丧而心灰意冷。胆汁质的人喜欢从事与人打交道，工作内容不断变化，环境不断转换并且热闹的职业，如导游、推销员、节目主持人、公共关系人员等。

3. 黏液质（安静型）

黏液质的心理特征属于缄默而安静的类型。由于神经过程平衡且灵活性低，反应较迟缓，无论环境如何变化，都能基本保持心理平衡；凡事力求稳妥，深思熟虑，一般不做无把握的事，具有很强的自我克制能力；外柔内刚，沉静多思，很少流露出内心的真情实感；与人交往时，态度持重适度，不卑不亢，不爱抛头露面或做空泛的清谈；行动缓慢而沉着，有板有眼，严格恪守既定的生活秩序和工作制度，心境平和，沉默少语；因此能够高质量地完成那些要求有坚忍不拔、埋头苦干的品质和长时间的集中注意力、有条不紊的工作。其不足之处是过于拘谨，不善于随机应变，常常墨守成规，故步自封。

4. 抑郁质（抑制型）

抑郁质的心理特征属于呆板而羞涩的类型，对事物敏感，精神上难以承受过大的神经紧张，常为微不足道的小事引起情绪波动。情绪体验的方式比较少，极少在外表流露自己的情感，但内心体验却相当深刻；沉静含蓄，感情专一，喜欢独处，交往拘束，性格孤僻，在友爱的集体里可能是一个很容易相处的人，对力所能及的工作认真完成，遇事三思而后行，求稳不求快，因而显得迟缓刻板；学习工作易疲倦，在困难面前怯懦、自卑、优柔寡断；遇事多疑，往往缺乏果断和信心。抑郁质的人在只需要一个人刻苦奋斗，不需要人际交往的学术、教育、研究、医学等内在要求慎重、细致、周密思考的职业领域往往有较好的发展，校对、打字、排版、检验员、化验员、登记员、保管员等工作也比较适合他们。

## （三）性格特征与职业选择

性格是人对现实的态度和行为方式中比较稳定的、独特的心理特征的总和。性格作为个性的一个方面，具有社会制约性，现实生活中的每个人都会意识到外界社会显示施加给他的影响，并对这种影响产生特定反应，从而形成自己的性格特征。

瑞士心理学家、精神病专家卡尔·古斯塔夫·荣格教授的性格学说，被学术界广泛的认可和接受。荣格首先把性格分为两种极端典型的类型。

1. 内倾（内向）型

这类人的特点是较多地考虑个人内在的感受和思想，却不太注意外在环境和受别人的影响；他们喜欢个人独处，勤奋工作，善于思考，谨慎认真，有主见，不盲从；但可能沉默寡言，不喜欢也不善于交往，在社交场合退缩回避，孤僻离群，对外界与他人不关心，不敏感，易造成误解。

这种性格的人比较适于从事与物（书籍、器械、工具、动植物、自然）打交道的专业技术性和操作实干性工作。在那些特别需要毅力的工作方面，他们发挥出色，而外向型职员在这种性质的工作面前往往容易半途而废。内向型员工适合从事要求细致性、严密性、规则性强和单纯重复的工作，如学者、研究人员、技师、文书、会计、计算机操作员、打字员及流水作业者。

2. 外倾（外向）型

这类人的特点是开朗坦率，热情大方，兴趣广泛；喜欢与人交往和倾谈，重视与环境及别人的协调与和谐；对周围事物的变化敏感而关心，重视行动，注重实效。其弱点是工作欠脚踏实地，深入细致；易冲动，情绪变化快，对重复性、常规性工作不够耐心和执着。

这种性格的人比较适于从事与人打交道，以集体为单位的工作，如涉外、谈判、服务、推销、宣传、教育等职业是他们的首要选择。

在实际生活与工作中，纯属于外向型或纯属于内项型的人并不多，大部分人属于混合型。因而，以上两种典型的性格类型不可能适用于每一个人。在实际的吻合过程中，应根据个人的性格与职业的要求，具体情况具体处理，不能一概而论。

在内向型与外向型基础上，荣格又把人的性格按精神机能加以分类。所谓精神机能，是指"在种种不同的条件下，原则上不变的精神的活动形式"。这四种精神机能如下。

（1）思考机能

思考机能即把事物概念化，并理论性地判断、理解事物的理智的机能。这类人通常凭逻辑和道理来做判断，冷静理智、客观公正，注重事物或想法而不关心人际关系；容易忽视别人情感，得罪他人而不自知，铁面无私，照章办事；被人认为是客观的、批判的、理性的、不讲情面的、心狠手辣的。这类人适合从事政治性、纪检监察性、医疗性工作。

（2）感情机能

感情机能是对事物进行价值判断的机能。与依据理论的理智判断不同，价值判断是一种接受或排斥的主观判断，如对一个异性具有而对其他异性所不具有的爱情就是一种价值判断。愤怒、喜悦、恐惧也是一样。感情机能较强的人喜欢凭个人感情做判断，富有同情心，重视别人情感，自己需要表扬，也爱取悦别人；讨厌争论和冲突，注重和谐，被人认为是有同情心的、理解人的，但往往对人和事物爱迁就，不批判，原则性不强。这类人较适合从事社会性、服务性、救助性工作。

（3）感觉机能

感觉机能就是通过感觉器官最直接地、具体地认知事物的能力。典型的感觉型人喜欢用自己的感知判断所发生的事实，对常规性细节很耐心，对精确的工作很擅长；爱用已经学会的技能而不怎么爱学新技能。他们感知事物是先把事实分解成一个个细节，再逐一研究。这类人被认为耐心、精确、实际、系统性强，但较沉闷，缺乏想象力，而且往往比较目光短浅。这类人比较适合从事事务性、流程性、操作性工作。

（4）直观机能

直观机能就是通过无意识的方式向我们传递知觉的机能。思考机能和感情机能是适应于理性的机能，因为这种机能发挥作用的前提是必须进行思考；而感觉机能和直观机能则是理性之外的机能，它们是以直接感觉表现事物的图像为特点的，所以是非理性机能。所谓合理性，就是规定概念、判断善恶、评价美丑、喜好和讨厌；所谓非合理性，并不意味着反理性，它不参照法则、体系、价值观进行判断和评价，而是从本能上迅速地接受出现的事物。直观机能较强的人适合从事与艺术、音乐、影视、鉴赏有关的工作。

从理论上说，以上四种机能在每个人身上都会有不同程度的体现，只不过这四种机能并不能均衡发展。一般情况是其中一种机能高度发达，而其他机能相对落后。这种高度发达的机能往往会成为个体进行职业选择时考虑的重要因素，并以此取得社会性成功的最为有效的机能。

## （四）个人能力与职业选择

能力分为一般能力和特殊能力：一般能力包括人的注意力、想象力、观察力、记忆力、思维能力等；特殊能力是指从事某项专业活动的能力，也可被称为一个人的特长，如计算能力、协调能力、表达能力、空间判断能力等。

### 1. 一般能力与职业选择

一般能力是指在不同种类的活动中表现出来的共同能力，包括观察能力（指对事物全面和细致的分析能力）、思维能力（指对事物的分析、综合、抽象和概括的能力）、想象能力（包括再选想象和创造想象）、记忆能力（对人类知识的积累能力，包括记忆的速度、准确性、巩固性和准备性等）等。

一般能力也可以通过智商（IQ）和情商（EQ）两个纬度去衡量。某些职业对从业者的智力水平有绝对的要求，智力在相当程度上决定了所要从事的事业的类型。例如，西方心理学中一般规定智商在140以上者为天才，研究表明这些人长大以后大多从事科学、文化方面的职业并取得很大成功。对一般职业而言，智力的制约作用虽不那么明显，但不同的职业对人的智力要求皆有一定的要求。某些职业需要从业者具有较高的智商，如律师、工程师、科研人员、大学教师等。智力测验表明，他们的智商（130左右）比平均值（100）高出许多，一般的管理人员和行政人员的智商110左右，智商低于平均值以下者，只能从事一些相对简单的工作。

情商也是一个人职业生涯是否取得成功的一个关键因素。据科学家最新研究发现，在人生事业成功的要素中，如果智商约占20%，情商就占80%

左右。更有人形象地说："靠智商上学，靠情商晋升。"要想实现自己的职业生涯目标，必须开发自己的情商。根据萨维、梅耶、戈尔曼的研究，情商主要包括：认识自己情绪的能力、妥善管理自己情绪的能力、认知他人情绪的能力、自我激励的能力和人际关系的协调能力。

2. 特殊能力与职业选择

特殊能力是指从事某项专业活动的能力，也可被称为一个人的特长。加拿大职业分类词典，将这种特殊能力分为十一个方面，下面介绍其中的八个主要方面，以供择业时参考。

（1）语言表达能力

语言表达能力是指对词及其含义的理解和使用能力，对词、句子、段落、篇章的理解能力，以及善于清楚而正确地表达自己的观点和向别人介绍信息的能力。简单地说，它包括语言文字的理解能力和口头表达能力。不同的职业对人的语言能力的要求也不同。例如，教师、营业员、服务员、护士、营销人员、谈判人员等职业必须具备较强的语言表达能力。

（2）算术能力

算术能力是指迅速而准确地运算的能力。大部分职业都要求工作者具备一定的算术能力，但不同的职业对人的算术能力要求的程度不同。例如，对于会计、出纳、统计、建筑师、药剂师等职业来说，工作者必须具有较强的计算能力。

（3）空间判断能力

空间判断能力是指能看懂几何图形、识别物体在空间运动中的联系，解决几何问题的能力。与图纸、工程、建筑打交道的工作，以及牙科医生、内科医生等职业，空间判断能力要求很高。对于裁缝、电工、木工、无线电修理工、机床工来说，也要求具备一定的空间判断能力。

（4）形态知觉能力

形态知觉能力是指对物体或图像的有关细节的知觉能力，如对于图形的阴暗、线的宽度和长度做出视觉的区别和比较。对于生物学家、建筑师、测量员、制图员、农业技术员、动植物技术员、医生、兽医、药剂师、画家来说，需要较强的形态知觉。

（5）事物能力

事物能力是指对文字或表格式材料细节的知觉能力，发现错字或正确校对数字的能力等。像设计、经济、记账、出纳、办公室、打字等工作，都必须具备一定的事物能力。

（6）动作协调能力

动作协调能力是指迅速、准确和协调地做出精确的动作和运动反应的能力。对于驾驶员、飞行员、牙科医生、外科医生、雕刻家、运动员、舞蹈家来说，这种能力显得尤为重要。

（7）手指灵活度

手指灵活度是指手指迅速、准确、和谐地操作小物体的能力。纺织工、打字员、裁缝、外科医生、护士、雕刻家、画家等，手指必须较一般人灵活。

（8）手指灵巧度

手指灵巧度是指灵巧而迅速地活动的能力，像体育运动员、舞蹈家、画家、兽医等，手必须能灵巧地活动。

一个人具备了一般能力和特殊能力，就为他从事个性职业提供了成功的保障。特殊能力是一般能力在活动中的具体化。同时，一个人的能力与他的知识积累和技能掌握情况有很大的关系：能力是掌握知识技能的必要前提；知识技能的不断积累也会促进能力的提高。

# 三、职业生涯规划概述

## （一）职业生涯规划的含义

美国生涯理论专家休珀（D.E.Super）认为，生涯是生活里各种事件的方向，是个人终其一生所扮演的角色的整个过程。它由三个方面构成：一是时间，即个人的年龄或生命的过程；二是广度或范围，指每个人一生所扮演的各种不同角色；三是深度，指个人的投入程度。

职业生涯，是指一个人遵循一定的道路或途径，去实现所选定的职业目标。从客观上说，它是由一个人一生所从事的所有职业构成的一个连续的、终身的过程；从主观上说，它也可以指一个人从开始走向工作到退休的整个职业态度、价值观、需求与激励的变化过程。

职业生涯规划，是指组织和员工个人对职业生涯进行设计、规划、执行、评估和反馈的一个综合性的过程。通过员工和组织的共同努力与合作，每个员工的生涯目标与组织发展目标一致，员工的发展与组织的发展相吻合。因此，职业生涯规划包括两个方面：一是员工自我管理，这是职业生涯是否成功的关键；二是组织协助员工规划其职业生涯发展，为员工提供实现生涯目标的各种机会。

### （二）职业生涯规划的要素与过程

从职业生涯发展的规律来看，虽然每个人都有各自独特的发展阶段与历程，但他们在做职业生涯管理时，却不可避免地要考虑一些必要的共同因素，这些因素被称为职业生涯要素。俗话说："知己知彼，百战不殆。"这句话恰当地点出了职业生涯管理的主体要素。所谓"知己"就是认识自我，了解自我；"知彼"就是认知与职业生涯发展有关的周围环境。"知己"与"知彼"相联系，就能保证所确定的目标符合现实，所从事的职业能发挥自己的特长，即做出了正确的职业"决策"。所以，"知己""知彼""决策"就是职业生涯规划的三要素，即生涯规划 = 知己 + 知彼 + 决策。

职业生涯规划是周而复始的连续过程，包括确定志向、自我评估、环境分析、职业选择、职业生涯路线选择、职业生涯目标的抉择六个步骤。

1）确定志向。俗话说："志不立，天下无可成之事。"在制定生涯规划时，首先要确立志向，这是制定职业生涯规划的关键点之一。

2）自我评估。自我评估就是"知己"，即对自己做全面的分析以认识自己。自我认识是对自我性向、行为、情感、价值观等与自我有关的一切因素的认识，包括生理自我（相貌、身材、身体等）、心理自我（性格、气质、意志、情感、能力等）、理性自我（思维方式、知识水平、道德水平等）、社会自我（在社会中的责任、权利、义务、名誉，自己对他人的和他人对自己的态度的评价等）等方面的优缺点的评估与判断。

3）环境分析。在漫长的人生进程中，每个人所处的家庭、组织、社会和经济环境将直接影响职业的发展，因此在做职业生涯规划时必须考虑这些因素。

4）职业选择。职业选择是事业发展的起点，正确与否直接关系到事业的成功与失败。就个人而言，职业选择应主要考虑个性特点、气质类型、性格特征、个人能力是否与所选职业吻合。与其试图改变自己以适应职业，不如顺应自己天然的独特优势，选择最能发挥自己特长的职业。

5）职业生涯路线选择。所谓职业生涯路线，是指当一个人选定职业后，是向专业技术方向发展，还是向行政管理方向发展。即使是同一职业也会有不同的岗位，有人适合从事行政工作，会成为一名卓越的管理人才；有人适合搞研究，可以在某一专业领域有所建树；有的人适合搞经营，可以在商海中屡建功勋。

6）职业生涯目标的抉择。所谓目标抉择，就是明确自己在行政管理职务上达到什么级别，担任什么社会角色，在专业技术职务上成为哪一级别的专家；目标要符合社会与组织需求、目标要符合自身特点、目标高低幅度恰到好处、目标正当明确具体并留有余地等。

### （三）职业生涯管理的角色与任务

职业生涯管理角色有三个：员工的角色、主管的角色和人力资源部门角色。

职业生涯管理的任务有以下六项。

1）职业生涯目标设定。即组织提供工作分析、工作描述资料，宣传明确经营理念、人力资源开发策略等，员工据此设定自我发展目标，使个人目标与组织目标相配合。

2）配合与选用。配合组织发展目标与方向，晋升优秀员工，提供升迁渠道，确定升迁标准，选定后备干部培养，提供公平竞争机会。

3）绩效评估，包括工作表现评估、工作士气调查，并提供相关回馈资料给组织或员工。

4）职业生涯发展评估。组织适时评价员工职业发展，帮助员工找出自身优缺点及组织的优劣势，分析员工确定的职业发展路径的可行性。

5）工作与职业生涯的调适。根据绩效、生涯发展的评估结果，对员工的工作或职业生涯目标做适当的调整，使员工的工作、生活与目标密切融合。

6）职业生涯发展，包括各种教育与培训、工作的扩大化与丰富化、激励措施等。

### （四）职业生涯危机与对策

人的职业生涯发展是一个长期的过程，其中并不总是伴随鲜花和掌声的，可以说职业求索之路坎坷不平，处处都有可能是危机与陷阱。如何才能发现危机、化解险情、避免失败呢？

下面笔者将从个人和组织两个角度探讨这一问题的答案。

1. 个人职业生涯失败的主要原因

在职业发展过程中，失败往往是自己造成的。也就是说，由于自身的原因，自己的事业受阻。究其原因，概括为：自信心不足；无正确目标；选错职业；骄傲自满，故步自封；行动不够；不会沟通；不能随机应变；目中无人，不善合作；不能正确对待他人评价；人际关系不佳；心胸狭窄，强求公平；身体不佳等。

2. 组织环境的危机与对策

组织环境是一个人学习、工作、成长的环境。成功者善于利用组织环境，能够发现危机、化解危机，并能将危机转化为良机。

组织环境的危机通常表现为：组织风气不正；组织结构不合理；升迁渠道受阻等。

组织环境的危机将对个人职业生涯发展产生不利影响，我们需要针对不同情况，做出应对策略。

1）创造机会。在遇到升迁渠道受阻时，创造升迁机会是最好的出路。例如，所工作的企业处于再生成熟阶段或老化阶段，此时单位需要的是开拓新业务，不妨在开拓新业务、开发新领域方面下一番功夫，创一番事业。

2）改变升迁路线。这个问题涉及人生目标的改变问题。例如，原定路线是行政管理方向，可是所在的组织内部走此职业路径的人太多，或者虽然走这一职业路径的人并不多，但就是没有空缺位置。此时，如果不想改变原有组织环境，就应该考虑自己的生涯目标是否有改变的必要。如果在自身条件、兴趣、特长、能力、容许的情况下，不妨改变职业路径。当然，这种选择是要慎之又慎的，不能一时冲动或只看一时得失。

3）调整工作单位。当在一个工作单位升迁受阻而又很难改变局面时，换一个工作环境也是避开组织环境危机的方法之一。现代人力资源管理与传统人事管理最本质的区别就是人才不可被人为地限制在一个组织环境中，通过人才流动，员工寻找适合自我发展的组织空间，能更好地发挥自身优势，也会为组织创造更大价值。但这种流动也要慎重，如果过于频繁，对自身和组织都是一种人才浪费。

## （五）职业生涯流动与管理者职业成功要领

1. 职业发展与流动

为了优化员工整体队伍，改善用工结构和人员素质，员工合理流动是十分重要的。让优秀的员工有清晰、合理的晋升途径，让不适应工作的员工离开自己不能充分发挥特长的岗位，从长远的眼光看，对企业和员工都是十分必要的。

企业员工的流动形势主要包括晋升、调动、轮换、降职、解雇、退休、辞职。企业淘汰员工包括招募甄选、试用考察、培训考试、绩效考核、结构调整、效益变化、违纪行为、终止合同等环节，职业管理部门要抓住这些关键环节，进行适当员工职业生涯流动，以推动企业发展和促进员工职业生涯发展。

## 2. 管理者职业发展成功要领

管理者是一个特定的职业，根据学者的研究，在管理职业中取得成功的人都掌握了一定要领，遵循了一定规律。

1）谨慎选择第一项职务。一个管理者在组织中的起点，对于今后的职业发展具有重要的影响。经验证明，如果你可以选择，应该挑选一个有权力的部门作为开始自己职业生涯的起点。这样的管理者更有可能在其职业生涯中迅速得到提升。

2）做好工作。绩效好并不是成功的保障，但绩效不好的员工却很难通过正常渠道获得晋升。管理者应学会在工作中处理各种关系。

3）展现正确形象。假定管理者都是绩效良好者，那么使自己的形象与组织所需的形象相吻合，就对职业发展有重要意义。所以，管理者应对自己所在的组织的文化做出评价，以明确组织对其要求和期望。例如，应如何着装、应表现出一种敢冒风险还是规避风险的立场、组织喜欢何种领导风格等。

4）了解权力结构。组织正式结构所确定的职权关系只反映组织中影响类型的一种，同样重要或更为重要的是熟悉并理解组织的权力结构。权力是指一个人影响另一个人的能力，它分为强制性权力、奖赏性权力、法定性权力、专家性权力、参照性权力。有效的管理者需要知道谁真正控制局面、谁对谁拥有资源、谁又对谁存在重要的依赖和负债等。所有这些内容都不会在组织结构图中表现出来，而一旦了解了组织的权力结构，员工就可以更顺利自如地开展工作。

5）获得对组织资源的控制。能否对组织中稀缺而重要的资源加以控制，这是影响员工职业发展的一个重要环节。知识和技术就是其中一类特别有效的可控制资源。如果你拥有精深的专业知识或熟练的专业技能，这将会给你职业发展带来稳定而持久的优势。

6）保持可见度。由于管理绩效的评估具有相当大的主观性，因此让你的上司和组织中有权力的人意识到你的贡献是十分必要的。当你的工作可见度很低时或者难以区分你的特定贡献时，采取一些手段引人注意，就显得很必要。

7）不要在最初的职位上停留太久。在不同的工作岗位上较快地转换，会给人一种在"快车"上的信号。这一信息对管理者的启示是，尽快在第一份职务中寻找早期的职务轮换或者晋升。

8）找个导师。导师通常是组织中职位较高的某个人，他接纳一个被保护者作为助手。从导师那里，你可以学到工作的技能，并得到鼓励和帮助。一些组织提供有正式的教导方案，将组织寄予高期望的年轻管理者分派给扮演导师角色的高级经理人员。但更经常的是，往往是非正式地由你自己的上司或组织中其他与你共享某些利益的人选中而成为一个被保护者。

9）支持你的上司。你的眼前和未来掌握在你的现任上司手中，是他或她评估你的绩效。你应当努力帮助你的上司取得成功，并找到你的上司用以评估你的工作绩效的主要标准。假如你的上司有才干，他或她在组织中步步高升，也会使你跟着得到提升；假如你的上司工作绩效很差，而且缺乏权力基础，你应当轮换工作，否则你的才干难以得到认可。

10）保持流动性。一个管理者如果显示出他乐于转换到组织中的其他地理区域或职能领域工作，那他可能更为迅速地得到提升。尤其是受雇于成长缓慢、不景气或衰退之中的组织时，工作流动性对于充满进取心的管理人员来说就具有更为重要的意义。

# 第六章  绩效管理

## 第一节  绩效管理概述

绩效管理过程，就是建立战略目标、实施目标，将结果与目标相比较（即绩效考评）以及分析结果改善绩效。绩效管理不但有利于员工的能力开发与职业发展，同时也是企业实现公司战略目标的重要手段。

## 一、绩效

绩效指的是那些经过评价的工作行为、方式及其结果。绩效包括了工作行为、方式及其工作行为结果；绩效必须是经过评价的工作行为、方式及其结果。对组织而言，绩效就是任务在数量、质量及效率等方面完成的情况；对员工个人而言，绩效则是上级和同事乃至下级对自己工作状况的评价。

### （一）绩效的性质

1. 多因性

绩效的多因性是指绩效的好、中、差是受多种主、客观因素的制约和影响的。它既受到环境因素的影响，又受到工作特征因素的影响，也与组织的制度和机制有关，同时更受到员工工作动机、价值观的影响。

2. 多维性

绩效的多维性指的是需要从多个维度或方面去分析与评价绩效。例如，考察一个部门经理的绩效时，不仅要看他的经营指标完成情况，还要综合考虑他的管理指标，通过综合评价各种硬、软指标得出最终的评价结论。通常，在进行绩效评价时应综合考虑员工的工作能力、工作态度和工作业绩三个方面的情况。

### 3. 动态性

动态性主要是指随着时间变化，员工的绩效是会发生变化的。对员工绩效管理要采取动态发展的态度来进行。

## （二）影响绩效的因素

员工的绩效主要由技能、机会、激励和环境等因素决定，可以用以下的公式来表示：

$$P=f\left(S, O, M, E\right)$$

其中，$S$ 表示技能（Skill），$O$ 表示机会（Opportunity），$M$ 表示激励（Motive），$E$ 表示环境（Environment），$P$ 表示绩效（Performance）。

### 1. 技能

这个公式表明在其他因素不变的情况下，员工的技能越高，绩效也越显著，因此技能与绩效成正比。而技能的高低又取决于多种因素，这些因素包括个人的体质、智力、所受的教育、培训的状况、已经具备的知识和经验等因素。

### 2. 机会

机会指的是一种偶然性。对任何一名员工来说，被分配什么样的工作除了客观必然性之外往往还带有一定的偶然性。在特定情况下，员工如果能够得到机会去完成特定的工作任务，则可能达到在原有岗位上无法实现的工作绩效。

### 3. 激励

激励是指员工的工作状态，也就是他的积极性如何。员工的积极性也取决于主、客观两方面的因素，主观因素是员工的世界观与价值观、个人需要、兴趣、个性等，客观上也要受员工工作环境、领导评价、协作关系等因素的影响。

### 4. 环境

环境是员工工作的软、硬两方面的环境。软环境是人际关系、与领导的友情、组织气氛等；硬环境主要是工作条件如地质工作者长年在野外工作。环境对员工的工作绩效有很大影响，甚至是员工能否继续工作的重要依据。

# 二、绩效管理

## （一）绩效管理相关概念及实施人员职责

绩效管理是对绩效实现过程各要素的管理，是通过企业战略的建立、目标分解、业绩评价，并将绩效成绩用于企业日常管理活动中，以激励员工业绩持续改进并最终实现组织战略及目标的一种正式管理活动。绩效管理通常包括考核、评价和激励三方面，是团队在目标共识和目标达成过程中，上下级之间沟通、反馈、指导和支持的持续活动。

1. 相关概念

（1）绩效考核的概念

绩效考核就是针对企业中每个员工所承担的工作，应用各种科学的定性和定量方法，对员工行为的实际效果及对企业的贡献、价值进行考核和评价。绩效考核只是绩效管理的一个环节，是进行绩效管理的一种手段。绩效考核反映的是过去的绩效，而不是未来的绩效；而绩效管理则更注重对未来绩效的提升，着眼于未来的发展战略。

（2）绩效考核和绩效评价

绩效考核重点看的是结果，即检查员工是否完成工作目标。考核的结果主要与工薪、奖励挂钩；绩效评价重点看的是过程，即评价管理过程中人的价值观、行为表现、管理、工作能力等。评价主要是为了指导发展，与员工的培养、晋升、合理使用相挂钩。

2. 绩效管理实施中各类人员的职责

组织中各类人员在绩效管理实施中承担不同的责任，如表6-1所示。

表6-1 绩效管理中各类人员的职责

| 人员类别 | 承担的职责 |
|---|---|
| 最高管理层 | 确认企业总体目标，审核绩效管理实施的计划和政策；做有关绩效管理的总动员，为全面推广实施营造氛围；接受实施过程的反馈信息；检查绩效管理的整体效果 |
| 人力资源部 | 制订绩效管理的实施计划和随附计划；组织、落实动员宣传工作；组织、落实对管理人员的培训；设计并保持反馈渠道畅通；对整体实施效果进行评估 |
| 部门经理和基层管理人员 | 熟悉绩效管理系统，并掌握绩效管理的技能；明确本部门绩效目标；负责在本部门按人力资源部制订的绩效管理计划实施绩效管理 |
| 被考评者 | 为自己的职业承担起责任；做现实的自我考评；为考评者提供有效信息；熟悉和学习体系与有关技能 |

## （二）有效绩效管理系统的标准

### 1. 战略一致性

战略一致性是指绩效管理系统与组织的战略、目标和文化的一致性程度。如果一家公司强调对客户的服务，那么它的绩效管理系统就应该对其员工向公司客户提供服务的好坏程度进行评价；如果一家公司强调工艺流程的精确性，那么它的绩效管理系统就应该针对员工是否严格遵守流程的要求来进行。

### 2. 效度

效度是指考核出的绩效与实际绩效的吻合程度，常常被称为"内容效度"。一项绩效考评指标要想有效，就必须是没有缺陷的或者是不受污染的。一个绩效管理系统效度较低可能有两种情况：一种被称为有缺失，另一种被称为污染。前者是指绩效管理系统不能衡量出工作绩效的所有方面进行考评。例如，如果大学更多地依据教师的科研成果而不是教学工作对他们的工作绩效进行考核，教师就可能相对忽略了绩效的一个有关方面。后者是指绩效管理系统对与绩效或者与工作无关的方面进行考核。

### 3. 信度

信度，与效度的概念相对应，是指绩效管理系统的一致性程度，它可以回答绩效管理系统是否可靠、是否可信赖、标准化程度如何、是否有预定的步骤等问题。一般从以下两个方面考察绩效管理系统的信度。

1）考评者信度。所谓考评者信度，是指对员工的绩效进行考评的人之间的一致性程度。如果两个人对同一个人的工作绩效所做的评价结果是一样的（或接近一样的），那么这种绩效管理系统就具有了考评者信度。

2）考评方法的信度。一种好的考评方法在不同的时间点对同一对象进行绩效考评的结果应该具有一定的稳定性。如果得出了截然不同的考评结果，那么就认为这种绩效管理系统缺乏信度。这种信度，就是再测信度，是指通过两个时间点的考评分数得出的信度指标。

### 4. 可接受性

可接受性是指运用绩效管理系统的人能否接受它。许多经过精心设计的绩效管理系统具有极高的信度与效度，但是由于这些系统要耗费管理者太多的时间，因此他们拒绝使用这些系统；另一方面那些接受考评的人也可能会拒绝接受这种管理系统。可接受性受到员工在多大程度上认为绩效管理系统是公平的这样一种情况的影响。

5. 明确性

明确性是指绩效管理系统在多大程度上能够为员工提供一种明确的指导，告诉他们公司对他们的期望是什么，以及如何才能达到这些期望的要求。

## （三）绩效管理在人力资源管理中的核心地位

绩效考评的结果在很大程度上决定了各人力资源管理职能是否取得了预期结果，因而成为指导各项人力资源管理职能的"风向标"。

### 1. 绩效管理与人力资源战略

无论是组织的绩效管理还是个人的绩效管理，都应与人力资源战略相匹配。绩效管理的目的之一就是实施战略，将战略目标分解，并具体落实到绩效管理中去。

### 2. 绩效管理与工作分析和工作设计

工作分析的结果是设计绩效管理系统时的重要依据。工作分析对绩效管理系统的作用表现在评价的内容必须与工作的内容密切相关，即与员工的关键职责相关，也就是要确保绩效管理系统的效度，尽量减少考评指标中缺失的部分和受污染的部分。同时，绩效考评的结果可能反映出工作设计中存在的种种问题。

### 3. 绩效管理与招聘录用

组织通过绩效考评的结果可能发现员工在能力和态度上有所欠缺，那么人力资源管理人员就要调整相应的招聘计划。

### 4. 绩效管理与培训与开发

由于绩效管理的主要目的之一是了解目前员工绩效状况中的优势与不足，进而改进和提高绩效。因此，在绩效考评之后，主管人员往往需要依据被考评者的绩效现状，结合被考评者的个人发展愿望，与被考评者共同制订绩效改进计划和未来发展计划，形成一种员工的自我开发的外部激励和引导。

### 5. 绩效管理与薪酬福利

绩效管理理论认为，绩效考评的结果应该与薪酬体系中的动态工资部分相联系，一般将这种与绩效考评结果相联系的薪酬方案称为绩效薪酬方案，并且只有将绩效考评的结果与人们所获得的回报挂钩，才能使绩效管理真正发挥应有的作用。

# 第二节　绩效管理流程和绩效沟通

绩效管理是一个系统性的工作，它有着自己的工作流程和管理过程，是一个持续、不间断的过程，主要包括绩效计划制订、绩效计划执行、绩效考核和评价、绩效反馈和辅导，以及绩效结果应用五个环节。

## 一、绩效管理流程

### （一）绩效计划制订

绩效计划就是在绩效计划阶段，管理者和员工要对员工在绩效期内的工作目标和标准达成共识，在共识的基础上，员工对工作目标做出承诺，明确在绩效考评阶段应该做什么事情，以及应该将事情做到什么程度。

1. 绩效计划的制订者

绩效计划需要人力资源管理专业人员、员工的直接上级及员工本人三方面共同承担。由于绩效计划是通过实现个人的绩效期望来促进组织目标的实现的，因此绩效计划必须在组织目标的大框架下进行。组织中必须有一个相关的团队（如有高层领导参加的专设的委员会，通常由人力管理部门的相关人员组成）对这项工作进行统筹安排。另外，由于绩效计划涉及如何控制实现预期绩效整个过程方面的问题，员工的直接上级和员工本人都必须参与到绩效计划的制订过程中。

2. 绩效目标的制定

绩效目标的设立是公司目标、期望和要求的传递过程，同时也是引导员工工作前进的关键。在制定绩效目标的过程中，能量化的尽量量化，不能量化的要细化，不能细化的要流程化

（1）绩效目标的来源

绩效目标的来源主要有以下三个：

1）部门绩效目标。公司战略目标的落实，往往是按照组织结构自上而下层层分解的，而员工对于落实下来的目标又是自下而上的层层承诺。

2）岗位职责。岗位职责描述的是一个岗位在整个组织中所扮演的角色，即这个岗位会为组织做出什么样的贡献。

3）内外客户需求。在给员工设定绩效目标时，还要兼顾到内部和外部顾客的需要。

（2）制定绩效目标的注意事项

1）必须使员工有机会参与到确定绩效目标的过程中。让员工参与，才能保证个人目标和组织目标的一致。

2）目标应该是动态的。绩效目标是根据每个绩效周期的现状而确定的，而现实情况处在不断变化中，因此就需要管理者对目标进行及时的动态调整。

3）目标的系统性原则。员工各层次、不同期限的个人计划必须服从总体计划。

4）目标的灵活性原则。灵活性体现在两个方面：一是制订计划要留有余地，要使计划兼具科学性和合理性，将"量力"和"尽力"结合起来；二是制订计划要有较大的弹性，要留有一定的后备，以备不时之需。

（3）制定绩效目标的原则

在制定绩效目标时应遵循以下原则，通常简称为"SMART"原则。

1）明确具体的（Specific，S）。所谓明确具体，指的是绩效目标应该是在绩效标准的基础上更加的明细化、具体化。由于每位员工的具体情况不同，绩效目标要明确地、具体地体现出管理者对于每一位员工的绩效要求。只有将这种要求尽可能明确而具体地表达出来，才能更好地激发员工实现这一目标，并引导员工全面实现管理者对他（她）的绩效期望。

2）可衡量的（Measurable，M）。计划要尽可能采用可衡量的方式陈述，只有这样才能对员工行为进行有效的反馈。所谓可衡量，就是可以将员工实际的绩效表现与绩效目标相比较。

3）行为导向的（Action-oriented，A）。目标应具有行为导向的特征，即绩效目标不仅是一个能够衡量的最终结果，还应包括对员工在实现该结果的过程中应有的行为约束。

4）切实可行的（Realistic，R）。这要求向员工提出一个切实可行的工作方向和目标，以激发员工更好地实现管理者对他（她）的期望。目标定得要恰到好处，目标过高会使员工失去信心，失去动力；目标太低则无法使员工发挥应有的水平。

5）受时间和资源限制的（Time-bounded，T）。绩效目标应带有时限要求和资源限制。这种时间和资源限制实际上是对目标实现方式的一种引导。

（4）制定绩效目标的标准

在设定绩效目标时，通常需要考虑两类标准，即基本标准和卓越标准。基本标准是每个被评估对象经过努力都能够达到的水平，评估的结果主要用于一些诸如基本工资等非激励性的人事政策中。卓越标准设定的水平并非每个评估者都能达到，主要是为了识别角色榜样。卓越标准的考评结果可以决定一些激励性的人事待遇，如额外的奖金、分红、职位的晋升等。

## （二）绩效计划执行

绩效计划的执行是指考核人和被考核人相互支持，执行绩效计划，完成绩效目标的过程。在此阶段，考核人和被考核人相互沟通，传递组织战略，改善绩效，共同规避潜在的目标障碍，解决遇到的突发问题，调整绩效计划。绩效计划的执行是连接绩效计划和考评的中间环节，且贯穿绩效管理循环的整个过程。

### 1. 绩效计划执行阶段的工作内容

在绩效计划的执行阶段，考核人需要掌握工作状况，以便适时地给予激励和指导；诊断员工的绩效行为，肯定优点，纠正偏差；协调团队工作，使团队行为与组织目标相一致；收集考评与反馈信息，帮助和指导员工进步。

### 2. 收集绩效信息的原因

1）为绩效考核提供事实依据。在绩效考核时，通过收集和记录绩效数据，就可以作为对员工绩效诊断和绩效考核的重要依据，也可作为晋升、加薪等人事决策的依据。

2）提供改进绩效的事实依据。进行绩效管理的目的是改进和提高员工的绩效和工作能力，那么当我们对员工说"你在这些方面做得不够好"时，需要结合具体的事实向员工说明目前的差距及需要如何改进和提高。

3）发现绩效问题和优秀绩效的原因。对绩效信息的记录和收集还可以积累一定的突出绩效表现的关键事件，并可以利用这些信息帮助其他员工提高绩效，把工作做好。

4）在争议中的利益保护。保留翔实的员工绩效表现纪录也是为了在发生争议时有事实依据，这样既可以保护公司利益，也可以保护当事员工的利益。

5）尽早发现潜在的问题，及时与员工进行沟通，帮助员工改进工作。

### 3. 收集绩效信息的重点

收集绩效信息的重点包括：确定绩效考核好坏的事实依据；来自业绩记录的信息；由主管人员观察得到的信息；来自他人评价的信息；找出业绩突出和问题情况背后的原因，可以帮助那些从事相似工作的员工提高工作绩效；为确定员工是否达到了他们的工作目标和标准提供依据；目标达到或未达到的情况；证明绩效突出或低下所需要的具体证据；对你的员工找到问题或成绩原因有帮助的其他数据；同员工面谈的记录；关键时间的数据；来自客户的积极和消极的反馈信息。

4. 收集绩效信息的方法

1）观察法。观察法是指管理者直接观察员工在工作中的表现，并加以记录。

2）工作记录法。通过被考核人日常工作记录，体现绩效执行情况。

3）他人反馈法。当员工的工作是为他人提供服务或与他人发生关系时，就可以从员工提供服务的对象或者发生关系的对象那里得到有关的信息。对于公司内部的行政后勤等服务性部门的人员，也可以从接受其服务的其他部门人员那里了解信息。

4）抽查法。由于时间、精力和成本的原因，管理者往往不可能收集到有关员工工作的全部信息，这时就可以采用抽查的方式。抽查生产、服务的数量、质量，用以评定工作期间的工作表现。常用的抽查方法有定期抽查、随机抽查和分层抽查等。

5）关键事件记录法。在运用关键事件记录法时，主管人员将每一位下属员工在工作中所表现出来的好行为与不良行为（或事故）记录下来，帮助下属纠正错误或解决问题等。在此阶段，通常应形成绩效表现追踪表。

5. 绩效计划调整

当出现以下四种情况时，应做出绩效计划的调整。

1）被考核人月度工作发生变化。一般情况下，被考核人的绩效月度计划一经确定，就不再做调整。如果在计划执行过程中或绩效指导过程中发觉：由于公司业务发展计划的变更、组织结构的调整、市场外部环境的重大变化，或遇到一些不可抗拒因素等非个人主观因素，临时性工作内容冲击绩效计划的执行，导致绩效目标确实难以完成，就需要调整绩效计划。

2）本部门增加了新的被考核人。如果在绩效计划执行阶段，本部门增加了新的被考核人，那么人力资源管理部门负责绩效管理的人员就要为该名员工创建新的绩效计划表。

3）被考核人调往其他部门。在绩效计划执行阶段，当有被考核人调往其他部门，考评者就应提前评分。

4）被考核人离职。当被考评人在绩效计划执行阶段离职时，考评人应提前对被考评人进行评定。

## （三）绩效考核和评价

绩效考核和评价旨在通过科学的方法、原理来考核和评价员工在岗位（职务）上的工作行为和工作结果，即在绩效期结束时，依据预先制订好的计划，主管人员对下属的绩效目标完成情况进行考评。

## 1. 考评方法

### （1）等级评定法

等级评定法主要用于员工工作能力和态度方面的评价。这种方法首先给出不同考评等级的定义和描述，然后针对每一个考评要素或绩效指标按照给定的等级进行考评，最后再给出总的考评结果。

等级评定法简单、方便、易操作，但也容易遇到一些问题。首先，由于操作上的简便容易使人们做表面工作，使其在进行等级评定时敷衍了事。其次，较多的主管人员和员工习惯于评定为比较高的等级，因此常常出现大量员工的绩效考评为优秀的现象。最后，有的时候由于对等级评定标准表述得比较抽象和模糊，如到底什么称为"创造性完成工作""明显超出绩效标准"等，这样不同的人员在进行考评时标准可能会不统一。

### （2）排序法

排序法是指将员工工作绩效按从高到低的顺序进行排列，从而得出考评结论的方法。其主要由两种类型：直接排序法和交替排序法。

1）直接排序法。针对某一考评要素，考评者通盘考虑后，以自己对被考评者工作绩效的整体印象为依据进行评价，要求考评者将本部门的所有员工从绩效最高者到绩效最低者排出一个顺序来。

2）交替排序法。交替排序法是指考评者经过通盘考虑后，先从所有的考评对象中挑选出两名最好的和最差的，然后在余下的人员中再挑选出两名最好的和最差的，以此类推，直至全部人员的顺序排定。排序法有利于识别出绩效好的员工和绩效差的员工，对于某个因素上绩效有问题的员工，可以将其作为在该方面培训的对象。但排序法只适合对人数较少的团队进行绩效考评，因为人数过多将会使排序的工作变得非常烦琐。另外，排序法的缺点是只能根据较少的指标进行排序，有时甚至只根据一个指标进行排序，如销售额，虽然这样做的结果看上去一目了然，奖惩的依据明确，但员工容易为了单一的绩效指标而忽视其他重要方面。

3）对偶比较法。对偶比较法，也被称为一一对比法，是指将所有考评对象一一进行相互比较，根据比较结果排出名次，即两两比较，然后排序。这种考评方法通常不是针对整体印象而是针对某个确定的考评要素使用的，并且要求注明考核要素。

4）行为锚定量表法。行为锚定量表法（Behaviorally Anchored Rating Scale，BARS）是由美国学者史密斯（Smith）和肯德尔（Kendall）于1963年在美国"全国护士联合会"的资助下研究提出的。BARS是一种特定行为锚定量表上不同的点的图形测评方法，这种评价法是行为导向型量表法的最典型代表。在这种评价方法中，每一水平的绩效均用某一行为标准来加以界定。

5）强制分布法。强制分布法是将考评对象分成几类，如可划分为卓越、优秀、良好、需改进、不足五类，每一类强制规定一个百分比，按员工的绩效表现将他（她）归入某一类中。强制分布法通常与其他考评方法结合起来使用，运用其他考评方法评定出员工的成绩，并最终将考核得分从高到低依次排名，即排队，然后将成绩划分等级，如 A 类、B 类和 C 类员工（可以根据公司的具体情况来划分等级）。通常，每一类人数所占的百分比应符合正态分布，大部分员工属于 B 类，仅有少数员工属于 A 类，同时也一定要产生 C 类员工。而对于不同的企业来说，A 类、B 类和 C 类的比重划分也可能是不同的。

2. 考评主体

（1）上级考评

被考评者的工作目标主要是在与主管人员进行沟通之后设立的，因此被考评者的上级是最有责任和权利对被考评者的目标达成情况进行考评的。在大多数情况下，对一个任职者的绩效考评多是以主管人员评估为主的。作为考评者的主管在绩效考评过程中扮演着以下四种角色。

1）合作伙伴。所谓合作伙伴，是指管理者与员工的目标是一致的，管理者的工作通过员工完成，管理者的绩效通过员工的绩效体现，员工绩效的提高即管理者绩效的提高，员工的进步即管理者的进步。

2）辅导员。绩效目标制定以后，管理者应当好辅导员，与员工保持及时、真诚的沟通，持续不断地辅导员工业绩提升；帮助员工获得完成工作所必需的知识、经验和技能，使绩效目标朝积极的方向发展。

3）记录员。所谓记录员，是指主管需要记录下有关员工绩效表现的细节，形成绩效管理的文档，以作为年终考核的依据，确保绩效考核有理有据，公平公正。

4）公证员。考核的结果会影响到员工的薪酬水平和职业发展，所以绩效管理中公平、公正至关重要。因此，管理者在绩效考核中应扮演公证员的角色。

（2）同级考评

同级考评要求考评者对被考评者的职务比较熟悉、比较内行，对被评同事的情况也比较了解。但组织的团队化要求同事之间关系融洽，相互信任，团结一致，相互间有一定交往与协作，而不是各自为战独立作业。这种方法多用于专业性组织，如大学、医院、科研单位等，企业专业性很强的部门也可使用。

（3）自我考评

员工本身是最了解自己所作所为和工作的人，因此自我考评具有一定的客观基础。采用这种方法，有如下的优点：提升自我意识，使员工更好地认识到自己的优点和不足；促进员工对绩效考评过程的支持；有助于主管人员发现员工在自我认识和对绩效考评认识上的问题；识别员工自身的培训和发展需求。

（4）下属考评

越来越多的组织鼓励下级员工匿名参与对自己上级的绩效考评，这是一种自下而上的绩效反馈。由于角度不同，往往看出的问题也不一样，有利于高层管理者更多地了解中层和基层管理者的管理风格和工作作风，以便于企业的发展。

（5）客户考评

客户考评，即通过客户考评的方法了解被考评者的绩效。

（6）部门间满意度评估

除了需要对每个人进行考评外，企业还需要对部门的绩效进行考评。当对每个部门各自的工作目标完成情况进行评估时，往往忽视了部门之间的合作，但是只有通过部门之间的良好合作才能促使整个组织目标的达成。特别是对那些业务支持部门来说，其他部门对于它们所提供的服务支持的满意程度是至关重要的。

（7）外部考评专家或顾问考评

外部考评专家或顾问有考评方面的专门技术与经验，而且在公司无个人利害瓜葛，较易做到公正；但是成本较高，而且外部考评专家或顾问对被考评的某些专业可能不了解。

3. 360 度绩效考核

在绩效考核实践中，直接上级的考评比较细致和精确，但容易失之过宽；间接上级的考评比较公正客观，但准确性较差；自我评估有利于调动员工自我管理的积极性，但也容易失之过宽；下级的评分虽说比较准确，但一般也有过宽的弊病；同级和协作部门的考评容易失之过严。因此，为了避免这些情况的发生，360 度绩效考核被很多公司采用。

360 度绩效考核是从各个有关的方面获得关于自己绩效的信息，包括来自上级、下属、自我、客户和其他方面。360 度考核的优点是全方位、多角度，误差小，综合性强。但 360 度考核仍存在一些缺点：涉及的数据和信息比单渠道考核多，使收集和处理数据的成本提高；从不同渠道得到的评价并非总是一致的；员工可能会互相串通起来集体作弊；来自不同方面的意见可能会发生冲突。

**4. 考评者的心理误区**

1）首因效应。首因效应也被称为第一印象误差，是指员工在绩效评价初期的绩效表现对评价者评价其以后的绩效表现产生延续性影响。

2）晕轮效应。如果对一个人的印象好，对他的评价就会长处多于短处；如果对一个人印象欠佳，则往往忽视了他的优点。

3）逻辑误差。逻辑误差指的是考评者在对某些有逻辑关系的考评要素进行考评时，使用简单的推理而造成的误差。在绩效考评中产生逻辑误差的原因是两个考评要素之间的高相关。例如，很多人认为"社交能力和谈判能力之间有很密切的逻辑关系"。于是，管理者在进行绩效考评时往往会依据"既然社交能力强，谈判能力也强"而对某员工做出评价。

4）近因效应。近因效应是指评价者只凭员工的近期（绩效评价期间的最后阶段）行为表现进行评价，这种误差容易发生在熟人之间。

5）过宽或过严倾向。过宽倾向，又被称为宽大化倾向，评价者对评价对象所做的评价往往高于实际成绩；过严倾向，又被称为严格化倾向，是指评价者对员工工作业绩的评价有过分严格的倾向。

6）趋中效应。在考评中通常会出现一种趋势，被考评者的工作表现不同，但考评结果趋同，形成"枣核状"的考评结果：表现好的和表现差的员工数量都很少，大部分人都是表现一般的。这会导致无法对考评结果进行有效排队，降低考核对员工的激励作用，挫伤员工的工作积极性。

7）考评者个人偏见。考评者个人偏见是指考评者在进行各种评价时，可能在员工的个人特征，如种族、民族、性别、年龄、性格、爱好等方面存在偏见。例如，在企业中，技术人员往往觉得职能部门的人员只会"纸上谈兵"，因此如果由他们担任考评人员，就会对职能部门人员评价不高。

8）相似性错误。在进行考评时，有的考评人员会拿自己的性格、能力、工作作风、行为方式等方面与被考评者比较，如果是和自己较相似的，就会不由自主地做出较高的评价；相反，对于那些与自己风格不符的员工，就会给出较低的分数。

9）盲点误差。由于考评者自身也存在某种缺点，因此会忽视员工存在的同样缺点，形成考评中的盲点。

10）对比效应。当考评者对某个员工进行考评时，很容易产生对比效应，即会受到前面已考评员工成绩的影响。通常情况下，如果一个团队中大部分成员的成绩都不太好，那成绩一般的员工就会显得较为突出；反之，如果整个团队的工作业绩均非常出色，那么工作成绩一般的员工就会被认为是成绩较差的。

11）暗示效应。暗示是人们的一种特殊的心理现象。考评者在管理者或权威人士的暗示下，很容易受到他们的想法的影响，而改变自己已有的看法。

### 5. 考评频率和考评周期

（1）考评频率

考评频率是指对不同的被考评人分别在多长时间内进行考评。考评频率的确定一般需要企业根据被考评员工的工作性质和企业绩效考评的目的来评定。考评频率不宜太密，否则不但浪费精力和时间，还会给员工造成不必要的干扰，易造成心理负担。但频率过小，反馈过迟，也不利于改进绩效，容易流于形式。考评对象的职位层次高，工作复杂程度高，对能力、智力和素质的要求也高，其相应的绩效反映周期就越长；反之，职务层次低，工作要求相对简单，其绩效反映周期就短。因此，高层领导的考评往往半年或一年进行一次，中层管理人员每半年或每季度进行一次考评，专业人员一般为季度或月度，操作类人员一般为月度。

另外，在绩效考评体系中，考核与评价的频率可以一致，也可以不一致。可以量化的绩效考核频率较大，往往采用月度、季度或半年度的考核形式；相比之下，非量化的绩效评价的频率则较小，通常半年或一年进行一次。

（2）考评周期

考评周期是指进行一次绩效考评的全过程。

## （四）绩效反馈和辅导

绩效反馈和辅导是指通过考评人与被考评人之间的有效沟通，帮助被考评人了解自身绩效水平。作为绩效管理的手段，反馈和辅导的最终目的是提升被考评人的绩效水平。其中绩效反馈强调对员工激励，肯定绩效成绩；绩效辅导强调帮助员工进一步发展自身，提高绩效。通过反馈，员工可以了解管理者对自己的评价和期望，从而能够根据要求不断提高自己；同时管理者可以随时了解员工的表现和需求，进行激励和辅导。

绩效反馈主要有以下四个目的：对绩效考评的结果达成共识；促使员工改善绩效；制定绩效改进方案；确定下一绩效周期的绩效计划。

### （五）绩效结果应用

绩效考评结果可以为人力资源管理和其他管理决策提供大量有用的信息。考核结果可以用于工资调整和奖金分配、晋升调配、培训教育、选拔培训的效标、招聘决策和末位管理。

## 二、绩效沟通

绩效沟通是指管理者与员工在共同工作的过程中分享各类与绩效有关的信息的过程。

### （一）绩效计划制订阶段中的沟通

绩效计划阶段即建立绩效契约的过程，是一个双向沟通的过程。

管理者主要向员工解释和说明的是：组织的整体目标是什么？未来完成这样的整体目标，我们所处的业务部门的目标是什么？为了达到这样的目标，对员工的期望是什么？对员工的工作应该制定什么样的标准？完成工作的期限应该如何制定？员工应该向管理者表达的是：自己对工作目标和如何完成工作的认识；自己所存在的对工作的疑惑和不理解之处；自己对工作的计划和打算；在完成工作中可能遇到的问题和需申请的资源。管理者和员工应该在上述过程中不断交换意见，最终对问题达成共识，并在人力资源管理专业人士的配合下，共同制订出绩效计划。

### （二）绩效执行阶段中的沟通

绩效执行阶段进行绩效沟通主要有三个目的：应对变化，保持工作过程的适应性；获取信息，保持员工和部门主管工作行为的方向性；辅助管理，保持绩效管理系统的稳定性。绩效沟通是辅助绩效管理的有效工具，它能帮助组织、员工和部门主管真正融入绩效系统，从而达到系统目标的稳定性。若去掉绩效沟通，就不是绩效管理，仅仅是计划和评估而已。为了实施绩效管理，实现计划—评估—反馈各环节的管理功能，保持绩效系统的稳定与可靠，组织需要员工和部门主管的相互理解与共同合作，即需要双方进行持续的绩效沟通。

### （三）绩效考核阶段中的沟通

在绩效考核阶段中，如果考核者是被考评者的上级，上级评定的结果通常为最终的员工考核结果，因此在这个阶段中沟通不是最主要的工作内容。

如果在考核阶段中出现问题，那么上级和下级应该在绩效反馈阶段中就员工的绩效结果进行沟通，若绩效面谈后对考评结果仍持有意见，则可以提出申诉。

### （四）绩效反馈阶段中的沟通

绩效面谈是绩效反馈中最重要的环节，沟通双方应做好充分的准备。

*1. 双方应做的准备*

作为主导反馈面谈的一方，管理者要做好以下几方面的准备工作。

（1）选择合适的面谈时间

绩效面谈的时间应该确定在一个面谈双方都有空闲的时间段。管理者在确定面谈时间时，应该充分尊重员工的意愿。在确定面谈开始时间的同时，应对面谈要占用的时间有一个明确的计划，以便于双方安排工作。

（2）选择合适的面谈地点和环境

为了更有效地进行面谈，就必须选择一个最佳的场所。最理想的面谈地点是在中立性的地方，是远离管理者办公室的中间地方，不要让其他员工看到面谈过程。要进行有效的面谈，场所的布置尤其是桌椅的摆放对面谈双方，尤其是对下属的心理影响是不容忽视的。距离太远，沟通双方无法清晰地获得信息；距离太近，又会使对方感到私人的领域受到侵犯，造成一种压抑感。

（3）设计面谈的过程

为了在绩效面谈的时间内充分实现绩效面谈的目的，制订详细的面谈过程计划就变得十分重要了。在进行绩效面谈之前，可以制定出一份绩效考核面谈表。

（4）收集整理面谈中需要的信息资料

在进行绩效反馈之前，管理者必须准备好面谈所需的各种资料。这些资料包括绩效考评表格、员工日常工作情况的记录、该绩效周期的绩效计划等。

在绩效面谈之前，员工要做好以下几方面的准备工作。

1）收集整理面谈中需要的资料。绩效面谈主要针对的是员工在上一个绩效周期中的表现，因此员工应充分收集、整理一些能够表明自己绩效状况的事实依据。另外，面谈是管理者与员工进行直接沟通的一个重要渠道，员工可以借此机会向管理者提出自己的建议和看法。

2）草拟个人发展计划、绩效改进计划和下一绩效周期的绩效计划等文件。

3）安排好个人的工作，腾出充足的时间进行绩效反馈面谈。

2. 绩效申诉

若被考评人不能接受考评结果，被考评人可按照规定程序填写申诉单，在规定的工作日内向绩效考评申诉处理小组提出申诉。申诉处理小组通常由公司最高一层行政领导（即总经理）、公司副总经理及人力资源部长组成。绩效考评申诉处理小组会同申诉人所在部门就员工申诉的问题进行调查，并在规定的工作日内将复核结果书面通知申诉人。无论被评估人对该结果意见如何，该结果都将作为最终绩效考评结果。

### （五）绩效改进计划阶段中的沟通

绩效改进计划阶段中绩效沟通的目的是管理者与员工就如何改进绩效进行沟通，并形成一份个人发展计划，即绩效改进计划。

一份有效的绩效改进计划应满足以下四点要求。

1）计划要切合实际。在制订绩效改进计划时要遵守循序渐进由易到难的原则，即容易改进的优先列入计划，不易改进的列入长期计划，不急于改进的暂时不要列入计划。

2）计划要有明确的时间性。绩效计划应该有时间的限制，这样有利于管理者的监督、控制和指导。同时也能给员工造成一定的心理压力，使其能认真对待。

3）计划要具体。列入绩效改进计划的每一项内容都要十分具体，便于操作。例如，为了提高某员工的销售技能，可以安排他参加有关如何提高销售技巧、如何与顾客打交道等培训课程，可以安排有销售经验的老员工带他实习一个阶段，也可以推荐他读几本相关书籍等。

4）计划要获得认同。绩效改进计划一定要经过双方的讨论，获得双方一致认同，才会行之有效。作为管理者不要将自己的意志强加于人，要讲究方式方法。

# 第三节　绩效指标与指标体系

企业内不同工作岗位的工作性质差异，导致了不同岗位绩效评估的内容与指标体系不同。同时，指标的设定是绩效管理体系得以成功实施的前提，具有战略导向性。本节将详细介绍如何设计绩效指标和绩效指标体系。

# 一、绩效指标

## （一）概念

在绩效考核过程中，考核者要对被考核者的各个方面或各个要素进行考评，而指向这些方面或要素的概念就是绩效考评指标。绩效考评指标一般包括四个构成要素。

1）指标名称。其是对考评指标的内容做出的总体概括。

2）指标定义。其是指内容的操作性定义，用于揭示考评指标的关键可变特征。

3）标志。考评的结果通常表现为某种行为、结果或特征划归到若干个级别之一，考评指标中用于区分各个级别的特征规定就是绩效考评指标的标志。

4）标度。用于对标志所规定的各个级别包含的范围做出规定，或者说，标度适用于揭示各级别之间的差异。

## （二）绩效指标分类

一般而言，每个岗位的指标体系由工作数量、质量、时间及成本四个方面构成，以下即为一些常用的绩效指标。

1. 数量

1）每月、每季度顾客的数量。

2）每周、每月处理的项目（报告、表格）数量。

3）每月、每季度处理的诸如咨询、投诉的事件。

4）在具体项目中员工参与的百分比

5）每月、每季度由于旷工而消耗的劳动时间。

2. 质量

1）（部门、计划等的）差错率。

2）每季度、每年由于严重失误而造成的生产时间的损耗。

3）正确无误的订单比例。

4）员工流失的比率。

5）重复检测的百分比。

6）返工（或完成废弃）的百分比。

7）故障或停产（停工期间）时间的百分比。

3. 时间

1）错过截止时间的百分比或数量。

2）铃响三声之内应答电话的百分比或数量。

3）完成工作的天数。

4）月末或季度末还需要工作的天数。

5）每月／季度某一件事的发生频率。

4. 成本

1）与预算偏差的百分比。

2）预算中的生产开支（包括超工作量或其他成本）。

3）比上期或上个季度节省的金额。

另外，绩效指标可分为定量（量化）指标和定性（不量化）指标两类，这两类指标的内容和侧重的要点均有所不同。具体来说，定量指标用于考核可量化的工作，而定性指标则用于考核工作的过程。采用定量指标进行绩效考核是绩效管理中非常重要的部分，关于这部分内容笔者将在下一个问题中做具体介绍。采用定性指标进行绩效考核时，可以对整个工作进程进行评价，使用的范围较广。工作能力和工作态度的考核一般就采用定性指标。工作能力考核的是员工在职务工作中发挥出来的能力。设置该指标的目的是鼓励员工个人能力的积累。一般是根据实际情况与标准或要求对比，然后进行评定。一般工作能力指标的制定原则是尽量细化和行为化。工作态度考核的是员工在工作中付出的努力程度，即对工作积极性的衡量。设置该指标的目的是培养员工良好的职业习惯。态度考核维度主要包括：敬业精神、创新精神、忠诚度、责任感、积极性、协调性、进取心、诚实性、团队精神等。

## （三）选择绩效指标的原则

在选择绩效指标时应遵循以下三条原则。

1）目标一致性原则。绩效考评指标应与绩效考评的目的和绩效管理系统的运行目标保持一致。这种一致性不仅包括内容上的一致性，同时还包括了完整性的含义。考评指标应该能够完整地反映绩效管理系统运行总目标的各个方面。

2）独立性与差异性原则。独立性原则指的是考评指标之间的界限应清楚明晰，不会发生含义上的重复。差异性原则指的是考评指标之间的内容可以比较，能明确分清它们的不同之处，在内涵上有明显的差异。

3）可测性原则。考评指标之所以需要测量和可以测量，最基本的特征就是该考评指标指向的变量具有变异性。具体来说，考评指标能够产生不同的考评结果。只有这样，绩效考评指标的标志和标度才具有存在的意义，考评指标才可以测量。

## 二、绩效指标设计方法

设计绩效考评指标的方法主要有两种：目标管理法、平衡计分卡法。

### （一）目标管理法

组织的高层管理确定了组织的目标后，必须对其进行有效分解，使之转变成部门目标及个人目标。

1.目标管理的原则

1）目标要清楚、明确。在设置目标时，用双方都能理解的语言和术语来讨论在一定期限内要完成的主要任务。

2）目标要可评估。所设置的目标要简单且易于评估，最好能用量化指标。

3）目标要有相容性。个人目标要相容于流程目标，流程目标要相容于整个组织的目标。

4）目标要有挑战性。富有挑战性的目标更能激发员工的工作热情，鼓励员工选择艰巨而经过努力能实现的目标。

5）目标要有优先秩序。对个人或流程设置的目标数量一般为3~5个，不能超过七个。过多的目标将会使员工无所适从，不能很好地完成其主要工作。对于同时设有多个目标时，应按其重要性排出优先次序，保证重要工作的优先完成。

2.目标的分解

企业目标由上而下层层分解，而每一个下级员工的工作绩效又是上级绩效及目标的保证，没有下级员工的工作绩效，上级管理者也不可能实现工作目标。

关键绩效指标（Key Performance Indication，KPI），是衡量企业战略实施效果的关键指标。KPI 体系包括企业级的 KPI、部门级的 KPI、个人的 KPI 三个层面的指标，这三个层面的指标共同构成企业关键绩效指标体系。通过 KPI 体系的建立，把公司的总战略和战略目标通过自上而下层层分解落实为部门和员工个人的具体工作目标，将企业战略转化为内部过程和活动，从而确保战略目标的实现。通过 KPI，可以落实企业战略目标和业务重点，传递企业的价值导向，有效激励员工，促进企业和员工绩效的改进与提升。

3. 目标管理的流程

具体到绩效考核中，目标管理方法的应用步骤如下。

1）管理者与员工联合制定考核期内要实现的工作目标，并为实现特定目标制定员工所需达到的绩效水平。

2）在评价期间，管理者和员工根据业务或环境变化修改或调整目标。

3）管理者和员工共同讨论目标是否实现了，并讨论成功或失败的原因及改进措施。

4）管理者与员工共同制定下一个考核期的工作目标与绩效标准。

4. 目标管理的优缺点

（1）目标管理的优点

1）作为一种绩效考评工具，目标管理得到了广泛应用；作为一种有效的反馈工具，目标管理使员工知道期望于他们的是什么，从而把时间和精力投入能最大限度地实现组织目标的行为中去。

2）从公平的角度来看，目标管理较为公平，因为绩效标准是按相对客观的条件来设定的，因而评分相对来说没有偏见。

3）目标管理相当实用且费用不高，目标的开发不需要花太多力气，必要的信息通常由员工填写，由主管批准或者修订。

4）目标管理能使员工在完成目标中有更多的切身利益，对其工作环境有更多被知觉到的控制，目标管理也使员工及主管之间的沟通变得更好。

（2）目标管理的缺点

1）尽管目标管理使员工的注意力集中在目标上，但它没有具体指出达到目标所要求的行为。

2）目标管理也倾向于聚焦短期目标，即能在每年年底加以测量的目标。员工可能会试图达到短期目标而牺牲长期目标。

3）绩效标准因员工不同而有所差异，因此目标管理没有为相互比较提供共同的基础。

4）目标管理经常不能被使用者接纳。经理不喜欢目标管理所要求的大量书面工作，而且员工也不喜欢目标带来的绩效压力和由此产生的紧张感。

## （二）平衡计分卡法

绩效管理中经常出现大多数企业比较重视财务、经济指标和当前能够见到效益的指标，往往忽略长期指标的问题，使用平衡计分卡法是解决这些问题的有效途径。

1. 平衡计分卡的核心思想

平衡计分卡（Balance Score Card，BSC）是哈佛大学商学院教授罗伯特·卡普兰（Robert Kaplan）和某咨询公司总裁大卫·P.诺顿（David Norton）在1992年提出的。其核心思想是通过财务、客户、内部经营过程、学习和成长四个指标之间相互驱动的因果关系，展现组织的战略轨迹，实现绩效考核—绩效改进及战略实施—战略修正的目标。

2. 四个考核维度向绩效指标的转化

平衡计分卡方法既强调绩效管理与企业战略之间的紧密关系，又提出了一套具体的、可操作的指标框架体系。在绩效管理中，平衡计分卡的四个维度可以转换成四类绩效考核指标。每类绩效考核指标可以细分为更具体的指标。

3. 四类指标之间的内在逻辑关系

平衡计分卡四类指标具有深层的内在关系：学习和成长解决企业长期生命力的问题，是提高企业内部战略管理素质与能力的基础；企业通过管理能力的提高，为客户提供更大的价值；客户的满意导致企业良好的财务效益。反过来说，财务指标是企业最终的追求和目标；而要提高企业的利润水平，必须以客户为中心，满足客户需求，提高客户满意度；而要提高客户满意度，又必须加强自身建设，提高企业内部的运营效率；而提高企业内部效率的前提是企业及员工的学习与创新。

4. 应用平衡计分卡法设计考核指标的优势

平衡计分卡同时强调了财务与指标之间的平衡，强调了绩效目标与战略和经营活动的联系，兼顾了长期目标与短期目标的平衡。

1）财务与非财务的平衡。尽管利润是企业的最终目标，但财务指标却与客户、内部流程、学习与创新等非财务指标密不可分。只有两方面都得到改善，企业的战略才能得到实施。

2）短期与长期的平衡。企业的目标是获取最大利润，企业想获得的是持续的收入而不是某一次的"中大奖"。BSC正是以战略的眼光，合理地调节企业长期行为与短期行为的关系，从而实现企业的可持续发展。

3）指标间的平衡。在指标设置上，四个指标应该一视同仁，没有偏向。BSC 是长期的战略评估，所以必须要协调发展。四个方面构成一个整体的循环，如果某一方有所偏废，即使其他三方面做得非常好，企业仍然是失败的。因为它的循环发生了断裂，到后期必然成为企业的"短板"，制约企业的发展。

5. 实施平衡计分卡考核的步骤

1）建立公司的愿景与战略。

2）成立平衡计分卡小组或委员会，解释公司的愿景和战略，并建立财务、顾客、内部业务流程、员工学习与成长四类具体的目标。

3）为四类目标找出恰当的衡量指标。

4）加强企业内部沟通与培训。利用各种不同沟通渠道，如定期或不定期的刊物、信件、公告栏、标语、会议等让各层管理人员知道公司的愿景、战略、目标与业绩衡量指标。

5）确定每年、每季、每月的业绩衡量指标数字，并与公司的计划和预算相结合。

6）将每年的报酬奖励制度与平衡计分卡挂钩。

7）经常采用员工意见，积极修正平衡计分卡衡量指标，并改进公司战略。

6. 实施平衡计分卡的前提条件

平衡计分卡虽然是一个有效的绩效管理方法，但不适用于追求短期利润和削减成本的企业，较适合于追求企业核心竞争力的建立及持续增长的企业。

实施平衡计分卡，需要具备三个前提条件。

1）企业战略清晰明确，而且能够层层分解，同时还要能与组织内部的部门、工作组、个人的目标达成一致，其中个人利益能够服从组织的整体利益。

2）组织内部与实施平衡计分卡相配套的其他制度健全，包括财务核算体系的运作、内部信息平台的建设、岗位权责的划分、业务流程管理及与绩效考核相配套的人力资源管理的其他环节等。

3）充分而有效率的沟通。企业领导者应该与员工充分沟通，让他们理解企业的战略及其组织希望他们怎么去表现，从而达到组织的目标。

# 三、绩效指标体系

## （一）概念

一组既独立又相互关联并能够较完整地表达绩效考评目的和绩效管理系统运行目标的考评指标构成了绩效考评指标体系。

绩效考评指标体系呈现出层次分明的结构。首先，组织绩效考评、部门绩效考评、员工绩效考评是绩效考评体系的三个大的层次。另外，针对每一个岗位的绩效考评指标也呈现出层次分明的结构。通常，对员工的绩效考评包括工作业绩、工作能力和工作态度三个评价维度，每一个维度都包含若干个具体的评价指标，从而也形成了一个层次分明的结构体系。

## （二）绩效指标体系的设计原则

设计绩效考评指标体系需要遵循以定量指标为主，以定性指标为辅的原则。同时，指标要尽量少而精。也就是说，在设计绩效考评指标体系时应避免一切不必要的复杂化。结构简单的考评指标体系能够有效地缩短考评信息的处理过程乃至整个考评过程，提高绩效考评的工作效率。同时，考评者能够比较容易地了解绩效考评体系，掌握相应的考评方法和技术。

## （三）构建绩效指标体系的步骤

1）设计绩效考评指标库。首先，企业负责此方面工作的人员应建立一个适合企业特点和战略需要的考评指标库。这个指标库并不一定完全能够涵盖最终确定的每个岗位的绩效考评指标。许多指标往往是在下一个步骤中通过不同的操作方法逐一产生的，并逐一填充到这个指标库中。

2）针对不同岗位的特点选择不同的绩效考评指标。处于组织中不同职务职能等级上的员工，在对其进行绩效考评时必然要使用不同的考评指标和权重。

3）确定不同指标的权重并将指标赋值。一般来说，某一指标的权重代表了该指标在整个事件或活动中的重要程度。一般情况下，整个事件或活动的权重之和是 1 或 100%。赋值是指按照一定的标准，根据指标之间的差异程度，给每个指标赋予一定的分数。其好处在于通过界定每种等级分数下的状况，考评人和被考评人都能够事先清楚地、无歧义地了解和使用绩效指标。

# 第七章　薪酬管理

## 第一节　薪酬管理概述

薪酬管理，是指一个组织针对所有员工所提供的服务来确定他们应当得到的薪酬总额、薪酬结构和薪酬形式的过程。在这一过程中，企业必须就薪酬水平、薪酬体系、薪酬结构、薪酬形式及特殊员工群体的薪酬做出决策，同时作为一种持续的组织过程，企业还要持续不断地制订薪酬计划、拟定薪酬预算、就薪酬管理问题与员工进行沟通，同时对薪酬系统本身的有效性做出评价而后不断予以调整和完善。

## 一、薪酬概念与功能

薪酬是企业的运营成本，也是企业的人力资本投资。通过有效的薪酬管理，可以获得员工对企业文化和价值观的认识和支持，促进员工与企业之间形成双赢的合作伙伴关系，有利于员工个人绩效的提升和企业整体绩效的提高，从而实现企业的经营目标。

### （一）薪酬的概念

#### 1.报酬的概念

薪酬是报酬的组成部分。通常将员工为组织工作而获得的所有有价值的回报，都看作报酬。因此，报酬是一个整体概念，包括经济报酬和非经济报酬。

## 2. 薪酬的概念及其构成

薪酬是指劳动者根据劳动所获得的收入。它是整体报酬中的经济性报酬部分，包括直接经济报酬和间接经济报酬。其中直接经济报酬包括基本薪酬和可变薪酬两部分；间接经济报酬也就是间接薪酬。

（1）基本薪酬

基本薪酬是指一个组织根据员工所承担的工作或所具备的技能或能力而向员工支付的稳定性报酬，基本薪酬的确定主要有三种方式：职位薪酬制、技能薪酬制和能力薪酬制。

（2）可变薪酬

可变薪酬是薪酬系统中与绩效直接挂钩的部分，也被称为浮动薪酬或奖金。可变薪酬的目的是在绩效和薪酬之间建立起一种直接的联系，而这种业绩既可以是员工的个人业绩，也可以是企业中某一业务单位、员工群体、团队甚至整个公司的业绩。因此，可变薪酬是一种激励性薪酬。可变薪酬可划分为短期和长期两种，短期可变薪酬或短期奖金一般都是建立在非常具体的绩效目标基础上的；而长期可变薪酬或长期奖金的目的则在于鼓励员工实现跨年度或多年度的绩效目标。许多企业的高层管理人员和一些核心技术人员所获得的企业股权及与企业长期目标（如投资收益、市场份额、净资产收益等）实现所挂钩的红利等，都属于长期可变薪酬的范畴。

（3）间接薪酬

间接薪酬即员工福利，是指员工因其为组织的成员及其在组织中的职位而获得的薪酬。福利通常与绩效无关。福利一般有以下 5 种主要类型：法定福利、退休福利、保险福利、非工作时间的薪酬和其他福利。法定福利主要包括社会保障福利、失业补偿福利和工伤赔偿福利三种；退休福利主要是指养老金计划；保险福利主要有养老保险、医疗保险、失业保险、工伤保险、生育保险等；非工作时间的薪酬主要是指法定的假日、休假及因生病、履行陪审义务而不能工作但必须支付的薪酬；其他福利主要指有些企业提供的额外福利，包括食品服务、健身设施、健康和急救服务、财务和法律建议、咨询服务、教育和娱乐项目、日托设施等。

## （二）薪酬的功能

薪酬既是组织提供给员工的收入，同时也是企业的一种成本支出，它代表了企业和员工之间的一种利益关系。因此，薪酬的功能应该从员工和企业两方面去加以理解。

1.薪酬的功能：员工方面

（1）经济保障功能

在市场经济条件下，薪酬是绝大多数员工的主要收入来源，对员工及其家庭生活起着保障作用。

（2）心理激励功能

从心理学的角度来说，薪酬是个人和组织之间的一种心理契约，这种心理契约通过员工对薪酬状况的感知而影响员工的工作行为、工作状态及工作绩效，即产生激励作用。

（3）社会信号功能

人员在企业之间甚至在地区之间频繁流动，薪酬作为一种市场信号，显示了一个人的能力和社会地位。因此，员工对这种信号的关注实际上反映了员工对于自身在社会及组织内部的价值的关注。

2.薪酬的功能：企业方面

（1）控制经营成本

为了保持或提高在劳动力市场的竞争能力，企业需要保持相对较高的薪酬水平，但这会对企业造成成本上升的压力，从而对企业在产品市场上的竞争产生不利影响。因此，企业需要在劳动力市场的竞争力和产品市场上的竞争力之间寻求平衡。

（2）改善经营绩效

薪酬不仅决定了企业中的人力资源存量，同时还决定了现有员工受到激励的状况，影响他们的工作绩效、对组织的归属感和组织承诺度，从而直接影响到企业的生产能力和生产效率。

（3）塑造和强化企业文化

合理的和富有激励性的薪酬制度有助于企业塑造和强化企业文化。如果企业推行以个人为单位的可变薪酬方案，就意味着在组织内部强化了个人主义的作用，结果会导致一种个人主义的文化；反之，如果薪酬的计算和发放主要以小组或团队为单位，则会强化员工的合作精神和团队意识，从而支持一种团队文化。

## 二、薪酬管理在人力资源管理中的作用

薪酬管理是人力资源管理的一个重要组成部分，它与其他人力资源管理职能共同构成了组织愿景和总体战略目标得以实现的平台。

薪酬管理与职位设计。职位本身的设计不合理也会给薪酬管理带来一些麻烦。例如，职位划分过细本身就必然导致企业的薪酬等级划分过细，结果使员工在不同职位之间的轮换变得很困难，同时员工的双眼会紧盯着职位的等级而不是个人的绩效和能力。

薪酬管理与员工招募和甄选。高水平的薪酬可以吸引大批合格的求职者，因此企业的甄选标准也可以适当提高，从而保证企业较快地获得高素质的员工。通过企业的薪酬制度所传递出来的特定信息，如企业的经济实力、等级制度、价值导向及企业文化等特征，会在劳动力市场充当一种有效的筛选机制，帮助企业吸引那些与组织需要和文化相匹配的员工。

薪酬管理与培训和开发。薪酬制度的合理设计有助于引导员工主动接受培训、努力进行自我技能开发、不断巩固和提升自身的业务素质。

薪酬管理与绩效管理。越来越多的企业将员工个人和团队的薪酬与他们的绩效联系起来。在以能力模型为中心的人力资源管理系统中，薪酬管理正在从过去主要关注绩效和薪酬之间的关系，发展到不仅关心员工的业绩目标达成，而且关心员工的整体素质、所掌握的技能及未来的提升潜力等。

# 第二节　薪酬制度

企业薪酬制度包括基本薪酬制度、绩效薪酬制度、福利保险制度等几部分。薪酬制度的确定，是企业薪酬管理的核心内容。

## 一、基本薪酬制度

在企业中，基本薪酬制度通常可以在职位薪酬制度、技能薪酬制度和能力薪酬制度中选择一种或其中几种的组合。

### （一）职位薪酬制度

#### 1. 概念

职位薪酬制度也被称为岗位薪酬制度，其基本思想是首先对职位本身的价值做出客观评价，然后根据职位评价结果确定与该职位价值相当的薪酬。

职位薪酬制度的特点是员工担任什么样的职位就得到什么样的薪酬。与技能薪酬制度和能力薪酬制度相比，职位薪酬制度在确定基本薪酬时主要考虑职位本身的因素，很少考虑人的因素。

2. 实施职位薪酬制度的前提条件

1）工作分析标准化。职位薪酬制度要求纳入本系统中来的职位和职位工作特征、职责、职权及任职资格本身都必须是明确、具体的。企业必须保证各项工作都有明确的专业知识要求，有明确的责任。

2）职位内容基本稳定。只有当职位内容保持基本稳定时，企业才能使工作的序列关系有明显的界线，不至于因为职位内容的频繁变动而使职位薪酬制度的相对稳定性和连续性受到破坏。

3）根据个人能力安排职位的机制。由于职位薪酬制度是根据职位本身的价值来向员工支付报酬的，因此组织必须能够保证按照员工个人的能力来安排适当的职位。当个人的能力发生变动时，他们的职位也能够随之发生变动。

4）相对较多的职级。在实施职位薪酬制度的组织中，职位的级数应该足够多，以确保当个人能力提升时，也能获得从低级职位向高级职位晋升的机会。

5）足够高的薪酬水平。如果组织的总体薪酬水平不高，职位等级又很多，处于职位序列最底层的员工所得到的报酬就会非常少。

3. 职位薪酬制度的设计流程

职位薪酬体系的设计步骤有四个。

1）搜集关于特定工作职位的信息，即进行工作分析。

2）按照工作职位的实际情况对其进行确认、界定及描述，即编写工作说明书。

3）对职位进行价值评价，即进行职位评价或工作评价。

4）根据职位的相对价值对职位进行排序，即建立职位结构。

## （二）技能薪酬制度

所谓技能薪酬制度，是指组织根据员工所掌握的与工作有关的技能，以及知识的深度和广度来支付基本薪酬的一种薪酬制度。技能薪酬制度的特征是，员工获得薪酬或薪酬晋升的主要依据是与工作相关的技能而不是其承担的具体工作或职位的价值。这种薪酬制度通常适用于所从事的工作比较具体而且能够被界定出来的操作人员、技术人员及办公室工作人员。

1.技能的分类

在现实的工作中，可以将技能分为以下几个类别。

（1）深度技能

在从事深度技能类职位的工作时，任职者要想达到良好的工作绩效，就必须既能胜任一些简单的体力活动，如清洁及将准备使用的零部件存放在生产线上等，又可以从事一些较为复杂的技能活动。与垂直技能不同，任职者在从事这一类职位工作时，需要运用其上游职位、下游职位或者是同级职位所要求的多种一般性技能。这些工作往往要求任职者不仅需要掌握自己职位族范围内需要完成的各种任务，而且需要掌握本职位族之外的其他职位所需要完成的一般性工作任务。

（2）垂直技能

垂直技能要求员工能够进行自我管理。员工在承担此类职位的工作时，需要具备的垂直技能包括：时间规划、领导、群体性的问题解决、培训，以及与其他工作群体或员工群体之同的协调技能等。

2.技能薪酬制度的设计程序

技能薪酬制度设计要经过四个步骤。

1）技能分析，即对某项工作所需技能信息的收集和分析过程。

2）技能评价，即评估不同技能对组织的相对价值，进而建立技能等级体系的过程。

3）技能定价，即按照一定的规则对不同技能等级确定薪酬数额的过程。

4）技能管理，即在技能薪酬结构设计中鉴定员工的技能水平、与员工进行交流沟通、提供岗位轮换和技能认证、建立科学完善的培训体系等，目的是保持技能薪酬制度的正常运行。

另外，在技能薪酬制度设计问题上，组织必须清楚地了解以下几个问题。

1）技能的范围。准备实行技能薪酬制度的组织必须清楚，自己到底准备为哪些技能支付报酬，并且还要将这种信息传达给每一位员工，因为企业只对扮演某些特定的角色或者从事某些特定工作所需要的技能提供报酬，而不是给员工所有的技能提供报酬。此外，企业还必须确保这些技能的总价值与市场薪酬水平之间存在紧密的联系。

2）技能的广度和深度。组织还必须确定自己所要提供报酬的那些技能开发的范围。企业到底是鼓励员工成为通才，还是鼓励他们仅仅去不断提高具有很高价值的那些特定技能。

3）单一职位族/跨职位族。企业必须界定清楚，技能薪酬制度到底是严格限定在某一个单一职位族之内，还是设计成一个真正的跨职能培训计划。显然，前者鼓励员工沿着某一特定的职业通道跨越多阶台阶来获得报酬（更适合职能型组织），而后者则鼓励员工打破传统的职能通道，形成新的职业发展通道。

4）培训体系与资格认证问题。实行技能薪酬制度的企业必须建立一套培训体系来对员工进行技能培训，同时帮助他们开发组织所要求具备的那些新技能。企业还要有阶段性的资格再认证过程，以确保员工能够将这些技能保持在某种水平上。

5）学习的自主性。企业还必须决定应当是由员工自己来掌握下一步应当学习何种技能，还是要由企业、工作流程的流动方向或者客户的需求来决定员工应当学习的技能类型。

6）管理方面的问题。技能薪酬的管理重点不再是确保工作任务的安排与职位等级保持一致，而是要最大限度地利用员工已有的技能。一旦员工在工作多年之后发现自己已经达到了最高的技能等级，无级可升，那么其继续学习新技能的动机就可能被削弱，这时企业可能需要考虑使用其他的激励手段。

3. 技能薪酬制度的优缺点

（1）技能薪酬制度的优点

从企业角度来说，技能薪酬制度的优点主要表现在以下几个方面。

1）技能薪酬制度向员工传递的是关注自身发展和不断提高技能的信息，它激励员工不断开发新的知识和技能，使员工在完成同一水平层次及垂直层次的工作任务方面具有更大的灵活性和多功能性，从而有利于员工和组织适应市场上快速的技术变革。

2）技能薪酬制度有助于达到较高技能水平的员工实现对组织更为全面的理解和贡献。员工掌握的技能越多，越能够成为一种弹性的资源——不仅能够扮演多种角色，而且能够建立起对整个工作流程的全方位理解。一旦员工能够更好地理解整个工作流程，他们就会更好地理解自己对于组织所做贡献的重要性，那么他们就会更好地提供服务，更努力地帮助组织实现其战略目标。

3）技能薪酬制度在一定程度上有利于鼓励优秀专业人才安心于本职工作，而不是去谋求报酬尽管很高但是并不擅长的管理职位。技能薪酬制度有利于防止组织出现两个方面的损失：一是因为优秀技术专家流失所招致的损失；二是由于提拔了不擅长管理工作的管理者而受到的损失。

4）技能薪酬制度在员工配置方面为组织提供了更大的灵活性。因为员工的技能区域扩大使得他们能够在自己同伴生病、流动或者因其他原因而缺勤的情况下替代他们的工作，不必被动等待。

5）技能薪酬制度有助于高度参与型管理风格的形成。由于薪酬是与员工对组织的价值联系在一起的，因此员工的关注点是个人及团队技能的提高，而不是具体的职位，并且技能薪酬制度的设计本身需要员工的高度参与。因此，这种薪酬制度有助于强化高度参与型的组织设计，提高员工的工作满意度和组织承诺度。

（2）技能薪酬制度的缺点

1）由于企业往往要在培训及工作重组方面进行投资，结果很有可能会出现薪酬在短期内上涨的状况。如果员工生产率的提高不能抵消因此额外增加的劳动力成本，则企业的薪酬成本可能会出现超额增长。

2）技能薪酬制度要求企业在培训方面进行更多投资。如果企业不能把这种人力资本投资转化为实际的生产力，企业可能会因此而无法获得必要的利润。

3）技能薪酬制度的设计和管理都比职位薪酬制度复杂，因此它会要求企业有一个更为复杂的管理结构，至少需要对每一位员工在技能不同层级上所取得的进步加以记录。

## （三）能力薪酬制度

### 1. 能力概述

在人力资源管理中，能力是指一种胜任力和胜任素质，它特指员工所具备的能够达到某种特定绩效标准或表现出有利于绩效提升行为的能力。能力薪酬中的"能力"应当具备以下特征：是技能、知识、能力、行为特征及其他个人特征的总称；依附于特定的组织，具有组织的专用性特征，也就是说一种能力在一个组织中的高价值性未必能在另一个组织中也同样体现出来；能够准确地测量和区分员工的绩效水平。

### 2. 能力的分层

在人力资源开发中，能力通常分为三个层次：核心能力、能力群、能力指标。核心能力是保证组织能够获得持续竞争优势所需的员工能力，它通常是从企业核心竞争力和价值观中引申出来的。能力群是指可转化为行动的每项核心能力的集合。例如，某公司一个特定部门的核心能力是工程开发能力，可观察的能力包括任务分配的能力、质量保证的能力、影响他人的能力、维持关系的能力等，这些能力构成了能力群。能力指标是表明每个能力群内各种能力水平上可观察和可测量的行为，它是从事各种复杂性工作所需要的能力程度。例如，上述公司能力群中"影响他人的能力"就可以列出很多可观察的行为，进而划分出等级。

3. 薪酬支付的"能力"基准

设计能力薪酬时，首先要对支付的基础——"能力"进行确定和选择。

1）精细还是宽泛的能力。精细的能力基准可能局限于组织内特定的部门、工作族或工作；而宽泛的能力基准适用于组织的所有员工和岗位。

2）当前还是未来的能力。当前的能力是指那些组织已经较为熟悉的技能或知识，这种能力可以通过分析组织中高绩效的员工（标杆绩效员工）获得；未来的能力是指组织在将来某个时期对员工的能力需要。未来的能力对于当前未必有价值，需要从企业战略和价值创造流程角度来分析。

3）复杂精确还是简约灵活的能力。复杂精确的能力基准通常属于传统薪酬管理范畴，人力资源专家通常要设计大量的能力要素及相关登记；简约灵活型的能力基准则适用于大多数能力薪酬，包括少量的能力要素，并能够较容易地随着外部环境的变化进行调整。

4）具体的还是抽象的能力。一些具体的能力，如有效解决问题的能力，容易被描述和界定等级；而一些抽象的能力标准，如创新能力，就不易被描述和界定等级。

5）有长久价值还是暂时价值的能力。具有长久价值的能力能够长时间保持其有效性，利用长久价值能力基准的公司会发现其能力薪酬能够持续很多年，且变化微小；具有暂时价值的能力具有较短的"生命力"，企业为了使能力薪酬有效，需要持续地根据外部环境的变化进行调整。

6）具有市场价值还是战略价值的能力。根据市场价值进行能力判断需要对薪酬调查提出很高的要求；基于战略价值进行判断则要根据不同能力对企业的贡献性来支付薪酬。

7）自下而上还是自上而下的能力。自下而上的能力基准类似于工作分析，它从员工对每个具体工作胜任的资格入手，通过工作任务分析来确定能力基准；自上而下的能力基准则首先从组织战略高度出发，考察组织核心竞争力所对应的员工能力。

4. 能力薪酬制度建立的步骤

1）确定哪些能力是支持公司战略，为组织创造价值，从而应当获得报酬的。

2）确定这些能力可以通过哪些品质、特性和行为组合表现出来，即具备何种品质、特性及行为的员工最有可能是绩效优秀者。

3）检验这些能力是否真的使员工的绩效与众不同。只有那些真正使员工绩效高于众人的能力和行为才能被包括在内。

4）评价员工能力，将能力与薪酬结合起来。根据界定好的能力类型及其等级定义，对员工在某领域中所具备的绩效行为进行评价，然后将评价的结果与他们应当获得的基本薪酬结合在一起。

### （四）职能薪酬制度

在实践中，有些企业将以上介绍的三种基本薪酬制度中的两种或三种结合起来制定薪酬制度，其中最常用的是职能薪酬制度。职能薪酬结构又被称为任职资格薪酬结构，是一种将职位薪酬与能力薪酬结合在一起的基本薪酬结构。职能薪酬结构建立的基本步骤如下。

1）进行工作分析，划分职类和职种。职类、职种的划分为员工设定职业生涯跑道，员工依靠职位晋升，并通过在本职种内不断提高任职能力来实现报酬水平的提升。

2）建立任职资格体系。任职资格的构建要素即能力的分层和分类。任职资格体系就是对不同职类、不同职种进行胜任资格的划分。例如，管理服务职类的人力资源开发可以划分为 G、M、J、C 四个任职资格等级，可以对这四个等级进行精准的能力界定。

3）评价职种价值。职种评价的对象是职种中各个任职资格等级的标准，包括知识、专业经验与成果、专业技能和行为标准等。职种评价的目的是根据评价分数来划分薪酬等级，即一个职种所在的薪酬等级取决于所有任职资格等级的最高分和最低分。

4）鉴定任职资格。应当由每个职种领域的权威和专家对员工个人的任职资格进行鉴定，方式依需要而定。鉴定结束之后，将每个员工归入相应薪酬等级的薪阶中。

## 二、绩效薪酬制度

### （一）绩效薪酬概述

#### 1. 绩效薪酬的概念及分类

绩效薪酬有广义和狭义之分，通常认为与绩效相关的薪酬即为绩效薪酬，它是由一系列与绩效相关的报酬形式组成的。狭义地讲，绩效薪酬就是与绩效管理相关的薪酬形式；或者说，只有与员工绩效评价结果相关的薪酬形式才是绩效薪酬。

（1）成就薪酬

成就薪酬是根据员工绩效排序法和行为比较确定的绩效薪酬。成就薪酬有两种形式：一种是将绩效评价结果应用到基本薪酬的增加上，被称为成就工资；另一种是根据绩效评价结果支付员工的奖金，被称为成就奖金。

（2）激励薪酬

激励薪酬是指根据绩效评价结果支付的旨在激励员工绩效的组合薪酬形式，具有规范性、系统性和全面性等特征。鉴于绩效评价结果包括个人绩效、群体绩效和公司绩效三个层次，因此可以将激励薪酬分为个人激励薪酬、群体激励薪酬和公司激励薪酬三种形式。个人激励薪酬是对员工个人绩效的奖励；群体激励薪酬是对部分员工群体进行的激励，包括收益分享、部门激励、团队或小组激励等薪酬方式；公司激励薪酬是基于对企业全体员工绩效的奖励，包括利润分享、股票期权等薪酬形式。

（3）特殊绩效薪酬

特殊绩效薪酬又被称为特殊绩效认可计划，是指对员工超过正常绩效标准却无法在激励中得到反映而采取的一种奖励形式，主要包括货币或非货币奖励。特殊绩效薪酬对员工的超常绩效有较强的激励作用。

2. 绩效薪酬的优缺点

（1）绩效薪酬的优点

绩效薪酬的优点体现在提高劳动生产率、加强团队建设、保持薪酬灵活性、改善产品质量、提高员工参与度、改善客户服务质量、提高利润、降低薪酬成本、提高股东回报率、提高员工主动性等方面。

（2）绩效薪酬的缺点

绩效薪酬的缺点主要体现在：在绩效标准不公正的情况下，绩效薪酬可能流于形式；过分强调个人绩效回报会对企业的团队合作精神产生不利的影响；难以确定提高绩效所需要的薪酬水平；绩效薪酬对组织的人力资源管理非常敏感，如果没有相关的管理支持，其效果很难发挥。

3. 绩效薪酬制度实施的前提

有效的绩效薪酬计划需要良好的实施条件。实施条件主要包括薪酬管理、人力资源管理和企业管理三个方面，它们构成了绩效薪酬制度实施的内部配合条件、横向配合条件和纵向配合条件。

1）内部配合条件。绩效薪酬计划只是总薪酬计划的一部分，与其他薪酬形式相辅相成，同属于一个薪酬管理系统。尽管与其他薪酬形式相比，绩效薪酬的激励相对强一些，但只有在其他薪酬形式行使有效的前提下，绩效薪酬的激励功能才有充分发挥的空间。

2）横向配合条件。绩效薪酬的成功实施必须有良好的绩效管理制度与人力资源开发制度。

3）纵向配合条件。绩效薪酬制度要与企业战略目标一致。如果绩效指标与企业战略目标之间联系不紧密，员工不理解企业的价值观和战略方向，绩效薪酬的功能就只能局限在支付功能上，而没有战略导向意义。

## （二）成就薪酬

### 1. 成就工资

成就工资也被称为功劳工资或业绩工资，指员工的基本薪酬根据其工作绩效而得到永久性增加。其主要形式可分为年度奖金和月 / 季度奖金两种。

（1）成就工资的特征

1）是对员工以往成就的"确认"，一般是企业对员工综合绩效评价结果的反映。

2）这种以"确认"增加基本薪酬的方式具有永久性特征，不像成就奖金，是一次性支付给员工的。

（2）成就工资制度的作用

成就工资是绩效工资的早期形式，它的主要作用是确定一种员工薪酬增长的机制，根据以往的绩效来决定是否增加员工的工资等级，增加多大幅度。与传统普遍增资的做法相比，成就工资的作用体现在：具有对员工较长时期绩效的激励作用，不会给员工和企业带来风险；具有稳定绩效优秀员工的作用，提高员工对企业的忠诚度；对绩效不突出或不佳者，有一定的"自我筛选"作用。

（3）成就工资制度的缺陷

1）一些绩效评价制度如果给予考核者过高的操纵性，会导致绩效评价不客观，缺乏公平性。因此，绩效评价的主观性是限制成就工资激励效果的主要因素。

2）如果绩效等级与成就工资增长比例确定的不科学或不公平，会降低员工的努力程度。研究显示，如果员工基本薪酬增加额小于10%，就很难实现较强的激励效果。

3）成就工资的变动一般需要 1～2 年的时间，从而使员工的绩效距离增加工资的间隔时间过长，有可能导致激励效益随时间延长而递减的现象。

4）随着成就工资的使用，基本工资累计增加，薪酬成本也将逐渐增加。

正因为成就工资有上述弊端，所以从 20 世纪 80 年代初开始，一些企业开始变革传统的成就工资。变革的途径有两种：一种是将成就工资转变为成就奖金；另一种是推行激励工资制度。前者是对绩效优秀者奖励形式的短期化，后者在一定程度上改变了基本薪酬的支付基础和形式。

2. 成就奖金

成就奖金是一种非常普及的绩效薪酬形式，属于绩效加薪的范畴。但它不像成就工资那样对基本工资进行累计性增加，而是一次性支付一定数量的货币薪酬，所以成就奖金也被称为一次性奖金。

（1）成就奖金的特征

成就奖金也是对员工个人特征绩效和行为绩效的一种确认，与成就工资相比，有以下特征。

1）灵活性。成就奖金在发放和管理上的弹性更大，可以根据需要，灵活决定奖励的范围和奖励的周期等。

2）及时性。成就奖金不一定与绩效加薪结合起来支付，可以根据企业的实际情况进行调整和决定发放期，以达到及时反映员工成就的目的。

（2）成就奖金的作用

1）有效降低薪酬成本。降低工资成本是企业采用成就奖金的主要目的。有资料表明，在同样的增长比例下，如果实行成就工资，10 年间一个员工工资成本的增量将为 63335 美元；而如果实行成就奖金制度，工资成本的增量部分仅为 10800 美元，差额为 52535 美元。对员工而言，10 年累计工资数额相差 17.05%。

2）弥补成就工资的缺陷。成就工资不能解决在一个薪酬等级中处于最高职位员工的绩效加薪问题，而成就奖金的形式可以提供解决此问题的途径。

3）淡薄员工的持续加薪意识。在成就工资制度下，基本薪酬的累积增长会促使员工认为加薪是他们的一种权利，工作到一定时间之后基本薪酬就应该自然增加。成就奖金替代成就工资能够在一定程度上消除员工的这种认知及其负面影响。

## （三）员工持股计划

员工持股计划是指通过让员工持有本公司股票或期权而使其获得激励的

一种长期绩效奖励计划。员工持股计划对于企业发展有以下作用。

1）奠定企业民主管理的基础。

2）扩大资金来源，增加员工收入。

3）留住人才，为员工提供安全保障。

4）调整企业收益权，转变企业约束机制。

1. 主要类型与比较

1）现股计划，即通过公司奖励的形式直接赠予股票，或者向员工出售股票，目的是使员工及时、直接地获得实际股权。但这种计划对股票的持有期限规定得比较严格。

2）期股计划，即公司和员工约定在将来某一时刻内以特定的价格购买一定数量的公司股权，购股价格一般参照股票的现行价格。该计划会对员工在购股后出售股票的期限做出规定。

3）期权计划。与期股计划类似，主要区别在于期权计划下，公司给予员工在将来某一时期内可以以一定价格购买一定数量公司股权的权利，但是员工到时可以行使这种权利，也可以放弃这种权利。购股价格一般参照股权的当前市场价格，该价格也同样对员工在购股后出售股票的期限做出规定。

2. 员工持股计划的设计

员工持股制度和持股计划一般包括以下内容。

（1）收益人的范围与数量

确定收益人的范围与数量，主要是确定持股员工的资格。

（2）员工持股的总量控制和员工股票的分配

员工持股的数量取决于当期企业股票期权的总量，它与以下几个因素相关。首先，企业整体股票期权计划所涉及的证券总数的份额，一般的上限为该公司证券总量的10%。其次，股票期权与企业业绩及股票价格之间的比例关系，企业通常采取目标法、价值推算法和未来收益价值评估法等确定。最后，一般员工的持股计划如果与经营者的股票期权计划有所区别，应该适当分配比例。

员工的股票一般依据工资、岗位、工龄和业绩等因素进行分配，其中按薪酬比例分配股票数量的做法比较简单。另一种国际惯例的股票期权分配方法为：员工、管理者和经营者统一按照在企业的服务期分配分值。例如，员工每年1分，部门经理每年4分，副总经理每年11.5分，总经理每年15分，将分值加总后，按照总数确定每个分值的股票期权量，最后确定每人应获得的股票期权数。

（3）员工股票的托管

企业可以选择内部机构或者外部机构来管理员工持有的股票。其运作程序是：首先，拟实行员工持股的企业或雇主与员工达成协议，雇主自愿将部分股权转让给员工，员工承诺减少工资或提高经济效益作为回报；其次，由公司出面向银行贷款或经公司担保由托管机构向银行贷款；最后，用贷款购买公司股票，并按规定的数额存入员工账户。

（4）员工股票的出售

员工所持有的股票不能随意出售，公司需要附加一定的时间、价格及其他出售条件，只有在满足这些条件的情况下员工才有权利出售自己的股票。

## （四）企业经营者的薪酬

企业经营者一般是指具有经营决策权，并直接对企业经营活动和经济效益负责的高级管理人员。广义的企业经营者薪酬是指企业经营者获得的货币化和非货币化薪酬的总和；狭义的企业经营者薪酬是指企业经营者的货币化薪酬。

1.经营者薪酬的构成

企业经营者的薪酬构成有不同的类别划分，主要包括以下薪酬要素。

（1）基本薪酬

基本薪酬是指经营者基本的、固定的货币收入，其主要职能是为经营者提供较为稳定的收入来源，使其能够维持一个基本的、较为体面的个人和家庭生活。

（2）年度红利

红利用于奖励那些为公司的持续发展及在实现公司重要战略目标、财务目标，以及经营目标过程中做出贡献的主要人员，通常分为以下四类。

1）一次性红利。决定一次性红利的发放有四个要素指标：公司利润、公司财政状况、商业状况及未来前景。

2）绩效红利，即根据一些事先规定的指标（如利润增长、市场份额扩大等）发给经营者带有特殊嘉奖性质的红利。

3）预先配给红利，即按照一个固定的公式分配的红利，这种红利是提前给定的，不随企业绩效变动。

4）目标计划红利，是与企业目标绩效相关的红利，红利随公司绩效和市场份额而变动，即当公司利润和市场份额达到一定限度时，经营者可获得奖励；而当指标下降到一定限度时，经营者不能获得奖励。

（3）长期激励计划

长期激励计划主要是指股票及股票期权激励计划，也包括一些长期激励性福利。

（4）福利与津贴

福利与津贴包括一般职工所享受的待遇，如医疗保险、带薪休假等，还包括企业提供的特殊福利，如经理优待、离职补偿（金降落伞计划）等。

2.年薪制的设计与实施

年薪制是以年度为单位，根据经营者的生产经营成果和所承担的责任、风险确定其工资收入的工资分配制度。年薪制确定应把握以下原则：薪酬与业绩挂钩、长期利益与当前利益结合、兼顾效率与公平、风险收益原则。我国实行年薪制的模式主要有以下五种。

（1）准公务员型模式

报酬结构：基薪＋津贴＋养老金计划。

报酬数量：取决于所管企业的性质、规模及高层管理人员行政级别，一般基本薪酬为职工平均薪酬的2～4倍，正常退休后的养老金水平在平均养老金水平的4倍以上。

考核指标：政策目标是否实现，当年任务是否完成。

适用对象：达到一定级别的高层管理人员，包括董事长、总经理、党委书记等，尤其是长期担任国有企业领导、能够完成企业的目标、临近退休年龄的高层管理人员。

适用企业：承担政策目标的大型、特大型国有企业，尤其是对国民经济具有特殊战略意义的大型集团公司、控股公司。

激励作用：这种报酬方案的激励作用机制类似于公务员报酬的激励作用机制，职业升迁机会多、较高社会地位和稳定体面的生活保证是主要的激励力量来源，而退休后更高的生活水准保证起到了约束短期行为的作用。

（2）一揽子模型

报酬结构：单一固定数量年薪。

报酬数量：相对较高，与年度经营目标挂钩。实现经营目标后可得到事先约定好的固定数量的年薪。例如，规定某企业经营者的年薪为15万元，但必须实现减亏500万元。

考核指标：十分明确具体，如减亏额、实现利润、资产利润率、上缴利税、销售收入等。

适用对象：具体针对经营者一人，指总经理或兼职董事长。领导班子其他成员工资用系数折算，但系数不得超过 1。

适用企业：面临亟待解决特殊问题的企业，如亏损国有企业为了扭亏为盈可采取这种招标式的办法激励经营者。

激励作用：虽然激励作用很大，但易引起短期性行为。其激励作用的有效性发挥在很大程度上取决于考核指标的科学选择、准确实用。

这种报酬方案的制定，尤其是考核指标的选择，类似于各地政府普遍实行的对经营者的奖励。

（3）非持股多元化模式

报酬结构：基薪 + 津贴 + 风险收入（效益收入和奖金）+ 养老金计划。

考核指标：确定基本薪酬时要依据企业的资产规模、销售收入、职工人数等指标；确定风险收入时，要考虑净资产增长率、实现利润增长率、销售收入增长率、上缴税金增长率、职工工资增长率等指标，还要参考行业平均效益水平来考核和评价经营者的业绩。

适用对象：一般意义的国有企业的经营者，如总经理或兼职董事长。领导班子其他成员的报酬按照一定系数进行折算，折算系数小于 1。

适用企业：追求企业效益最大化的非股份制企业，现阶段我国国有企业绝大多数都采用这种年薪报酬方案。一般集团公司对下属子公司的经营者实施的年薪报酬方案也多是这种，只是各个企业的具体方案的考核指标、计算方法有一定差异。

激励作用：如果不存在风险收入封顶的限制，考核指标选择科学准确，相对于以前国有企业经营者的报酬制度和上述方案，这种多元化结构的报酬方案更具有激励作用。但该方案缺少激励经营者长期行为的项目，有可能影响企业的长期发展。

（4）持股多元化模式

报酬结构：基薪 + 津贴 + 含股权、股票期权等形式的风险收入 + 养老金计划。

报酬数量：基本薪酬取决于企业经营难度和责任，含股权、股票期权形式的风险收入取决于其经营业绩、企业的市场价值。一般基本薪酬应该为职工平均工资的 2～4 倍，但风险收入无法以职工平均工资为参照物，企业市场价值的幅度升值会使经营者得到巨额财富。只有在确定风险收入的考核指标时，才有必要把职工工资的增长率列入。

考核指标：确定基本薪酬时要依据企业的资产规模、销售收入、职工人数等指标；确定风险收入时，要考虑净资产增长率、实现利润增长率、上缴利税增长率、职工工资增长率等指标，还要参考行业平均效益水平来考核和评价经营者的业绩。如果资本市场是有效的，有关企业市场价值的信息指标往往更能反映企业经营者的业绩。

适用对象：一般意义的国有企业经营者，指总经理或兼职董事长。领导班子其他成员的报酬按照一定系数进行折算，折算系数小于1。也可以通过给予不同数量的股权、股票期权来体现其差别。

适用企业：股份制企业，尤其是上市公司。

激励作用：从理论上说，这是一种有效的报酬激励方案，多种形式的、具有不同激励约束作用的报酬组合保证了经营者行为的规范化、长期化。但该方案的具体操作相对复杂，对企业具备的条件要求相对苛刻。

（5）分配权型模式

报酬结构：基薪＋津贴＋以"分配权""分配权"期权形式体现的风险收入＋养老金计划。

报酬数量：基本薪酬取决于企业经营难度和责任，以"分配权""分配权"期权形式体现的风险收入取决于企业利润率之类的经营业绩。一般基本薪酬应该为职工平均工资的2～4倍，但风险收入无法以职工平均工资为参照物，没必要进行封顶。确定风险收入的考核指标时，有必要把职工工资的增长率列入。

考核指标：确定基本薪酬时要依据企业的资产规模、销售收入、职工人数等指标；确定风险收入时，要考虑净资产利润率之类的企业业绩指标。

适用对象：一般意义的国有企业经营者，指总经理或兼职董事长。领导班子其他成员的报酬可通过给予不同数量的"分配权"或期权来体现。

适用企业：不局限于股份制企业和上市公司，可在各类企业中实行。

激励作用：把股权、股票期权的激励理论引入非上市公司和股份制企业中扩大其使用范围。这是一种理论创新，其效果还有待于实践检验。

# 三、员工福利和保险制度

## （一）员工福利制度

员工福利与工资、奖金不同，它与员工的绩效无关，是基于员工的组织成员身份而确定的，是指员工作为组织的一名成员而从组织内所获得的报酬。福利对企业的发展的重要意义，主要体现为：吸引优秀员工、提高员工士气、降低流失率、凝聚员工。

1. 员工福利的构成和特点

对于企业员工而言，福利包括两个部分：一部分是政府通过立法形式要求企业必须提供给员工的福利和待遇，称为法定福利；另一部分是企业自愿提供给本企业员工的福利，称为企业自愿福利。补偿性、均等性和集体性是员工福利的主要特点。

1）补偿性。福利是企业为员工劳动提供的一种物质补偿，也是员工薪资收入的补充分配形式。一些不宜用货币形式和个体形式支付的劳动报酬，可以用非货币和集体形式的福利来支付。

2）均等性。福利的均等性是指履行了劳动义务的本企业员工均有享受企业福利的平等权利。福利的均等性特点在一定程度上起着平衡员工收入差距的作用。当然，均等性是对企业一般性福利而言的，对于一些高层次福利，许多企业采取了差别对待的方式。

3）集体性。兴办集体福利事业、员工集体消费或共同使用企业的公共物品等，是福利的主体形式。集体消费除了可以满足员工的某些物质需求之外，集体旅游、娱乐和健康项目的实施，还可以强化员工的团队意识和提升对企业的归属感。

2. 员工福利的基本形式

员工福利可分为集体福利和个人福利两种基本形式。

3. 企业福利项目管理方式

目前，比较流行的企业福利项目管理方式有以下两种。

（1）一揽子薪酬福利计划

许多企业不再将薪酬与福利管理分成两项管理工作，而是将其组合成一个有机整体。两种手段互相配合，共同围绕企业目标运转。例如，适宜以货币支付的，就采用货币支付的方式；反之就采用非货币，即福利支付的方式。对于一些奖励性报酬，可以采取货币与福利并用的方式。

（2）自助式福利管理方式

自助式福利计划，也被称为弹性福利计划，是指员工可以在多种福利项目中根据自己的需要进行选择。这种自助式的福利可以分成两种类型：一种是基本保障型，人人都必须拥有，如一些法律规定的福利；另一种是各取所需型。

## （二）员工保险管理

我国现行的社会保障体系包括社会保险、社会救济、社会福利、社会优抚安置和国有企业下岗职工基本生活保障和再就业等方面。

1. 社会保险

社会保险是劳动者（或公民）由于年老、患病、生育、伤残、失业、死亡等原因而暂时中断劳动、暂时或永久丧失劳动能力而不能获得劳动报酬，本人和供养的家属失去生活收入时，由国家和社会按规定提供物质帮助和社会服务的一种社会保障制度。

社会保险的特征如下。

1）强制性。社会保险是宪法确定的公民的一项基本权利，为了保证这一权利的实现，国家必须通过建立社会保障法规强制实施，法律规定范围内的用人单位及员工，都必须参加社会保险，必须按照规定缴纳社会保险费，对无故拒缴或迟缴社会保险费的要征收滞纳金。

2）互济性。社会保障实行"一人为众，众为一人"的互济原则，社会保险是政府为其公民提供一系列基本生活保障，使他们在年老、疾病、伤残、死亡、失业及其他灾难情况下有从社会获得物质帮助的权利。

3）福利性。社会保险的目的在于保障社会成员的基本生活，完全是造福于人民的社会公益事业，不能商业化，应当由隶属于政府部门的非营利性质的事业单位来举办。

4）社会性。社会保险应当由代表社会的政府通过立法来举办，并达到实现社会政策的目标。社会保险基金通常由企业和员工按一定比例缴纳，不敷使用时国家给予一定补助，有的国家全部由政府负担。享受社会保险的条件，由劳动者工作年限或缴纳保险费的多少和时间长短而定。

2. 劳动保险

社会保险中一部分费用是由企业负担的，主要指员工保险，也被称为劳动保险，其目的是保障员工应付各种意外事故损害。

下面笔者介绍我国常用的五种保险形式：养老保险、医疗保险、失业保险、工伤保险、生育保险。

（1）养老保险

养老保险是国家和社会根据一定的法律和法规，为解决劳动者在达到国家规定的解除劳动义务的劳动年龄的年限，或因年老丧失劳动能力退出劳动岗位后的基本生活而建立的一种社会保障制度。养老保险一般具有以下几个特点：由国家立法强制实行，企业单位和个人都必须参加，符合养老条件的人可向社会保险部门领取养老金；养老保险费用一般由国家、单位、个人三方或单位和个人双方共同负担，并实现广泛的社会互济；养老保险具有社会性，影响很大，享受的人多且时间较长，费用支出庞大。

（2）医疗保险

医疗保险是当个人生病或受到伤害后，由国家或社会给予的一种物质帮助，即提供医疗服务或经济补偿的一种社会保障制度。医疗保险制度通常由国家立法强制实施，建立基金制度，费用由用人单位和个人共同缴纳，医疗保险机构支付，以解决劳动者因患病或受伤害带来的医疗风险。我国的基本医疗保险费由用人单位和职工共同缴纳。用人单位缴费率一般控制在职工工资总额的 6% 左右，职工缴费率一般为本人工资收入的 2%。随着经济发展，用人单位和职工的缴费率可做出相应调整。

（3）失业保险

失业保险是指国家通过立法强制实行的，由社会集中建立基金，对因失业而暂时中断生活来源的劳动者提供物质帮助的制度。它是社会保障体系的重要组成部分，是社会保险的主要项目之一。失业保险所需要的资金来源于四个部分：失业保险费，包括单位缴纳和个人缴纳两部分，这是基金的主要来源；财政补贴，这是政府负担的一部分；基金利息，这是存入银行和购买国债的收益部分；其他资金，主要是指对不按期缴纳失业保险费的单位征收的滞纳金等。

（4）工伤保险

工伤保险是指国家通过立法，建立工伤保险基金，向因工负伤（职业病）而中断生活来源的职工和因工死亡职工的遗属提供物质帮助的一种社会保障制度。企业要依据我国现行的有关法律法规进行工伤保险费用的缴纳和管理。

（5）生育保险

生育保险是通过国家立法，在职业妇女因生育子女而暂时中断劳动时由国家和社会及时给予生活保障和物质帮助的一项社会保险制度。其宗旨在于通过提供生育津贴、医疗服务和产假，维持、恢复和增进生育妇女身体健康，并使婴儿得到精心的照顾和哺育。生育保险提供的生活保障和物质帮助通常由现金补助和实物供给两部分组成。

# 第三节　薪酬管理体系设计与调整

现代企业必须从战略高度来认识薪酬和薪酬管理。企业必须首先明确薪酬战略，围绕着薪酬战略目标来确定薪酬政策，设计和调整薪酬管理体系。这种以战略为导向的薪酬管理，被称为战略性薪酬管理。战略性薪酬管理是指利用薪酬工具来适应内外部环境的变化，协助实施企业战略。因此，战略性薪酬管理不只是对员工贡献的承认或回报，还是一个把企业愿景、战略目标和企业文化转化为薪酬理念与文化、薪酬战略和薪酬管理流程的过程。

## 一、薪酬战略

人力资源战略需求确定后，就需要招聘、培训开发、绩效管理和薪酬管理等人力资源职能战略来满足人力资源的战略需求。体现在薪酬战略中，就是怎样利用薪酬这个战略杠杆，来吸引、保留、激励能够满足企业战略需求的人才。

## 二、工作分析与职位评价

以职位薪酬为基本薪酬的企业，在设计薪酬管理制度时需要在工作分析的基础上进行职位岗位定位和职位价值评价，以保证内部职位之间薪酬的公平性。

职位评价是指采用一定方法对企业中各种职位的价值做出评价，以作为职位承担者（员工）薪酬等级和数量确定的依据。进行职位评价时应掌握以下原则：评价的是职位，不是在职位上的人；赋酬因素应具有共性、易于解释，避免重叠；评价标准和评价结果要公开。职位评价的过程一般是：确定职位评价的需要；取得雇员的合作；组建职位评价委员会；选择职位评价方法；培训评价委员会的委员；正式对每个职位进行评价；确定职位的相对价值。职位评价方法多种多样，各有利弊，需视企业的具体情况选用。比较有代表性的方法是：工作排序法、工作分类法、因素分析法、点数法及海氏评价法。其中应用最广的是点数法，其次为因素分析法，再次是工作分类法；工作排序法用得最少，海氏评价法则适用于管理及技术类的职位评价。

### 1. 工作排序法

工作排序法通常以职位说明书为基础，把企业的所有职位逐一配对比较，按各职位对企业相对价值或重要性排出顺序以确定职位价值的高低。此法的优点在于：不需复杂的量化技术，主管者可自行操作，因而操作简便，成本较低。但是由于没有规范的评价标准，评价时很难避免主观因素。

### 2. 工作分类法

工作分类法是将各种职位与事先设定的一个标准进行比较，它在一定程度上克服了工作排序法的缺点，但是也具有主观性比较强的缺点。其具体做法通常是：先将企业所有职位划分为若干类型，如管理类、技术类、销售类、文秘类等，每类职位再分为若干等级，等级数的多少取决于职位的复杂性，即所要承担的职责轻重，所要掌握的技能繁简、范围宽窄等。

### 3. 因素分析法

因素分析法，是一种划分维度进行定量比较的工作评价方法。它根据不同工作职位的共同赋酬因素，对具有代表性的工作职位的相对价值进行评价，并直接赋予具体的薪酬金额；将其余工作职位与相应的代表性工作职位进行逐一比较并直接赋予薪值，最后将各因素薪值加总评出各工作职位总的薪酬值。

### 4. 点数法

点数法又被称为因素计点法，是运用最普遍的一种工作职位评价法。此做法与工作排序法的相同之处在于不做职位间的相互比较，而是先开发出一套评价标准。它与工作排序法的不同之处在于：不是对各待评职位进行总体评价，而是首先将企业所有工作职位按工作性质不同划分为若干类别，并对各类职位的价值进行因素分解，选择确定共同的赋酬因素，并进行明确定义。这些因素反映了企业对职位占有者的要求。例如，典型的主要赋酬因素有学历（职位专业知识）、年资（职务经验）、要求花费的体力及智力上的工夫（难度）、所承担的责任（风险）、劳动条件等。

不同类型的职位会有不同的赋酬因素。例如，对于研发、营销等类型职位，"独创性"这一因素十分重要，但对必须严格按既定规程来工作的职位，如机场航行控制员来说，这个因素就不重要了。所以，"标尺"必须根据企业具体特点及职业类型来制定。

### 5. 海氏评价法

美国薪酬设计专家爱德华·海（E.Hay）于1951年沿着点数法的思路，进一步研究开发出一套所谓的"指导图表—形状构成法"，很好地解决了不同工作类别之间的可比性问题。海氏评价法，实质上是将赋酬因素进一步抽象为具有普遍适用性的三大因素，即智能水平、解决问题的能力和风险责任，相应设计了三套标尺性评价量表，最后将所得分值加以综合算出各个工作职位的相对价值。

（1）智能水平

智能水平是指使绩效达到可接受程度所必须具备的专门业务知识及其相应的实际操作技能，具体包含三个层面。

1）有关科学知识、专门技术及操作方法（表中用 $T$ 表示），分为基本的、初等业务的、中等业务的、高等业务的、基本专门技术的、熟练专门技术的、精通专门技术的和权威专门技术的八个等级。

2）有关计划、组织、执行、控制及评价等管理诀窍（表中用 $M$ 表示），分为起码的、有关的、多样的、广博的和全面的五个等级。

3）有关激励、沟通、协调、培养等人际关系技巧（表中用 $H$ 表示），分为基本的、重要的和关键的三个等级。

这三个层面的每一种组合分值，即为该职位智能水平的相对价值。

（2）解决问题的能力

海氏评价法将解决问题的能力看作智能水平的具体运用，因此以智能水平利用率（%）来测量，并进一步分为以下两个层面。

1）环境因素，分为高度常规的、常规的、半常规的、标准化的、明确规定的、广泛规定的、一般规定的和抽象规定的八个等级。

2）问题难度，分为重复性的、模式化的、中间型的、适应性的、无先例的 5 个等级。

（3）风险责任

1）行动自由度（表中用 $F$ 表示），是工作职位受指导和控制的程度，分为有规定的、受控制的、标准化的、一般性规范的、有指导的、方向性指导的、广泛性指引的、战略性指引的和一般性无指引的九个等级。

2）行为后果影响（表中用 $I$ 表示），分为后勤性和咨询性间接辅助作用与分摊性和主要性直接影响作用两大类、四个级别。

3）风险责任（表中用 $R$ 表示），分为微小、少量、中级和大量四个等级，并有相应的金额范围。

以上三大因素实际上被归结为两个方面：智能水平与解决问题能力的乘积，反映的是一个工作职位的使用性价值，而风险责任则反映的是某工作职位的创新性价值。综合加总时，可以根据企业不同工作职位的具体情况赋予二者以权重。计算公式可表示为：

$$Wi = \gamma \left[ fi \left( T, M, H \right) \cdot Q \right] + \beta \left[ fi \left( F, I, R \right) \right]。$$

其中，$Wi$ 表示第 $i$ 种工作职位的相对价值；$[fi(T, M, H)\cdot Q]$ 为第 $i$ 种工作职位的使用性价值；$fi(F,I,R)$ 为第 $i$ 种工作职位的创新性价值；$\gamma$、$\beta$ 分别表示第 $i$ 种工作职位人力资本存量的使用性价值和增量创新性价值的权重，$\gamma+\beta$ =1。一般情况下，$\gamma$、$\beta$ 的取值大致有以下三种情况：

$\gamma=\beta$，如会计、技工等工作职位的情形；

$\gamma>\beta$，如工程师、营销员等工作职位的情形；

$\gamma<\beta$，如总裁、副总裁、经理人员等工作职位的情形。

例如，某工作职位 $fi(T, M, H)$ =200，$Q$=20%，$fi(F, I, R)$ =100，取 $\gamma=\beta$ =50%，

则有 $Wi$=50% × 200 × 20% +50% × 100=70（分）。

## 三、薪酬市场调查

### （一）薪酬调查的概念及其目标

薪酬调查就是指企业通过收集信息来判断其他企业所支付的薪酬状况的一个系统过程。这种调查能够向实施调查的企业提供市场上各种相关企业（包括竞争对手）向员工支付的薪酬水平和薪酬结构等信息。

薪酬调查的目标是：控制劳动力成本，通过控制劳动力成本，特别是发生职位空缺以后从市场容易寻找人员填补的岗位的人工成本，达到控制并降低产品成本或服务成本的目的，从而提高在产品或服务市场上的竞争力；吸纳和保留员工，对难以填补职位空缺的职位，必须按照竞争对手的薪酬状况正确决定自己的薪酬水平，从而保持企业薪酬的对外竞争力，吸纳和保留优秀员工，有效参与劳动力市场竞争。

### （二）薪酬调查的工作程序

不论企业的规模大小，在确定一个或更多岗位的工资时，实际上都需要进行薪酬调查。薪酬市场调查的过程如下。

1.确定调查目的

在薪酬调查时，首先应清楚调查目的和调查结果的用途，再开始组织薪酬调查。一般而言，调查的结果可以为以下提供参考：确定整体薪酬水平或薪酬水平的调整，薪酬差距的调整，薪酬晋升政策的调整，具体岗位薪酬水平的调整，评价竞争对手的劳动力成本等。根据调查的目的和用途，再确定调查范围、调查方法和统计分析调查数据方法。

### 2. 确定调查范围

确定调查范围，主要做好以下4个方面的工作：确定调查的企业，即界定相关劳动力市场，要选择其雇用的劳动力与本企业具有可比性的企业；确定调查的岗位，要选择其工作责权、重要程度、复杂程度与本企业需调查岗位的责权具有可比性的岗位；确定调查的数据，包括货币性和非货币性的薪酬；确定调查的时间段，即收集薪酬数据的开始和截止时间。

### 3. 选择调查方法

当企业确定由人力资源部完成薪酬调查工作时，就要确定调查的目的、被调查对象所需的信息和使用的方法。目标不同、对象不同，那么所需的信息、选择使用的方法是有差异的。通常，一些较明确、简单、规范的岗位只需要简单的信息就可以实现目标，因此可选择使用简单的调查方法，如企业之间相互调查、委托调查、调查公开的信息等；反之，则需要使用较为复杂的方法才能实现薪酬调查的目的，如调查问卷。

### 4. 统计分析调查数据

薪酬调查的数据一定要真实、可靠，在统计分析时应选用那些可靠的数据进行统计分析。统计分析的方法有以下四种：数据排列、频率分析、回归分析和制图。

## 四、薪酬水平结构设计

### （一）薪酬水平结构设计与等级划分

薪酬水平结构的含义是指各项职位的相对价值与其对应的实付工资之间的关系。薪酬水平结构的直观表示方法是薪酬水平结构线。首先，将工作职位评价相对分值与已有的或现行的薪酬率（如月薪），以及市场调查的薪酬率（月薪）进行比较。

### （二）薪酬宽带

薪酬宽带也被称为宽带型薪酬结构，就是对多个薪酬等级及薪酬变动范围进行重新组合，从而变成只有相当少数量的薪酬等级及相应的较宽薪酬变动范围。

#### 1. 宽带型薪酬结构的特点及作用

宽带型薪酬结构具有以下几个方面的特征和作用。

（1）支持扁平组织结构

在传统组织结构及与之相匹配的薪酬结构下，企业组织结构级别多，员工具有严格的等级观念。20世纪90年代以后兴起了一场以扁平化组织取代官僚层级型组织的运动，而宽带型薪酬结构正是为配合扁平组织结构而量身定做的，它的最大特点就是打破了传统薪酬结构所维护和强化的等级制。它有利于企业提高效率及创造参与型和学习型的企业文化，同时对于企业保持自身组织结构的灵活性及迎接外部竞争都有积极意义。

（2）引导员工重视个人技能的增长和能力的提高

在传统薪酬结构下，员工的薪酬增长往往取决于本人在企业中的职位晋升（身份地位）而不是能力提高。而在宽带型薪酬结构下，即使在同一个薪酬宽带内，企业为员工所提供的薪酬变动范围也可能会比员工在原来的五个甚至更多的薪酬等级中可能获得的薪酬范围还要大，这样员工就不需要为了薪酬的增长而去斤斤计较职位晋升方面的问题，而只要注意发展企业所需的技术和能力就可以了。

（3）有利于职位的轮换

在传统薪酬结构中，员工的薪酬水平是与其所担任的职位严格挂钩的，因此从理论上讲，职位变动必然导致薪酬的变动。如果是调动到更高级别的职位上去，那么这种职位的变化不会有什么障碍。但是如果是从上一级职位向下一级职位调动，则会被员工看成"被贬"，即使企业有时确实需要一名工作能力很强的员工临时性地去从事某个并不重要职位上的工作。同时，企业对员工在同一职位级别上的调动也会导致员工不乐意接受。因为当职位处于同一级别上的时候，调换职位不会带来任何薪酬水平的上涨，但是却会导致员工不得不学习新职位所要求的技能，从而工作的难度增加，辛苦程度更高。

（4）密切配合劳动力市场上的供求变化

在宽带型的薪酬结构中，薪酬水平是以市场薪酬调查数据及企业的薪酬定位为基础确定的，因此薪酬水平的定期审查与调整将会使企业更能把握其在市场上的竞争力，同时有利于企业相应地做好薪酬成本的控制工作。

（5）有利于推动良好的工作绩效

宽带型薪酬结构通过将薪酬与员工的能力和绩效表现紧密结合起来，更灵活地对员工进行激励。在宽带型薪酬结构中，上级对有稳定突出业绩表现的下级员工可以拥有较大的加薪影响力。此外，宽带薪酬设计会鼓励员工去进行跨职能的流动，从而增强组织的灵活性和创新性思想的出现，这对于企业迎接多变的外部市场环境的挑战及强化创新性思想来说，无疑都是非常有利的。最后，宽带型薪酬结构不仅通过弱化头衔、等级、过于具体的职位描述及单一的向上流动方式向员工传递一种个人绩效文化，而且通过弱化员工之间的晋升竞争而更多地强调员工之间的合作和知识共享、共同进步来帮助企业培育积极的团队绩效文化，而这对于企业整体绩效的提升无疑是一种非常重要的力量。

2. 宽带型薪酬结构设计中的关键决策及其实施要点

（1）宽带型薪酬结构设计中的几个关键决策

1）薪酬宽带数量的确定。在一个企业的薪酬结构中到底设计几个宽带比较合适，还找不到一个统一标准，大多数企业设计 4～8 个薪酬宽带，有些企业设计 10～15 个宽带，有些企业甚至只设计两个宽带，一个是给管理人员用的，一个是给技术人员用的。不过，薪酬宽带数量还应当是以组织中能够带来附加价值的不同员工的贡献等级到底应该有多少比较合适。宽带之间的分界线往往是在一些重要的"分水岭"处，即在工作或技能、能力要求存在较大差异的地方，如可以将某公司的薪酬宽带划分成助理级（初进企业者）、专业级（有经验的、知识丰富的团队成员）、专业主管级（团队或项目监督者）、专业指导级或教练级等。

2）宽带的定价。在薪酬宽带的设计中，不仅很有可能会出现在每一个宽带中都包括有财务、采购、软件开发及工程、市场营销等各类工作，但是在不同的宽带中所要求的技能或能力层次会存在差异，同时还会存在在同一宽带内的各不同职能工作之间存在薪酬水平差异的问题。因此，在薪酬宽带设计过程中所遇到的一个挑战就是，如何向处于同一宽带之中但职能却各不相同的员工支付薪酬。一个可行的做法是：参照市场薪酬水平和薪酬变动区间，在存在外部市场差异的情况下，对同一宽带之中的不同职能或职位族的薪酬分别定价。

3）将员工放入薪酬宽带中的特定位置。在薪酬宽带设计完成之后，企业需要解决的一个重要问题是如何将员工放入薪酬宽带中的不同位置上。

4）跨级别的薪酬调整及宽带内部的薪酬调整。在实施薪酬宽带的情况下，员工大多数时候是在同一级别的宽带内部流动而不是在不同的薪酬宽带之间流动。这时情况就比较简单一些，因为在薪酬宽带内部的薪酬变动与同一薪酬区间的薪酬变动原理基本上是相同的。不过，有时候，企业也同样需要处理员工在不同等级的宽带之间的流动问题，这个问题的核心是如何确定员工的薪酬变动标准问题。作为一种强调能力和业绩而非僵化的职位等级结构的薪酬结构设计，宽带薪酬无疑是最强调员工的能力和业绩表现的。也就是说，企业必须建立对员工的技能或能力评价体系及绩效管理体系，只有这样才能确定客观、公平的员工薪酬变动依据，事实上这是企业实施宽带薪酬的一个前提条件。

（2）实施宽带型薪酬结构的几个要点

1）检查公司的文化、价值观和战略。宽带薪酬要求企业必须形成一种绩效文化、团队文化、沟通文化、参与文化。

2）注重加强非人力资源经理的人力资源管理能力。宽带型薪酬结构的一个很重要的特点就是非人力资源经理人员将有更大的空间参与其下属员工的薪酬决策。这就要求非人力资源经理人员在人力资源管理方面必须有足够的成熟度，能与人力资源部门一起做出对员工的行为、态度及工作业绩可能产生直接影响的关键性决策。

3）引发员工的参与，加强沟通。企业想要引入宽带型薪酬结构，必须让全体员工都能清晰地理解这种新的薪酬结构设计方式的用意，让员工看到自己的未来发展方向，鼓励员工的工作行为和结果与企业的目标保持一致。

4）要有配套的员工培训和开发计划。宽带型薪酬结构为员工的成长及个人职业生涯的发展提供了更大的弹性。为了达到这一目的，企业必须在实施宽带型薪酬结构的同时，就各职位或职级需要具备的能力进行培训与开发，使员工能够获取新的技能，充分利用宽带型薪酬结构所提供的薪酬增长空间。只有这样，企业才能从实施宽带型薪酬结构中获利，获得一支真正有竞争力的员工队伍。

## 五、薪酬调整

无论是企业的薪酬制度还是针对个人的薪酬支付都不可能是一成不变的，薪酬管理应始终处于一种动态的、有序的调整过程中。根据薪酬调整的动因，可分为以下五种类型。

1）奖励性调整。奖励性调整是为了奖励员工做出的优良工作绩效，鼓励员工再接再厉、更上一层楼，也就是论功行赏。奖励性调整又被称为功劳性调整。

2）生活指数性调整。为了补偿员工因通货膨胀而导致的实际收入无形减少的损失，使员工的生活水平不致渐趋降低，企业应根据物价指数状况对薪酬进行调整。生活指数调整常用的方式有两类：一类是等比调整，即所有员工在原有薪酬基础上调升同一百分比；另一类是等额调整，即全体员工不论原有薪酬高低，一律给予等幅的调升。

3）效益调整。当企业效益好、盈利增加时，对全员进行普遍加薪，但以浮动式、非永久性为佳；当企业效益下滑时，全员性的薪酬下调也应成为当然。

4）工龄性调整。薪酬的增加意味着工作经验的积累与丰富，代表着能力或绩效潜能的提高，也就是薪酬具有按绩效与贡献分配的性质。薪酬调整应将工龄与考核结果结合起来，确定不同员工工龄薪酬调整的幅度。

5）特殊调整。这是企业根据内外环境及特殊目的而对某类员工进行的薪酬调整。实行年薪制的企业，每年年末应对下一年度经营者的年薪重新审定和调整；企业应根据市场因素适时调整企业内不可替代人员的薪酬，以留住人才。

# 第八章 劳动关系

## 第一节 劳动关系的概念与主体

### 一、劳动关系的概念

劳动关系是指劳动者与劳动力使用者及相关组织为实现劳动过程所构成的社会经济关系。在不同国家或不同体制下，劳动关系又被称为"劳资关系""劳工关系""劳雇关系""雇用关系""员工关系""产业关系"等。在西方国家，劳动关系通常称为"产业关系"，是产业中劳动力与资本之间的关系的缩略语，即产业社会领域内，政府、雇主和劳动者（工会）围绕着有关劳动问题而发生的相互关系。作为劳动者和劳动力使用者之间的社会经济关系的表述，劳动关系是一个最为宽泛和适应性最强的概念。

### 二、劳动关系的主体

从狭义上讲，劳动关系的主体包括两方：一方是雇员及以工会为主要形式的雇员组织；另一方是管理方及雇主组织。同时，如果劳动关系问题处理不当，其影响有可能超越组织和经济的范畴，进入政治和公共领域，影响到经济发展、社会稳定和公共利益。因此，政府会以各种方式不同程度地介入劳动关系事务，以平衡双方的关系。在经济全球化的背景下，一个国家的劳动关系质量也会影响到这个国家的国际形象、对外经济贸易关系等，因此劳动关系问题又可能超越国界，进入国际政治和经济贸易关系领域。因此，相关国际组织，如国际劳工组织、一些国际性和区域性的经济贸易组织等，对一个国家劳动关系的影响也越来越大。因此，当代劳动关系应该将这类国际组织也列入研究范围，给予足够关注。

## （一）雇员及其组织

雇员是指以工资收入为主要来源的劳动者。雇员不包括自由职业者和农民。在市场经济条件下，雇主及其代理人（管理方）和雇员双方都是劳动力市场的主体，双方都要遵循平等、自愿、协商的原则订立劳动合同，缔结劳动关系。双方都有相应的权利与义务，发生争议时法律地位也是平等的。但是，缔结劳动关系以前，在供大于求的劳动力市场上，就业压力使雇员处于弱势地位；缔结劳动关系之后，雇员在工作场所要接受管理方的管理和监督，按照管理方所规定的纪律和要求付出劳动；这些都使作为个体的雇员在事实上处于被动和劣势地位，管理方往往占有更多的优势，处于主动地位。

因此，雇员会建立自己的组织，利用集体的力量，联合起来维护自己的权利，如工会、员工协会和职业协会等。

韦伯夫妇早在1894年就通过对当时英国工会的研究，提出了工会具有互助保险、集体谈判和参与法律制定等功能；工会一般能够组织起来与雇主谈判，以便能够改变工人个人与雇主谈判的不利地位。他们后来又在《英国工会运动史》中，把工会定义为"由工资收入者组成的旨在维护并改善其工作生活条件的连续性组织"。工会的主要目标就是通过集体协商和集体谈判等方式，增强工人在与雇主谈判时的力量，改善工人的工作条件、劳动报酬及其他待遇。

我国《工会法》第二条和第六条规定，中华全国总工会及其各工会组织代表职工的利益，依法维护职工的合法权益。维护职工合法权益是工会的基本职责。工会在维护全国人民总体利益的同时，代表和维护职工的合法权益。我国工会代表和维护职工合法权益的权利和义务主要表现在以下几方面：与管理方一起协商确定和修改完善企业劳动规章制度；维护职工的民主权利；帮助、指导职工与用人单位签订劳动合同；代表职工与用人单位平等协商、签订集体合同；监督用人单位对职工的管理；代表职工与用人单位交涉侵权事项；对危及职工生命安全的情况提出解决建议；代表职工向用人单位或者有关方面提出解决劳动纠纷的意见和建议；参加劳动争议调解和仲裁；在直接涉及职工切身利益的法律、法规、规章、政策和措施的制定过程中，向国家机关和政府提出建议；参与劳动关系三方协商，与政府、企业方代表共同研究解决劳动关系重大问题。

### （二）雇主及其雇主组织

雇主是指雇用雇员的用人单位或个人。在企业中，通常管理方代表雇主行使管理雇员的权利。管理方是指享有法律所赋予对企业拥有经营管理权且在用人单位中具有主要经营决策权的人或团队。在不同的国家和不同的时期，与管理方有关的概念很多，诸如"资本家""雇主""企业主""企业""企业家""经营者""用人单位"等。

雇主组织是由雇主依法组成的组织，其目的是通过一定的组织形式，将单个雇主联合起来形成一种群体力量，在产业和社会层面通过这种群体优势同工会组织进行协商和谈判，最终促进并维护每个雇主成员的具体利益。雇主组织通常有以下三种类型：行业协会、地区协会和雇主协会。在我国，像中国企业联合会和中国企业家协会、各种总商会、全国工商联合会和中国民营企业家协会等，都是雇主组织。

### （三）政府

狭义的政府仅是指国家机构中执掌行政权力、履行行政职能的行政机构；广义的政府泛指各类国家权力机构，即立法、行政和司法机构的总称。劳动关系中的政府是指广义政府。政府一方面通过立法介入和影响劳动关系；同时政府又是公共利益维护者，通过监督、干预等手段直接促进劳动关系的协调；政府还是公共部门的雇主，直接参与劳动关系。

### （四）国际经贸组织和劳工组织

全球化是当代劳动关系不得不面临的现实，任何国家的劳工问题都不得不考虑其国际背景和国际影响。因此，任何一个国家的劳动法律、政策和实践，在某种程度上都要受到来自有关国际组织和国际标准的约束。由于全球化的影响，我国劳动关系在主体结构、劳动标准、调整方式等方面开始出现国际化的趋向，即劳动关系的存在和调整已经不仅是一个国家的内部事务，而且直接受到国际经贸规则和国际劳工标准的影响，以及跨国公司管理惯例的制约。产业工会面临着在全球和地区性国际经贸组织中就产业发展和劳动关系协调的问题，与各国劳资政组织进行多边协商，以维护本国产业职工的权益。其中，国际劳工组织和核心劳工标准是最重要的。国际劳工组织是联合国的一个专门机构，其宗旨是推动国际上公认的人权和劳工权。由于世界上几乎每一个国家都是其成员，该组织就成为有关劳工标准的首要国际管理机构。该组织制定的国际劳工组织基本原则和国际劳工标准涉及广泛的雇用问题。该组织在《国际劳工组织关于工作中基本原则和权利宣言及其后续措施》中详细列举了工人的基本权利（核心劳工标准），包括结社自由权、集体谈判权、消除强制性劳动等。这些核心劳工标准虽然目前不是强制执行的最低标准，但国际劳工组织通过公共舆论、外交途径及技术援助，来鼓励其成员国遵守其劳工标准。

# 第二节　劳动关系的本质与表现形式

## 一、劳动关系的本质

劳动关系本质上是雇员与雇主双方的权利和义务关系。《中华人民共和国劳动法》第三条规定，劳动者享有平等就业和选择职业的权利、取得劳动报酬的权利、休息休假的权利、获得劳动安全卫生保护的权利、接受职业技能培训的权利、享受社会保险和福利的权利、提请劳动争议处理的权利及法律规定的其他劳动权利。

巴泽尔认为，人们对资产的权利（包括他自己的和他人的）不是永久不变的，它们是他们自己直接努力加以保护、他人企图夺取和政府予以保护程度的函数。可见，权利的实现，涉及权利所有者自己、妨碍权利实现的人、政府对权利所有者的保护。

在劳动关系中，雇员与雇主双方在维护各自的权利，保证对方履行各自义务的时候，由于双方权利的不一致，会引起矛盾和冲突，但双方之间又存在着因为有效合作而获得的共同利益。雇员向企业投入符合雇主需要的知识、技术、能力、经验和健康等要素，在获得工资收入和其他收入的同时也在工作过程中获得对组织的认同感和归属感，在交往中受到尊重和获得自尊，在贡献中获得成长和实现自我等；雇主则通过正确的战略决策和各种职能管理，通过对雇员有效管理和开发，可以获取组织的核心竞争优势，在为客户创造价值的同时也给股东带来丰厚收益。总之，双方由于共同利益而合作，也由于某种程度的利益差异而冲突。因此，劳动关系是雇员与雇主双方合作与冲突的统一。

### （一）合作根源

合作是指双方遵守有关制度和规则的行为。这些制度与规则包括广义的国家法律法规、双方共同签订的集体合同和劳动合同、企业规章制度、社会习俗与惯例及某些非正式的心理契约等。合作根源主要来自两方面：被迫和获得满足。

被迫是指雇员为谋生被迫与雇主合作，除此之外别无选择。如果他们与雇主的利益和期望不符或作对，就会受到各种惩罚，甚至失去工作。即使雇员能够联合起来采取集体行动，但长期的罢工和其他形式的冲突也会使雇员损失收入来源，还会引起雇主撤资、不再经营、关闭工厂或重新择地开业，使雇员最终失去工作。事实上，雇员比雇主更加依赖这种雇佣关系的延续。可见利益所带来的合作与冲突同样重要。

雇员从合作中获得满足，主要建立在下列几个方面。

1）建立在雇员对雇主信任的基础上。这是基于对立法公正的理解和对雇主的限制措施，加上媒体宣传、教育等，增加员工信任感。西方劳动关系理论家对此有三种解释。第一种解释是认为工人在社会化的过程中处于一种接受社会的状态，雇主可以通过宣传媒体和教育体系向工人灌输其价值观和信仰，从而降低工人产生阶级意识的可能性，因而工人被塑造成"团队成员"而不是"麻烦制造者"。第二种解释是认为大多数工人都很现实，他们明白没有其他可行的选择可以替代现今的制度安排，并且认为从整体上看，当前系统运行得还不错。第三种解释是认为工人的眼界是有限的，他们比较的对象总是具有相似资格的其他人，并且相信只要他们在这个圈子里过得不错，就没什么好抱怨的，因而那些从事"较差"工作的工人往往也很乐于工作。

2）大多数工作本身具有积极的一面。当今欧美国家中，大多数工人对其工作有较高的满意度，认为自己已经融入工作中，并且觉得他们的工作不但是有意义的，而且从本质上说也是令人愉快的。所以，即使有时会感到工作压力、工作超负荷或者对工作缺乏控制权，他们仍乐于工作。工人认识到工作的价值，因而会从工作中产生实现自我价值的满足感。

3）管理方的努力也使雇员获得了满足。尽管管理主义学派所提出的进步策略和方法并没有像他们所预言的那样被广泛推广，但是该学派提倡"进步的"管理手段，以及雇主出于自身利益考虑向员工做出的让步，这都在一定程度上提升了员工满意度。这些措施削减了冲突产生根源的影响，增加了合作根源的影响。这些"好"雇主往往能得到更多的信任和认同。

## （二）冲突根源

冲突即双方的目标、利益和期望出现的分歧，如雇员旷工、怠工和罢工，管理方的"关闭工厂""黑名单""排工"等。冲突根源可以分为本质根源和背景根源，前者是指由劳动关系本质属性，即劳资双方权利和利益的差异，造成的冲突；后者是指由组织、产业、地域、文化、制度与政策等因素所造成的冲突。

冲突的本质根源主要包括以下几种。

1）异化劳动的合法化。马克思指出，资本主义市场经济存在着资产阶级和无产阶级的分化。前者拥有并控制着生产工具，而后者则一无所有，只能靠出卖劳动力谋生。这种阶级地位的差别，决定了现代资本主义社会的主要特征是大多数劳动力市场的参与者都在为他人工作。实际上这也是目前资本主义经济中劳动关系的最主要特征。因为工人并非为自己工作，所以他们在法律上既不拥有生产资料、生产产品及生产收益，也不能控制工作的生产过程，从而在法律上造成了劳动者与这些生产特征的分离。工人为了保住工作，可能会认同这种工作安排并尽力工作。但是，在其他条件不变的情况下，工人缺乏努力工作的客观理由，因为生产资料、过程、结果及收益等在法律上不归他所有，这本身就是管理的难题。

2）客观利益差异。市场经济更深层次的原则是企业利润最大化目标。马克思认为，在任何一个经济体系中，所有的价值都是由生产性劳动创造的。如果雇主按照劳动创造的价值给付工人报酬，那就没有利润，投资方就没有任何投资的动机，最终就会导致经济崩溃。所以资本主义存在的条件就是通过劳动力长期的过度供给（即失业）将工人置于不利的地位，从而支付少于工人劳动创造价值的工资，实现对工人的剥削。国外一些学者认为，无论是否接受"剥削"的论点，对利润的追求都意味着雇主和工人之间存在着利益的根本冲突。在其他条件不变的情况下，雇主的利益在于给付工人报酬的最小化，以及从工人那里获得收益的最大化，工人的利益在于工资福利的最大化，以及在保住工作的前提下尽量少地工作。毋庸置疑，雇主与工人的利益是直接冲突的，即企业对利润的追求和员工对福利工资的要求，是劳动关系深层次冲突的根本原因之一。

3）雇佣关系的等级性和从属性。管理方的权利在就业组织中是以一种等级分层（由上而下）的形式逐级递减的。这种权利来源于所有者的产权，在没有法律特别规定的情况下，员工没有权利选举组织中直接的管理者或更高职位的人，而且管理者无须对下负责。虽然雇员拥有退出、罢工的力量，并能够同管理方协商有关管理制度，但雇员难以真正行使参与管理的权利。双方的这种雇佣关系使员工不情愿地处于从属地位，从而造成对管理者的不信任。

雇员与管理者冲突更深层的原因是：在一个崇尚个人自由和民主的社会，劳动者不愿意处于从属地位；更重要的是，这种权利的分布不是雇员的利益所在，而是资本所有者的利益（利润）所在。

4）正式契约的不完全性。如果雇主和雇员的劳动合同是完全的，明确地规定了雇员和雇主各方所有的权利和义务；如果集体协商和谈判的双方代表能够根据法律和企业实际就劳动报酬、工作时间、休息休假、劳动安全卫生、保险福利等事项达成非常完备一致的集体合同；如果劳动法律法规能够把所有劳资关系中可能遇到的问题及其处理都做出了具体明确的规定；同时，劳动合同、集体合同和劳动法律法规又能够得到完全的履行或执行，那么双方因为权利义务不清晰而造成的冲突就会大大降低。但现实情况是，契约各方获得的信息都是不完全的，契约各方都是有限理性的，契约各方对未来的变化都是不确定的，契约各方都存在机会主义倾向。这些现实的约束条件决定了契约是有成本的，更是不完全的。在不完全的契约下，因为权利义务不清晰而造成的冲突就是不可避免的。

# 二、劳动关系的表现形式

劳动关系双方由于共同利益而合作，也由于某种程度的利益差异而冲突。所以，劳动关系在表现形式上，既有合作，也有冲突，是双方合作与冲突的统一。

## （一）合作的表现形式

雇员和雇主之间的合作方式主要包括：沟通、共同协商、员工参与管理等。所谓沟通，是指管理方向雇员及其组织传达信息的过程，使其对组织的问题和管理方地位表示理解，消除雇员可能有的错误观念。雇员通过沟通了解组织的信息，可以巩固工会在集体谈判、组织内部劳资联合决策中的作用。

### 1. 沟通

沟通的主要内容包括：就业组织重要信息，如让员工对就业组织的全貌有一个大概的了解，如企业性质、职工人数、产品范围等；日常工作情况信息，如某天生产的产品数量与质量，以及生产过程遇到的问题等；组织内部调整信息，如新经理上任、裁员等；组织运作的详细信息，如企业生产经营状况及分析等。

2. 共同协商

共同协商是指管理方在制定决策之前，先征求员工的意见，但不需征得其同意的决策程序。共同协商的作用主要体现在下列几个方面。

1）共同协商使员工获得知情权的满足，理解与支持管理方的经营生产战略，从而双方在思想和行动上取得一致。

2）员工通过共同协商表示不满之后，双方通过这种互相尊重的民主形式，可以使管理方了解潜在冲突。

3）通过共同协商，双方可以局部地调整劳动关系。若双方共同利益比较少，那么共同协商调整劳动关系的回旋余地就比较小，反之亦然。

4）共同协商具有信息传输量大的特点且涉及双方共同关注的组织发展的问题，使其与集体谈判制度相互补充，推动双方的合作。

3. 员工参与管理

员工参与是企业或其他组织中的普遍员工依据一定的规定制度，通过一定的组织形式，直接或间接地参与管理与决策的各种行为的总称。员工参与对增进劳动关系主体双方了解，消除意见分歧，把有可能造成重大利益冲突进而影响劳动关系稳定的因素和隐患消除于萌芽之中都非常有必要。根据参与的程度，可以分为从无参与到完全由员工控制不等。

1）无参与。员工不参与共同决策，但雇主对于决策的有关信息可以采取两种不同态度：一是完全不透露任何有关决策的具体信息；二是事先可以向员工提供关于决策的详细信息。

2）共同磋商。共同磋商分为两种情况：一是雇主决策之前，就有关问题向员工解释，并征求员工意见，然后独立地决策；二是雇主不但向员工征求意见，而且在最终决策中充分反映员工意见。

3）联合或共同决策。员工与雇主共同对有关问题进行分析，共同决策或决定。一般来说，在共同决策的情况下，双方对最终决策的形成有同样大的影响力。

4）员工完全控制。员工班组中的某个人或某些人对有关他们自己的问题完全拥有决策的权力，雇主在非例外的情况下不得干预。

根据参与的内容，员工参与管理具体包括以下几种。

1）工作层面的参与，主要是指工作条件，包括任务分配、工作方法、工作程序设计、工作目标、工作速度、工作时间、设备的安置、照明设备的配备、工作安全等。

2）管理层面的参与，主要包括雇用与解雇、培训与激励、工作纪律与工作评估、工资发放与意外事故补偿及标准等。

3）企业战略的参与，主要包括管理者的雇用与使用、利润分成与财务计划、产品发展与市场营销、资本投资与股票分红等。

4）决策阶段的参与，主要包括搜索背景信息和提出解决方法等方面。在多数情况下，员工参与决策的内容主要涉及工作层面和管理层面，极少涉及企业主要战略问题，如产品选择、工厂选址和投资等。

## （二）冲突的表现形式

### 1.雇员或雇员组织（工会）的冲突表现方式

根据从无组织到有组织、从潜在到公开两个维度出发，雇员表现出来的冲突形式可以分为以下几类："付出 获得"型心理契约、应对行为、不服从行为和罢工。

1）无组织的潜在冲突。其主要是指以"付出—获得"型心理契约的形式表现出来的冲突。由于劳动关系冲突根源的存在，工人及其上司之间的关系是高度等级化的，管理者力图从工人那里获得更高的绩效水平，而工人的反应是，如果上司准备了更多回报，则会服从监督和管理，否则他们会拒绝。劳动关系正是通过这种"付出—获得"的方式形成早期心理契约的。从这个角度而言，心理契约也属于"协商后的秩序"，这种秩序反映了劳动关系存续期间劳动者与管理者之间的"付出—给予"关系。当然，管理方可以用纪律惩处的冲突解决办法单方撕毁契约，这就会引发很多问题。在西方国家，这些问题以前面提到的冲突的各种形式表现出来，包括工人低效率、怠工、非法罢工、缺勤率提高，以及辞职率的不断增长等。甚至会出现，只有在管理方明确同意工人要求后，工人才开始工作的协商新机制；协商不成，工人就拒绝做任何工作。工会成员为了准备合同协商，可能会举行罢工游行，甚至组织非法罢工。

2）无组织的半潜在冲突。其主要包括"应对行为"和"不服从行为"两类。前者是一种无组织的、处于从潜在到公开的过渡阶段但更接近潜在的冲突，主要是指工作场所各种各样的嬉闹行为，如拿同事乱开玩笑、在公共场合打闹、交头接耳、酗酒等，这是工人对自身所处不利地位和紧张雇佣关系的单方调节行为，是对劳动关系造成的潜在紧张和挫折的一种发泄。后者是一种无组织的、处于从潜在到公开的过渡阶段但更靠近公开的冲突，如工作松懈、主观缺勤、怠工、"退出"或称辞职等，怠工是指工人不离开工作岗位也不进行就地罢工，只是放慢工作速度或破坏性地工作。员工这种"退出"形式的辞职，并不是因为他们有更多的选择，而是迫不得已，但这种辞职往往会成为回敬雇主和恢复自尊的员工个体所采取的最终行为。

3）有组织的潜在的冲突。"好名单、恶名单"，就是这种冲突的典型。在这种冲突中，工会将那些与工会作对的雇主列入"恶名单"，将对工会公正的雇主列入一个"好名单"，并将这些名单在工会会员中传阅，以促使广大会员不再维护"恶名单"上的企业，更好地维护这些进入"好名单"的企业，不信任没有进入任何名单的企业。

4）有组织的公开冲突。其主要包括"联合抵制""纠察""罢工"等。联合抵制是指阻止雇主出售最终产品；纠察是指罢工工人对靠近工厂的入口处或有关区域实行的警戒；罢工是指雇员集体停止为雇主工作。罢工是在通过其他诉求渠道都不能表达和解决工人的权利问题时，工人有组织地与管理方公开冲突的表现形式。罢工是工人被压抑的强烈不满情绪的宣泄方式。如果罢工渠道受阻，工人的强烈不满情绪会继续被压抑，如果不能有效疏导，冲突最终会以更为激烈的形式表现出来。

2. 雇主或雇主组织的冲突表现方式

雇主或雇主组织的冲突表现形式主要有下列几种。

1）关闭工厂。雇主通常把关闭工厂安排在工会准备罢工时，主要目的是以少量损失避免产生重大损失，甚至倒闭，同时通过解雇或者停职，断绝劳动者的工资来源，迫使劳动者完全降服于管理者的权威。

2）雇用罢工替代者。即罢工期间，雇主通过雇用其他工人代替罢工工人进行生产活动，以抵制或破坏罢工的方法。

3）充当罢工破坏者。即罢工期间，雇主借助其他雇主的帮助完成生产任务。

4）复工运动。即雇主派人到罢工工人家中说服罢工者或者家属，使他们相信到某一天，大多数罢工工人都将复工，如果他们回厂复工，其利益将得到很好的保障，同时雇主还会在报刊上发出复工运动通告。

5）黑名单。即雇主通过秘密调查，将一些不安分或有可能在劳资冲突中发挥主要或带头作用的劳动者秘密登记在一张表上，并暗中通知本行业其他雇主不要雇用他们，致使被列在表上的劳动者丧失被雇用的机会。

6）排工。即雇主在雇用劳动者时，对某些劳动者采取排斥态度。通常雇主专门排斥那些加入工会的劳动者。

# 第三节　劳动关系的类型与重要性

## 一、劳动关系的类型

### （一）按职权结构划分

按照以分配工作任务的方式、监督工人行为的方法和奖惩方法为核心的职权结构，劳动关系可分为独裁型、集权型、自主型（人力资源管理型）三类。

1）独裁型，是指高层管理人员直接分配工作任务，亲自监督，经常"武断地"做出奖惩决定。

2）集权型，是指雇员按订立的制度与规程行事，有明确的工作角色，管理者根据雇员是否遵守企业的制度与规程监督、奖惩雇员。

3）自主型，也被称为人力资源管理型，是指雇员被赋予高度自主权并参与决策，管理者以工作绩效作为监督、奖惩的依据。

### （二）按管理理念划分

管理方的价值观与目标在管理实践中的体现为核心的管理理念，以此为标准，可将管理方主导的劳动关系分为剥削型、宽容型、合作型三类。

1）剥削型。管理者不关心雇员的需求，其目标是以最低的工资换取最大量的工人劳动。

2）宽容型。管理者意识到雇员的某些需求是法律认可的，从而提供合理的报酬与就业条件。

3）合作型。管理者充分考虑雇员福利，实施各种计划以赢得员工对企业的忠诚，培养员工对企业的献身精神。

### （三）按双方力量对比和政府影响程度划分

根据管理方和劳动者双方力量和权力的对比及政府政策、法律等的影响程度，可以将劳动关系分为以下几种类型。

1）均衡型，指劳动关系双方力量相差不大，能够相互制衡。该类型的劳动关系主要表现为：在相同的法律制度下，员工及工会有权了解组织内部信息，参与组织的基本生产决策与经营管理。

2）倾斜型，指劳动关系双方力量相差悬殊，出现了向管理方或员工方的倾斜。该类型又可分为两种情况，即向管理方倾斜或向员工方倾斜，在当今世界经济中以前者较为普遍。

3）政府主导型，指政府控制劳动关系力量，决定劳动关系事务。如在计划经济国家、新加坡等较为典型。

## 二、劳动关系的重要性

劳动关系是一个国家最基本的社会经济关系。劳动关系是否和谐，对劳动者、用人单位和政府与社会，都会产生重要影响。

对于劳动者来说，劳动关系质量影响到劳动者权利的实现状况，进而影响劳动者的生活水平、身心健康、个人尊严、自我认同感和自我实现程度。对用人单位来说，劳动关系质量明显受到企业战略、企业文化、人力资源战略，以及工作设计和工作分析制度、培训与开发制度、绩效管理制度、薪酬管理制度等的影响。如果这些战略和文化所确定的方向和信念是正确的，相应的人力资源制度又在具体设计和实施方面比较有效，虽然可能使劳动力成本有所上升，但员工组织归属感、组织承诺和忠诚度的提高，可能会提高生产率、降低员工流失率、提高产品与服务质量，进而提高企业绩效。

对于政府和社会来说，劳动关系质量如何，会影响到社会财富总量的创造与分配、失业率、经济增长和通货膨胀等，进而影响人民的工作生活质量、社会与政局的稳定及政府的国际形象。

# 第四节　劳动关系的影响因素

## 一、邓洛普劳资关系模型中的影响因素

美国劳动关系学教授邓洛普（Dunlop）在 1958 年出版的《产业关系系统论》一书中，提出了劳资关系系统理论。他认为劳资关系系统是由特定行为主体、特定环境、涉及劳动关系系统的意识形态，以及管理工作场所和工作团体的规则四部分构成的。

特定行为主体是指雇主及其组织、雇员及其组织，以及制定和实施劳动

关系法律政策的政府；环境因素包括工作场所和工作团体的技术条件、行为主体面对的产品和要素市场，以及预算制约、主体权力分布和地位；意识形态是指决定每一个主体角色与地位的共同思想观念，它作为行为主体所持有的一整套观念和信条，将系统连接成一个整体。

系统的有效运行是由共同的意识形态来维系的，这就要求各行动者的信念是一致和协调的，并且接受各自扮演的角色。意识形态的作用是能够使参与者分享共同的工作场所语言、特定的共同信念和偏见，否则系统就不会稳定；在环境因素的影响下，主体之间的交互作用会产生一系列复杂的管理工厂和雇员的规则。

## 二、KKM 劳动关系模型中的影响因素

1986 年，美国学者科昌（Kochan）、卡茨（Katz）和麦克西（McKersie）发表了合著《美国劳动关系转型》，对美国劳动关系的变化进行了分析，指出美国劳动关系正处于转型时期。他们提出了战略选择理论，在劳动关系模型中加入了"战略选择"这一动态因素，指出劳动关系变化是环境压力与组织应对战略的产物，并以此来分析美国劳动关系变化的特点。他们认为，雇员、雇主及政府等行为主体的选择和判断，对劳动关系系统的方向和结构具有重要影响。KKM 的"战略选择"理论将劳动关系主体分为三个层次：决定战略决策的最高层、决定集体谈判及人事政策的中间层、直接影响员工及管理者个人的工作场所层。

## 三、李孝秀劳资关系模型中的影响因素

1996 年，韩国学者李孝秀从生产、分配和规则制定的综合与交互作用角度，提出了劳动关系的 PDR 模型。他认为劳动关系的决定因素有以下四个方面。

### 1. 环境

环境分为竞争环境和总体环境。前者包括技术、资本和产品市场、劳动力市场、公司治理和企业规模；后者包括社会文化氛围、经济和政治状况。环境通过影响主体的价值观和权利地位，间接影响劳动关系。

### 2. 主体

主体指雇员及工会、雇主和政府。主体的价值观决定他们进行战略选择的范围，其相对权利地位决定其战略选择的有效性。主体运用两种战略来影

响劳动关系：通过工会组织战略或竞争环境战略来加强其权利地位；通过构建或革新生产分配规则系统。主体的价值观和权利地位至关重要。为了应对劳动关系环境的变化，主体不断开发和创建相应的生产分配规则系统战略，劳动关系也就不断演化。

### 3. PDR 系统的内容和交互作用

PDR 系统包括三个子系统：人件系统、软件系统（组织与工作场所实践）、硬件系统。三个系统相互影响，其中人件系统最重要，它综合了分配系统（薪酬体系和工作条件）和根据人件系统的心智所形成的规则制定系统，并且能够将人力资源转变为创造性的资源。生产系统的引擎是能将人力资源转变为创造性资源的人件系统。

### 4. 产出的绩效

产出的绩效包括生产率和工人生活质量。

## 四、约翰·W.巴德劳动关系模型中的影响因素

约翰·巴德（John W. Budd）认为，劳动关系的影响因素是指能够对劳动关系运行的过程和结果产生影响的因素。劳动关系的过程和结果，是雇主与雇员之间在雇佣关系的社会政治、战略、职能和工作场所等各层面相互作用的结果，而这些相互作用又受到劳动关系外部环境和雇主、雇员个人因素的影响。"劳方 资方相互作用受环境的制约，受效率、公平与发言权的基本目标的制约，也受人的决策（包括道德规范）的制约"。因此，劳动关系的管理必须考察其外部环境因素和人的因素。

### （一）环境因素

#### 1. 法律环境

国家法律为劳动关系双方相互作用提供了法律框架。《中华人民共和国劳动法》规定了劳动者享有平等就业和选择职业、取得劳动报酬、休息休假、获得劳动安全卫生保护、接受职业技能培训、享受社会保险和福利、提请劳动争议处理等多项权利；也规定了用人单位应当依法建立和完善规章制度，保障劳动者享有劳动权利和履行劳动义务，并就促进就业、劳动合同和集体合同、工作时间和休息休假、工资、劳动安全卫生、女职工和未成年工特殊保护、职业培训、社会保险和福利、劳动争议、监督检查和相关法律责任做出了具体规定。《中华人民共和国工会法》规定，工会代表职工的利益，依

法维护职工的合法权益；劳动者都有依法参加和组织工会的权利；并就工会组织、工会的权利和义务、基层工会组织、工会的经费和财产及相关的法律责任等进行了明确规定。《中华人民共和国劳动合同法》为劳动合同的订立、履行和变更、解除和终止、集体合同、劳务派遣、非全日制用工、监督检查和相关法律责任等提供了基本原则和具体法律框架。这些规定是双方处理劳动关系最重要的依据，也是政府调整劳动关系的重要手段。

### 2. 经济环境

经济环境包括劳动力市场、产品或服务市场及整体的宏观经济环境等。雇员的谈判力受劳动力市场供求关系的影响，而供求关系依赖于雇员在生产过程中对客户需要的产品或服务有多么重要。如果雇主的产品或服务对某种类型雇员的需求越缺乏弹性，雇员的谈判力就越强。这种现象一般会出现在以下情况下：劳动力很重要或难以找到替代人选；对产品或服务的需求弹性小（价格变动余地小）；劳动力成本只占整个生产成本的一小部分；其他生产要素供应缺乏弹性。学者将这四种情况称为"马歇尔条件"。经济增长速度及就业率等宏观经济环境，也能够改变劳动关系双方的力量对比，从而影响员工福利水平、就业、工作转换及工会运动与工会发展，直至影响产品生产、岗位设计等，最终间接影响到劳动关系的整体状况。

### 3. 技术环境

技术环境包括工作场所是否固定、生产规模、生产工序和方式、资本或技术密集程度和技术变革等。工作地点经常变动且与客户频繁接触的雇员（如销售人员），比工作场所固定、与客户缺少联系的雇员（如生产流水线员工）的谈判力一般会更强一些。从大规模生产制作向满足个性化需求的生产方式转变时，对雇员的技能深度和宽度提出了更高要求，企业对雇员的依赖程度会提高。高技术含量产品生产单位的员工岗位力量会增强，从而在劳动关系中优势比较大；相反，那些低技术密集型行业（如快餐业）员工岗位的力量就弱些。技能偏好型技术变革增加了对高技能员工的需求，也拉大了高技能员工和低技能员工的工资差距，而技能退化型技术变革则降低了对员工技能的需求。例如，将办公室文员的完整工作分解成简单化、程序化和低技能的工作片段，分配给几个人承担，就会提高管理层对员工的控制程度，降低员工的谈判力。

### 4. 政治环境

政治环境对劳动关系的影响可以通过多种形式表现出来。政府的直接干预是典型形式。例如，英国前首相撒切尔夫人领导下的保守党信奉新自由主义，力主铲除对市场"自由"运行的制度障碍。她的资深同事基思·约瑟夫（Keith Joseph）在大选前就出版了题为《解决工会问题是英国复兴之关键》的小册子。1979年大选后，英国国会通过了一系列法律，削弱劳工的力量，限制工会的权力，致使发生了英国劳工运动史上的"哥白尼革命"，工会会员从1979年的1300万人，下降到20世纪90年代后期的800万人。同时，工会也可以利用选举制度，支持对劳工和工会友好的政党和政治家，并获得更多参与相关立法和政策制定的机会。美国汽车工人联合会（UAW）主席沃尔特·鲁瑟（Walter Reuther）曾经形容这种关系为"面包箱和投票箱之间有一种直接联系，工会在谈判桌上所力争并赢得的东西可能在立法大厅中被取走"，因此，工会争取立法和政策制定的参与权利是非常重要的。

### 5. 社会环境

无论是雇主还是雇员，都工作在一定的群体或工作场所的社会背景中。在这里人与人之间、群体与群体之间是互动的，这种互动要受到社会规范的影响。传统习惯、价值观、信仰等，都对这种互动产生影响。对于违反社会文化规则的个人和组织，虽然惩罚不像法律那样具有强制性，但其作用却不可低估。例如，天主教对德国的劳动关系就具有重要影响。1891年天主教教皇利奥十三世主张，各阶级不是对立的，而是互补的：资本与劳动应该以和谐与一致的方式存在。这里隐含着一种相互的责任：工人应该为雇主忠诚地工作，雇主应该尊重工人的尊严。工资应该足以维持工人合理、简朴的舒适生活，工作量与工时不应该过度，以至于麻木了工人的心灵，损害了工人的身体。在这些标准未被尊重的地方，国家有责任介入。工人集体组织的责任，只是提供工人需要时的相互支持，而不是向雇主施加压力。德国后来劳资双方的"社会合作伙伴"关系及"劳资共决"制度，都能从这里找到信仰的渊源。

### 6. 企业环境

企业环境的核心内容是企业战略和公司治理结构。采用成本领先战略的企业，通常劳动分工非常专业化，工人的劳动技能简单，工作重复单调，劳动报酬低，工作保障差，雇员个人谈判力很低，雇主与雇员的关系更多地依赖劳动契约关系来维系。如果没有强有力的工会，雇员将处于非常弱势的地位；采用高品质战略的企业，通常更依赖员工的能力来提升产品或服务质量，更注重雇员掌握多样的技能，尤其是沟通、合作和解决现场问题的能力，更需要培养团队式的企业文化；雇员和雇主的关系更主要地依赖心理契约来维系。公司治理结构的不同，会为劳动关系营造不同的企业制度环境。采用利益相关者公司治理模式的企业，来自雇员方面的代表在董事会等决策机构中会占有一定的位置，雇员的利益在公司的决策中会受到更多制度化的重视；而采用持股者（股东至上）模式的企业，雇员的利益往往得不到制度化的保障。

## （二）人的因素

新古典经济学认为，个人效用最大化和市场约束决定着人的各种选择；行为科学认为心理状态和思想过程也影响着人的决策；而社会学则强调非正式社会结构的重要性。约翰·巴德将这些影响劳动关系的人的因素归纳为：认知、动机、个性、感觉、伦理道德五个方面。

### 1. 认知

认知包括信息处理技术和能力。有限理性理论认为，虽然人试图采取最佳行动方案寻求最佳结果，但受人的认知能力和客观因素的限制，人们只能选择一个"够好"的解决方案，寻求一个"满意"的结果。例如，在集体谈判中，工会当然希望达成的协议完全满足工人和工会的要求，但通常最终达成的协议是双方都可以接受的妥协和让步的结果。但是，认知能力的高低对劳动关系的影响还是非常重要的。如果工会方的谈判代表或管理方的谈判代表拥有足够多的信息、足够恰当的谈判战略和足够高超的谈判艺术，就可能在谈判开始时开出比较高的谈判价格，最后的谈判结果也会敲定在一个比较高的价格点上，进而提高自己一方的满意度；同时，如果双方的谈判代表拥有足够强烈的双赢意识，在谈判过程中的合作态度良好，达成的协议也可以提高双方的满意度。

### 2. 动机

从广义上说，动机包括了推动人类行为的各种物质、生物、社会及心理等方面的欲望和需要。例如，员工对公平的需求，既有对结果公平的需求，也有对程序公平的需求。

### 3. 个性

芒特（Mount）在1991年提出了分析人的个性特征的五个维度。这五个维度是外向性、调整性、亲和性、责任感和好奇性。在处理劳动关系过程中，责任心强的雇主可能更愿意对工人承担更多的责任和义务；亲和力强的工会领导人可能会从工人那里得到更多的工作场所信息，更了解工人的实际情况和真实愿望，并可能更容易地与管理方进行沟通，防止问题积累到严重冲突的程度。

### 4.感觉

约翰·巴德将感觉分成态度、心境和情绪三种。在劳动关系中，工作满意度、组织承诺和工会承诺等都是重要的态度指标。工作不满意与旷工、怠工、人员流动、成立工会和工作场所的某些敌对行为倾向具有某些联系；心境是一种一般性情感，与特定的触发因素无关；情绪与心境类似，但更强烈和短暂，并与特定的触发因素有关。对一件事情怀着积极的看法是一种心境，而对某同事感到生气是一种情绪。在集体谈判中，积极的心境能够促进合作，带有积极情感的谈判者更可能达成协议，并更擅长通过创造性解决问题而达成双赢的结果。情绪与特定的触发因素有关，可能使处于情绪中的人暂时不顾其他目标而意气用事。研究者发现，受挫情绪是导致罢工的重要因素。

### 5.伦理道德

把伦理道德与劳动关系结合起来进行规范性分析，就是判断劳动关系中的理念、制度和行为的对错问题。约翰·巴德认为，有六种伦理道德对劳动关系的影响非常重要。

# 第五节　劳动关系的流派及其政策主张

劳动关系的基本问题有四个：劳动力是不是商品？雇员和雇主是否是自律的劳动力竞争市场的真正平等主体？雇员和雇主之间是否存在内在的利益冲突？雇员发言权是否重要？对这四个问题的不同回答，代表了研究劳动关系各流派学者的核心观点、研究方法及政策和管理主张。根据对劳动关系基本问题的不同回答，可以将劳动关系的流派分为四个：新古典经济学派、人力资源管理学派、产业关系学派和激进产业关系学派 / 马克思主义产业关系学派。

## 一、新古典经济学的劳动关系观点和政策主张

新古典经济学在美国各个大学经济系中占据主流地位。这一流派强调市场的力量和完全竞争所带来的效率，认为市场失灵的情况很少见，自由市场能够有效地运行。矫正市场失灵，只能把事情弄得更糟糕。他们认为，劳动力就是劳动力市场上的商品，与其他商品并没有什么差别，是供求关系决定

了雇用条件；在劳动力市场上，雇主和雇员完全是平等的，他们的利益也是一致的，只要双方的交易是自愿的，那么交易就会给各方带来好处，否则他们就会拒绝交易。他们认为公平和发言权属于道德和宗教范畴，不在经济学研究的范围内。

新古典经济学使用收入和相对价格来解释人的行为，强调供求关系和当事人的自由选择，假设工资和价格都是弹性的，通过建立数学模型并采用数据统计分析来检验模型的方法研究劳动关系。

他们的政策主张是：反对政府干预劳动力市场，完全依靠自由市场的力量获得有效率的产出；反对政府对企业实行管制，认为工会具有垄断性，损害了经济效率，因而要摆脱工会；认为最低工资制度会引起更多的低技能工人失业；失业保险会使失业者没有积极性从失业状态中走出来，因而主张取消最低工资法和其他一些阻碍竞争性市场运行的制度。

## 二、人力资源管理学派的劳动关系观点和管理主张

人力资源管理学派将关注的焦点集中于企业内部，而不是劳动力市场。这一学派认为，雇员和雇主是利益共同体，有效的管理会消除劳动关系问题。他们认为，工会是一个外在麻烦制造者，它阻碍了雇员和雇主的密切合作。如果经理人员能够与雇员有效沟通，雇员是可以与他们达成一致的。在有效管理的公司，并不需要工会。他们认为，劳资冲突是不正常的、病态的。人力资源管理学派推崇向雇员"授权"和雇员参与决策，但这种参与是受管理层限制的"有限"参与。这一学派反对雇员真正享有独立发言权。

## 三、产业关系学派的劳动关系观点和政策主张

产业关系学派认为，组织和社会都是由不同利益集团组成的。在企业和社会中，工会是雇员利益的合法代表，而不是劳动力垄断者或外在的麻烦制造者；劳资冲突是正常的；集体谈判是解决劳资冲突的有效方法；他们接受资本主义存在的合理性，但主张通过改革来解决市场失灵、提高公平和加强员工的发言权。

该学派认为，面对雇主时，不平等的谈判力量将个体雇员置于劣势地位。因此，雇员需要通过工会用集体行动来建立平衡的力量。该学派从案例研究、实地访谈和统计分析方法中获得理论，从经济、政治、法律、历史、社会学和心理学等多学科中吸取学术营养。

他们的政策主张是：通过组织工会和集体谈判来保护雇员的权利；用最低工资法、禁止童工和禁止雇用歧视来规范雇用条件；建立社会保险制度来保护雇员免遭经济风险的打击。

## 四、激进产业关系学派／马克思主义产业关系学派的劳动关系观点和政治主张

激进产业关系学派／马克思主义产业关系学派认为，阶级斗争是历史的主旋律，工人在资本主义制度下被剥削和压迫，工会的目标应该是推翻资本主义制度。他们把集体谈判作为一种工会联合工人的手段，最终目的是进行革命，推翻资本主义制度，而不是通过改革来巩固资本主义制度。这一派别要求工会关注广泛的政治目标，而不仅仅集中在工作场所获得的某些胜利上。马克思主义者要求工会帮助工人获取对国家的控制，不认为政府是一个独立的行动者，认为国家是统治阶级的执行委员会。

# 第九章 人力资源管理模式的国际比较

20 世纪 70 年代以前，西方管理学界倾向于认为管理理论是普遍适用的，学者在构筑管理理论时很少考虑不同的经济、社会及文化的情境因素，对西方发源的管理理论的普适性几乎不加怀疑。诚然，如亨利·明茨伯格所说，如果比较中国和加拿大的高科技企业和农业的生产经营，不能否认中国的高科技企业和加拿大的高科技企业会更加相似，而不是和中国的农业经营方式更像。管理确实有其内在的规律和逻辑，其本质会超越国别环境的差异而存在。

但是，同样无法否认的是，管理方式的确立和实施也无法摆脱其外界环境的影响，各国不同的经济、社会及文化环境会导致管理模式的差异。20 世纪 70 年代以后，由于经济全球化和国际化的趋势日益彰显，产生了了解他国经济和社会环境及这种经济和社会环境如何作用于经营管理的需要，因此管理的国际比较研究逐渐增加。在这一研究领域中，人力资源管理尤其被视为对环境或情境比较敏感，它会由于情境的不同而呈现出不同的特征。

对人力资源管理进行国际比较，可以了解人力资源管理的形成与其所在的经济、社会及文化背景的关系，了解人力资源管理模式的国际多样性，了解有效的管理由于情境不同并非只有唯一的方式。这将有助于提高中国企业在走向国际化的进程中对国外情境因素的敏感性，谨慎选择更适合于本国环境、更容易被接受的人力资源管理方式。

人力资源管理的国际比较也有益于对人力资源管理本土化的问题进行思考。中国作为一个后发展国家，可以学习和借鉴其他国家先进的人力资源管理理念和方式。但是，在这种学习和借鉴的过程中，必须首先了解这些人力资源管理方式的生成环境及其适用条件，同时也需要了解中国本土的环境条件，在此基础上来探索两者的结合点，这样才有利于先进的人力资源管理方式和本土环境的接轨、融合及在本土环境中的再创造。

# 第一节    人力资源管理与一国的环境因素

不同国家由于经济环境、文化背景和规章制度等方面的差异，人力资源管理制度的有效性、管理者的行为方式、员工一般的行为规范和价值导向，以及对管理者的角色认定和要求等方面都存在着不同，这将直接影响企业对人力资源管理制度的偏好及企业人力资源管理系统的形成。

有学者认为，为了分析不同的社会和文化结构对人力资源管理职能的影响，需要考虑以下三个主要方面：第一，需要区分人力资源管理职能的不同方面，如人力资源规划、招募和甄选、培训和开发、激励体系和集体谈判等，其中员工福利政策包含在激励体系中。这是因为特定的环境对人力资源管理不同职能的影响会有所不同，如对招聘和甄选的影响可能就不同于对集体谈判行为的影响。第二，需要将社会和文化环境细分为教育层面、社会层面、政策和法律层面及经济层面四个层面，把这四个层面作为对管理的外部约束条件。这种划分方式最初是由法默和里奇曼（Farmer and Richman）提出的，主要应用于一般的管理。有学者针对人力资源管理的特殊需要对其进行了修正。第三，社会文化环境对人力资源管理职能的影响可表现为：既定环境下某种政策或实践的有效性，制定目标或目标实施的优先性，实施某一政策的可行性及实施某一政策的主体及分工结构（如人力资源专家和直线管理者的角色分工）。以上三个方面构成了一个三维的立体模型，反映了一国环境因素影响人力资源管理各项政策形成的途径和方式。

产业的因素指的是一国独特的、有长期发展历史的主要产业部门对其他产业部门在人力资源管理方面的示范作用和领导作用。例如，芬兰的森林工业、丹麦的乳品业及日本的汽车业等在一国的商业系统中，经过几代人思维方式和不同历史背景的影响，发展出了自己独特的商业及管理体制，并且这种独特的商业和管理体制的影响会比较容易地波及本国内的其他产业，得到其他产业的效仿，因而一国的商业和管理体制会多多少少地带有领头产业的独特性。

一国文化的影响包括以下几个方面：

1）对管理者的角色认定和要求。它影响着企业对需要什么样人才的判断和遴选及人才开发系统的形成。

2）管理者的行为方式。这影响着人力资源管理制度的有效性。

3）一般的行为规范和价值导向。这影响着员工对人力资源管理制度的偏好和制度的有效性。

4）一国特殊的社会精英或压力团体的影响。它使得某一种人力资源管理的实践可能在政治上或社会意义上不可行。

5）一国特殊的商业行为和管理逻辑。它反映了整个国家商业体制的性质。

一国规章制度的影响包括以下几个方面：

1）劳动法。它规定了企业经营管理自主权的限度。

2）工会的结构、强度和角色。它影响着员工发言权的范围、企业政策行使的伸缩度、与员工冲突的后果及解决劳动关系矛盾的方式。

3）教育和职业制度。它影响着人力资源的质量及教育制度和企业自身要承担的功能。

4）劳动力市场。它主要指的是劳动力市场供求关系的变化及一般的企业对内部劳动力市场还是外部劳动力市场的偏好。

5）各种社会团体，如雇主联盟或职业团体的角色。它们也作用于雇主和雇员的关系，使之不仅仅受劳动力市场的力量左右。

6）咨询公司的合法性。它影响着人力资源管理方式在企业间的传播。

7）政治。它通过管理者、工会、政策制定者等不同层次极大地影响着多数人力资源管理制度的形成。

一般认为，组织在制定人力资源管理政策时应该尽可能去适应一国环境的要求和条件，人力资源政策与情境的匹配对组织来说将是有效率的方式；否则，如果组织出于自己经营管理方面的特殊需要逆情境因素而动，就必须付出相应的成本。例如，在美国这样的劳动力市场非常具有流动性的国家，企业要维护劳动力的稳定性和组织的凝聚力就得制定和实施较其他企业更能够留住人才的人力资源政策，这将使企业承担高出于其他企业的成本，而只有少数行业领先的大企业才可能承担这样的成本。因此，就一个国家的大部分企业来说，其人力资源管理政策会或多或少地反映其社会文化情境条件的要求，从而呈现出一些普遍的特征。所以，由于社会文化情境因素的影响，一国会形成比较典型的人力资源管理模式。

# 第二节 美日人力资源管理模式的特征

从发达国家的企业实践看，比较成熟又具有鲜明特色的人力资源管理模式主要有两种，即注重团队精神和情感管理的日本模式及注重市场配置和物质激励的美国模式。其他国家的人力资源管理模式大多处于二者之间，如英国的管理模式接近美国、德国模式，与日本相似。考察美日两种具有代表性的模式，会对人力资源管理模式的国别差异有更清晰的了解。当然，一国典型的人力资源管理模式只是一个理念或概念，是对典型特征的抽象概括，这并不意味着这个国家所有的企业都在实施这种模式，也并不意味着它在企业中的实施会完全反映这种模式的所有典型特征。

# 一、美国人力资源管理模式

美国人力资源管理模式是最早发展、最为成熟的一种模式，其影响是巨大的。具体地说，美国模式具有以下特点。

## （一）高度市场化

作为一个典型的信奉自由主义的国家，美国的劳动力市场非常发达，有各种职业介绍所，包括政府设立的机构、私人经营性的机构、各大学就业服务中心、行业工会和工会就业部等。这些机构通常在报纸上、专业杂志上公开招聘人才。因此，人才流动依赖于市场，企业招聘依赖于市场，形成了以市场调节为主体的人才流动管理模式。企业对不需要的员工可以毫不留情地解雇，重新招聘需要的员工，员工可以自由地选择企业，根据自己的兴趣和特长选择专业，如果就业后感到工作不理想或发现更好的就业机会，可另选职业。雇主和雇员之间是直截了当的、短期的市场买卖关系。因此，这种方式的优点在于通过双向的流动选择，实现全社会范围内的个人与岗位之间的最优化匹配；缺点是员工流动性很大，稳定性相对较差，员工对企业的忠诚度较低，对企业的长期发展不利。劳动力市场作为薪酬调节机制，美国员工的薪酬水平在很大程度上受劳动力市场的调节。供不应求的人才，如计算机、信息技术等方面的人才，市场的平均薪酬很高；而某些供过于求的人才，市场的平均薪酬水平就较低。企业招聘员工时必须参照同类员工的平均市场薪酬水平来决定本企业所支付的薪酬。若企业定的薪酬水平低于市场平均水平，就会因缺乏薪酬竞争力而难以觅得所需要的人才；若企业定的薪酬水平高于市场平均水平，则又会增加企业的劳动力成本开支。

## （二）高度制度化和专业化

美国企业管理的基础是契约、理性，重视刚性制度安排，组织结构上具有明确的指令链和等级层次，分工明确，责任清楚，讲求用制度和规范加以控制，对常规问题处理的程序和政策都有明文规定。大多数企业对其工作岗位都有工作说明书，详细描述每个岗位对人员素质，包括知识、技能和其他方面的具体要求。这样，既为企业招聘新员工、评定员工的工作绩效、合理制定员工工资水平等打下了基础，也为管理的高度专业化打下了基础。

美国企业内部的分工和等级制度十分明确，相应的岗位职责也泾渭分明。员工在各自工作岗位上工作，职能不能随机交叉。下级必须听从上级的指令，上级则必须在自己的职责范围内管理好下级，平级之间各自"坚守岗位"，不能侵犯别人的工作范围。这种管理的优点在于工作内容简化，易胜任，即使出现职位的人员空缺也很快能填充，而且简化的工作内容也容易形成明确的规章和制度，摆脱经验型管理的限制；缺点是员工自我协调和应变能力下降，不利于通才的培养形成。

## （三）奉行能力主义的人员使用方式

美国企业重视个人能力，不论资排辈，对外具有亲和性和非歧视性。员工进入企业后，拥有管理学硕士学位的人可以直接进入管理阶层，受教育多的人起点较高。企业的中高层领导既可以从内部提拔，也可以从外部劳动力市场中选用，一视同仁。一个员工，只要能力出类拔萃，工作绩效非常显著，完全可以从较低的职位上越级提拔到较高的职位上，而不必熬年头。这种用人原则的优点是拓宽了人才选择面，增加了对外部人才的吸引力，强化了竞争机制，创造了有利于人才脱颖而出的机会；缺点是减少了内部员工晋升的机会，影响了工作积极性，并且由于忽视员工的服务年限和资历，使员工对企业的归属感不强。

## （四）激励方式以物质激励为主

美国企业极为强调物质刺激的作用，这也是美国企业管理"泰勒制"传统的沿袭，多使用外部激励因素，少使用内部激励因素；认为员工的工作动机就是为了获取物质报酬，可以不向员工说明工作的意义，但必须说明工作的操作规程；员工可以不理解工作本身的价值，但必须把工作完成好才能获得相应的报酬，员工得到合理的报酬后就不应该再有其他要求了。因此，员工的报酬是刚性的工资，制定工资政策时主要考虑工作的内容及工作对经营效率所做的贡献。这种措施的好处在于企业经营状况景气时不用考虑对员工有额外的支付，减少了发展的成本；缺点是如果遇到经济不景气，企业无法说服员工通过减少工资、降低成本来帮助企业渡过难关，只能解雇员工、消除剩余的生产能力，导致员工对企业缺乏信任，形成对抗性的劳资关系。

### （五）对抗性的劳资关系

美国企业的管理者和员工的关系属于对抗性的，主要原因是短期雇用，员工流动性大，员工与企业完全是契约关系。所以员工对企业缺乏忠诚感、信任感和依赖感，员工对其他人的工作情况及整个企业的发展状况漠不关心。由于员工不参加企业的管理，不了解企业的经营状况，对自己的命运也无法控制，经济景气时有就业机会能获得收入，经济萧条时就会失去就业机会。企业的高层管理者权力集中，少数人参与决策，下级只能按上级决策的结果执行。企业不重视集体的力量和智慧，不注重员工的劳动贡献，认为按照契约付给工人工资已经补偿了员工的付出，因此形成一种对立的氛围和关系，甚至出现工人罢工、斗争等现象。

## 二、日本人力资源管理模式

日本人力资源管理模式在第二次世界大战后逐渐形成，20 世纪 70 年代后，当日本制造业的竞争力超越美国时，日本人力资源管理模式的有效性和独特性也激发了国际学术界研究的兴趣。日本模式的特点可以归结如下。

### （一）终身雇用制

终身雇用制是指员工一旦被企业录用便可以被持续雇用直到退休，不会因为企业经营周期的波动而遭到解雇。终身雇用制的说法最早起源于美国学者阿贝格伦（J.C.Abegglen）所写的一本小册子——《日本的管理》。该书认为，日本与美国的公司组织的决定性区别在于日本企业独具的这种终身雇用制。它的英文原文是 "a life time commitment"，日本人在翻译日文版时把它译为 "终身关系或终身雇用"。后来，随着日本经济的成功，欧美各国纷纷到日本考察学习，其中 1970 年年底访问日本的经济合作与发展组织（OECD）调查团把这种终身雇用和年功序列制、企业内部工会合并归纳为日本企业雇用制度的 "三大支柱"。

从员工角度来看，在终身雇用制下企业通常不会解雇员工，同时又向员工提供长期的福利计划和培训计划，这使员工感到安全和稳定，同时又能在企业中谋求长期发展；另一方面，日本的劳动力市场对更换工作的员工存在着歧视，假如员工中途更换工作，工资、福利就会损失很多，晋升也会受到影响，弊远大于利，因此员工愿意与企业建立长期的关系并忠诚于企业。从企业角度看，日本企业的员工培训开支加大，企业也不愿意由于员工流失而浪费企业的培训经费。同时，在终身雇用制下，员工更容易忠诚于企业，会尽自己最大努力为所属企业努力工作，企业也会从这种稳定的雇用关系中提高业绩。但这种终身雇用制主要应用于大型企业，特别是大型企业的正式员工，而并非所有企业的所有员工。

## （二）年功序列制

年功序列制是与终身雇用制相适应的，是实现终身雇用的重要保证。年功序列制是指正式职工每隔一定时间提高一次工资，职位也每隔一定时间晋升一次的惯例。由于这种制度并不是以员工在短期内的工作业绩和工作能力的发挥为依据，而是看重员工在长期工作资历和经验积累中的多方面的、潜在能力的提高，相同工龄的职工工资收入相差很小。应届毕业生作为新员工进入企业后，在相当长的一段时间内（一般为5～10年），工资待遇按照资历逐年平稳上升。而且在干部提拔使用和晋升制度中都规定有必需的资历条件。因此，日本企业中各级干部的地位高低与年龄长幼之间呈现较为整齐的对应关系。一般而言，员工在40岁以前，工资增长低于劳动生产率的增长；50岁以后，工资增长幅度高于劳动生产率增长的幅度。而且，如果职工中途退出企业，在新的企业年功要从头算起，这些政策都加大了职工中途退出企业的成本。因此，年功序列制与终身雇用制二者互为补充。

## （三）全面轮岗和长期培训制度

全面轮岗和长期培训也被视为是极具日本人力资源管理特色的。日本企业的员工在公司内部是可以流动的，并非终身从事单一的固定岗位。其流动形式主要有两种：定期调任制和临时调动制。定期调任制就是一种定期的人事轮调制度，对于新进企业的员工从基层部门开始，让他们在企业内部众多的岗位上定期轮换。这样做的好处是有利于员工对企业或部门的整体情况有所了解，同时让员工对不同岗位的工作有所体会，这将推动企业或部门各岗位的员工建立更广泛的合作关系。另一方面，在员工的定期调任中，企业可以挖掘员工不同的才能和能力，有利于企业的人力资源开发。临时调动制是企业为了调剂劳动力余缺，或者为了完成某项特殊的任务，临时调动员工。例如，某些部门季节性较强，在旺季时，企业就会调动其他部门的员工来补充该部门的缺员；待旺季过后，临时调动的员工再回到原部门。员工临时调动调节了企业内部的劳动力供给，提高了企业的人力资源利用效率。而且，由于日本企业的定期调任制，企业员工的技能比较全面，完全能够在临时需要的情况下去从事某一部门的工作。

日本企业的轮岗制度对于员工技能的要求比较全面，所以需要有全面的、长期的培训制度来支持。长期培训的特点主要表现在两个方面：在岗培训和按照级别和部门培训。在岗培训，是指管理人员通过工作或与工作有关的事情，有计划地实施有助于员工学习与工作相关能力的活动。这些能力包括知识、技能或对工作绩效起关键作用的行为，培训的目的在于让员工掌握在本企业中所需要的知识、技能和行为，并且让他们应用到日常工作中。这种培训是边工作边有意识地给予员工细致入微的指导，而不同于脱离工作场所到"教室"中去学习，因此成为日本人力资源管理特色之一。其次，员工培训是按照级别和部门的，这样既有利于同级别或同部门的人在一起交流工作经验、互相学习，也有利于培养他们之间的良好关系，有利于今后的合作和工作的开展。

## （四）内部晋升的激励制度

日本企业典型的激励机制是以晋升为主体的。无论在哪个国家，晋升一般都伴随着工资待遇的提高。从这个意义上说，日本企业也并不排斥物质激励的手段。但是，这种激励制度同时还具有一些非常独特的要素，使它区别于美国企业的典型激励手段。

第一，晋升不仅仅是职位的晋升，也包括能力序列或阶梯上的晋升。所谓的年功序列，是指经过后来的调整和发展，演变成以员工的综合工作能力为衡量标准的一个晋升阶梯。这个晋升阶梯是企业激励机制的主干，与职位的晋升并不直接相对应。在能力序列上得到晋升的员工实际上被作为职位晋升的候选人。年功序列的制度虽然在实际的应用中很难排除论资排辈的因素，但是这并不能够完全否定日本企业对伴随员工资历和工作经验的积累而发展起来的工作能力的重视。同时，年功序列制度的存在也意味着即使目前没有与员工能力相称的职位，员工在能力序列上也可以得到晋升，在地位上和待遇上得以提高。这种晋升制度不受职位稀缺性的限制，因此可以鼓励员工不断地在工作能力上有所进步。

第二，晋升的评价标准不仅包括工作能力本身，也包括工作积极性和是否与他人合作等工作态度。这鼓励员工不局限于自己的工作范围，注重团队精神，在工作需要时全身心地服务于企业的利益，不计较一时一地的得失。

第三，围绕着职位晋升的竞争分为若干阶段。在员工职业生涯的初期阶段，统一按年功晋升。在中期阶段，员工之间竞争的是到达某个职位的晋升速度的快慢。只有在后期阶段，才是淘汰式竞争。这样的晋升竞争方式具有长期调动大多数员工工作积极性、尽可能避免恶性竞争的优点。

### （五）企业内工会

由于日本企业采用终身雇用制和年功序列制，职工一生的利益都与所在企业连在一起，而各个企业之间的情况又差别很大，因此工会都以企业为单位组成，而不像美国那样跨企业组建行业工会。也就是说日本每个企业都成立一个工会，成为企业内工会。这一特点使得日本企业的企业工会在劳资关系上起到了极其重要的作用。它是一种特殊的协调机制，既站在企业的立场上，大力强调实施企业的各种管理制度，强化企业的经营理念、团队精神和员工对企业的忠诚度等，又站在员工的立场上，要求企业保证对员工的各种待遇及人力资本的投资。由于日本的这种合作型的劳资关系，企业在经济不景气时容易渡过难关，容易得到员工的理解和积极配合，对企业发展极其有利。

比较制度分析理论认为，日本的终身雇用制、年功序列制、企业内部工会、内部晋升、在职培训、岗位轮换等人力资源管理制度具有战略互补性，它们相互配合，共同得到强化，形成了多重均衡的制度体系。

# 第三节　美日人力资源管理模式的比较

美国和日本的企业模式分别产生于资本主义生产发展的不同阶段。具体地说，美国企业延续了早期缺乏灵活性和适应性的单一品种大规模生产模式，而日本的企业模式则是后来产生的富有灵活性和适应性的多品种大规模生产的典范。美日人力资源管理模式的区别既是对这种经营模式和生产模式差异的反映，也体现了两国社会文化环境的相异之处。

## 一、模式本身的比较

美日人力资源管理模式上的差异具体到各人力资源管理职能上，主要表现为：工作分析方面，美国职务规范严格，个人权责明确，职务标准化意识强；而日本职务规范线条粗，个人权责不甚明确，职务标准化意识弱。在人员选拔和流动方面，日本选人渠道较窄，晋升缓慢，人员流动局限于内部；美国选人渠道较宽，快速提拔，人员流动频繁。在绩效考评、人员培训方面，日本重团体绩效考评，重视人员的培训；美国重视个人绩效考评，重视人才的引进。在薪酬管理方面，日本薪酬以资历为基础；美国以业绩、能力为基础。在产业关系方面，日本比较和谐和合作；美国比较冲突和对抗。

从人力资源管理政策对企业绩效的影响来看，美日两种模式各有其优越性和不利之处，因此也各有其最能够发挥其竞争力的商业环境和产业。美国模式中的员工聘任、选拔及工资政策等能够充分调动一部分精英员工的积极性和创造性，有助于美国企业在全世界吸引最优秀的人才。与此同时，其灵活的劳动力市场、职务分工的明确性，以及职位工资、绩效工资等工资安排也有利于企业适应外界环境的变化及时地调节劳动力成本，提高企业的竞争能力。因此，一般来说，美国模式在技术与市场变化急剧的行业中更具竞争力。

反之，日本模式则不具备美国模式的上述优越性，但是恰恰能够克服美国模式的弱点。日本企业的终身雇用制通过人才内部化提高了人才对组织的归属意识，劳资关系的合作也增强了员工的安全感和忠诚度。而且，终身雇用制和年功序列制等也构成促进员工互相沟通和合作的一个组织环境和管理基础。轮岗、在职培训等培训制度及鼓励长期竞争的晋升制度，也有利于在企业内部对人才进行长期的培养，造就认同组织文化、深入了解组织需要、全面把握企业人脉关系的通才，鼓励员工之间的团队精神和互相合作的行为。因此，一般来说，日本模式在需要员工合作和忠诚的传统制造业领域具有相对较大的优势。

## 二、模式生成环境的比较

每一种人力资源管理模式都有其优越性和弱点，有能够发挥其优势的最适商业环境和产业，在效率的背后都能够找到合理的逻辑和内核。但是，一种人力资源管理模式的成立不仅仅因为它在经济效率上的合理性，同时也是适应或利用了当时当地的客观环境条件。导致美国与日本之间人力资源管理模式差异的经济、社会及文化的环境条件有哪些呢？研究日本管理问题的管理学专家总结了以下几种看法。彼得·德鲁克（Peter Drucker）指出，工业结构上的区别，尤其是工业筹资的方法，大大影响了日本人对组织作用的认识。日本私人资本形式缺乏，迫使公司依靠银行得到资本。日本人将收入的20%储蓄，这就是提供资本的来源。日本企业很少有股东和资本市场的压力，这样他们不只是考虑短期利益目标，而是更注重长远利益。相比以下，美国企业的主要融资方式是股市融资，企业直接面对资本市场和股东的压力，对美国经理绩效的评估依据是短期利润的大小。

　　日本模式的形成也出于日本当时的经济背景或商业利益的驱动。20世纪50年代以来，日本的经济高速成长，劳动力长期短缺成为制约企业发展的首要因素。为了保持企业的持续发展，日本企业逐渐形成一种稳定的用工习惯。这种做法也使员工得到了长期稳定有保障的工作，并逐渐演化成一种社会规范。同时，在保持每年10%以上的增长率并延续20年以上的高度经济增长时代，就业持续扩大，收入持续增长，这些都是保证终身雇用制和年功序列制实施的物质条件。

　　柯尔（Cole）认为，中国孔子的"人本善""忠孝""利他主义"等学说影响并规范着日本人受到的教育。日本社会所推崇的是遵守纪律、忠诚于组织和帮助别人，他们把追求享受看作道德衰败。这种学说鼓励商人要服务于社会，这样才能得到公众的尊敬。帕斯卡尔认为，日本的禅宗佛教教育人们要在集体中和睦相处，这种思想对日本影响很大。日本学者岩田、滨口和公文、三户也各自提出了相似的概念，如日本人的集体主义观念、人际关系主义及家庭逻辑等。相比之下，基督教和新教文化是美国文化的源头，这种社会文化背景成为美国企业文化的基础，在企业文化中表现为重视突出个人的作用，提倡个人主义、英雄主义和理想主义，强烈的竞争意识、个人奋斗意识、雇用观念和进取精神，淡漠的人际关系等。因此，在美国人与人之间的依附关系弱化，上级权威受到一定的约束，鼓励和强调每个人拥有同等权力，等级观念淡薄，崇尚强烈的自我意识，个人价值观浓烈，一切以自我为中心。此外，由于受到工业文明和民主精神的熏陶，美国人往往负有主宰世界和自然的进取价值观，自由、自主、自立、成功、晋升、掌握权力和理性思维成为主流思想。

　　威廉·大内（William Duchi）认为，日本社会的单一民族观念鼓励经理将员工与他们自身同等看待。日本工业界的这种平均主义观点使经理对员工更人性化，员工可以与经理享有同等机会。

　　同时，也正是因为这种单一民族的特点，在同一企业的员工之间有可能形成密切的、默契的人际关系，可起到补充正式组织结构中的信息沟通和协调合作的功能。所以，日本企业在重视制度的同时，也重视人际关系和人作为行为主体的主动性。同时，在一个多民族、多元化的国家，要想使管理行之有效，就必须更加依靠正式的制度安排来维持组织的正常运转。

# 第四节　人力资源管理模式的发展变化

一国的人力资源管理模式一经形成就具有一定的稳定性，但也并非一成不变。事实上，近年来，许多新情况的产生正在冲击着传统的人力资源管理模式，国际化和全球化的压力也在迫使它们自我革新。各国企业都面临着越来越大、也越来越相似的竞争压力和来自商品市场及劳动力市场的要求，如世界范围内不断激化的竞争和对生产效率、质量及雇用成本的压力、信息化技术在全球的应用和普及、年轻劳动力思维方式的变化及老龄社会的普遍化趋势等。因此，各国企业都在积极寻求最佳的、最有效率的管理方式，试图变革已经不再适应新环境的管理模式，并不吝向其他国家的标杆企业学习。

美国模式和日本模式的相互学习和融合就是在这一环境背景下产生的。总体来说，美国企业向日本学习如何更加尊重人力资源管理"软件"的作用，即尊重人的主体性，尊重组织文化的功能；日本企业向美国学习如何更加尊重股东利益及提高对市场变化的应对能力。美日两国传统的人力资源管理模式都在自我调整、变化和发展。

20 世纪 70 年代以后，日本对美国第一经济强国构成了严峻的挑战，美国的一批学者对美日两国的企业进行比较研究，提出了对传统美国管理模式的反思。1981 年，威廉·大内出版了他的专著《Z 理论——美国企业界怎样迎接日本的挑战》。同年，帕斯卡尔（Spakal）和阿索斯（Assos）合著的《日本的管理艺术》、美国哈佛大学教授特雷斯·迪尔（Tres Deere）和麦肯锡咨询公司顾问阿伦·肯尼迪（Allen Kennedy）合著的《企业文化》出版。1982年，美国著名管理专家托马斯·彼得斯（Thomas Peters）与小罗伯特·沃特曼（Robert Waterman）合著的《追求卓越——美国最成功公司的经验》一书出版。这四部著作以其开拓性的思路、丰富的例证和具有分量的结论，被人们称作 20 世纪 80 年代企业文化的"新潮四重奏"，把人们引入了企业文化这一管理的新阶段。人们发现，美国传统模式中过去一味强调的完全依赖僵硬的、见物不见人的管理模式，缺乏灵活性和创新精神，在某种程度上以理性抹杀人性，压抑了人在经济生活中的生动活泼、富于生命力的因素。因此，他们强调要建立以价值观为核心的企业文化来增强企业的向心力、归属感、凝聚力。在这些理论的推动下，20 世纪 80 年代掀起了美国企业文化的高潮，至今仍方兴未艾。企业文化的全部着眼点在于人，在于人的情感，人的主人翁精神和能动性，人与人、人与组织之间的协调等，反映在具体的人力资源管理政策上，就是强调对人的关怀、尊重和信任，以激发员工的责任感和使命感，强调参与管理，听取员工的意见，实行集体决策。丰田生产方式以及支撑丰田生产方式的日本人力资源管理模式在美国企业的移植即其中的表现之一。

另一方面，20世纪90年代以后，日本模式中过于重视资历、劳务成本固定化的缺点在泡沫经济崩溃以后的长期经济低迷及激烈的全球化竞争中表现得越来越明显。当日本企业经济高速增长时期所拥有的良好外部条件不复存在时，日本企业的传统人力资源管理模式受到了很大的压力。新时代下要求劳务成本更具有变化的弹性，要求具备战略眼光、能够引领企业方向的人才脱颖而出，不仅要求企业拥有完全熟悉本企业运作的通才，也要求企业拥有能够应对各种复杂的外界情况，娴熟地处理专业领域内事务的专才。美国模式恰恰比较切合这些需求，因此日本企业纷纷把目光投向美国寻求良策，开始尝试自身的变革。

首先，日本出现了打破终身雇用制的趋势。根据日本劳动部1993年对员工人数超过1000人的制造型企业的调查，大学毕业即进入企业的男性白领员工留在本企业的比例分别为：30岁，78.9%；40岁，70%；50岁，66.2%。此外，70%的企业在经济萧条时期对人力资源进行了调整，其中20%的企业采取了解雇或建议退休的措施。日本劳动部在1994年的调查则进一步显示了这种趋势：35.7%的日本企业认为对"用工机制的局部调整是不可避免的"；5.8%的企业认为"根本性的转变是必需的"。

在年功序列制下，员工的晋升和工作经验的积累程度构成一个线形关系。随着日本企业技术水平的提高、现代化设备的采用和普及，以及竞争方式和战略的复杂化、多样化的发展，员工的技术和能力显得越来越重要，经验则逐渐退居次位。与此相适应，从20世纪90年代以来，日本企业对原有的年功序列制进行了改革，主要做法就是逐步压缩工龄工资（年功部分）在基本工资中的比例，增加按技术和能力支付的部分。同时，日本一部分企业开始尝试"岗位工资制"和"年薪制"。根据日本劳动部1993年的调查显示，日本已有10%的大企业开始实行年薪制。年功序列制正在发生缓慢但实实在在的变化。这样，一方面可以在经济萧条时期降低员工的工资，给企业减轻负担；另一方面，也有助于吸引和留住专业人才，提高白领员工的工作效率。

但是，美国模式和日本模式的相互学习和融合并不意味着两者会完全趋同，这不可能也无必要。如上一节所说，每一种模式都有其社会文化环境的渊源，而每个国家的社会文化环境都不尽相同，所以即使面对同样的环境压力，也不可能出现两个一模一样的管理模式。例如，虽然日本模式中的阶层平等主义，打破狭窄的工作界限，促进工人参与管理，保障就业等思想和政策符合现代制造业尤其是汽车业等复杂组装产业的要求，从追求效率的角度来说有必要在海外移植和实施，而且也确实有在一定程度上成功移植的案例，但总体来说还是遇到了一些社会文化环境因素的障碍而很难全面移植。日本的安保哲夫等学者调查了日本模式在美国的移植情况后，认为虽然可以扩展工人原本狭窄的职务范围，但是由于美国职业分工的传统和个人主义的文化，美国企业中难以培养像日本工人那样其工作范围融合了设备维修及管理职能的多技能工人，也很难组织在日本企业普遍实施的质量控制圈的活动。日本学者石田英夫通过实地调查也得出类似的结论，他认为日本模式中难以在海外移植的是其集体主义的文化意识，员工根据工作情势的需要去主动做事的精神，员工之间彼此默契、沟通无碍的组织氛围，年功序列制中体现出来的能力平等主义的人事管理以及企业内的工会，等等。

同样，在日本财团法人社会经济生产性本部自 1990 年以来对公司新员工连续实施的态度调查中，2006 年的调查结果显示，员工 300 人以上的企业中，44.7% 的新员工希望终身在同一企业工作，表示"有机会就跳槽"的新员工占 39.7%，低于前者。这说明日本员工甚至是年轻的员工仍然在追求工作安定的倾向。实际上，由于日本特有的文化以及某些产业的竞争战略需要，终身雇用制在某些行业中以某种方式保留下来也不是不可以想象的，如丰田公司和佳能公司就一直维护着终身雇用的理念和承诺。

另一方面，对他国的管理模式如果只是复制和模仿，缺乏依据本土环境特征的创新，那么不仅不能够发挥出原有模式的优势，也不能创造出具有本土优势的模式。任何一种先进的、有效率的管理模式都必然是对其他模式借鉴和创新的结合。正如丰田生产方式并非横空出世，它实际上是在借鉴泰勒的科学管理以及福特生产方式的基础上，发掘和利用了本土的有利条件，把泰勒的科学管理思想演绎到极致的一种创新模式。美国模式和日本模式之间的相互学习和融合，并不会使它们合二为一，它们在借鉴其他模式优势的同时仍将保持各自的本土特色。中国企业也将在博采众长、以本土因素消化吸收外来先进方式的基础上，创造出人力资源管理模式的中国特色。

# 参考文献

[1] 约翰·布里顿，杰弗里·高德．人力资源管理——理论与实践 [M]．3 版．徐芬丽，吴晓卿，孙涛，等译．北京：经济管理出版社，2005.

[2] 常凯．劳动关系学 [M]．北京：中国劳动社会保障出版社，2009.

[3] 廖泉文．人力资源考评系统 [M]．济南：山东人民出版社，2000.

[4] 王璞．新编人力资源管理咨询实务 [M]．北京：中信出版社，2005.

[5] 刘昕．薪酬管理 [M]．3 版．北京：中国人民大学出版社，2011.

[6] 林泽炎．3P 模式：中国企业人力资源管理操作方案 [M]．北京：中信出版社，2001.

[7] 吴志明．基于胜任特征模型的人力资源管理变革 [J]．生产力研究，2006（6）．

[8] 张丹，袁亭亭．胜任力模型在人力资源管理实践中应用的研究 [J]．山东纺织经济，2006（2）．

[9] 师晓燕．依据胜任力模型探索人力资源管理新模式 [J]．中国石化，2006（12）．